SYSTÈME DE FINANCES ET D'ÉCONOMIE PUBLIQUE.

SYSTÈME
DE FINANCES

ET

D'ÉCONOMIE PUBLIQUE,

APPLICABLE AUX DIVERS GOUVERNEMENTS DE L'EUROPE ET DU NOUVEAU-MONDE,

OU

Moyens d'acquitter les dettes nationales, d'assurer le bien-être et l'aisance des états et des peuples, par la création de rentes viagères héréditaires.

DÉDIÉ A LA GÉNÉRATION PRÉSENTE ET FUTURE,

PAR M. DESAUBIEZ.

Ici pourtant, le bien idéal peut être le bien possible.

A PARIS,

CHEZ RENARD, LIBRAIRE, RUE SAINTE-ANNE, N° 71.

DÉCEMBRE 1826.

ÉPERNAY, DE L'IMPRIMERIE DE WARIN-THIERRY.

AVANT-PROPOS.

CET ouvrage traite dans son ensemble les deux plus importantes questions de l'économie publique.

Si elles sont véritablement résolues, il faut, dans cette hypothèse, considérer leurs solutions comme une heureuse inspiration et un don de la bonté de Dieu, puisque l'on doit nécessairement lui attribuer le peu de bien que l'homme est à même de faire et d'obtenir dans ce bas-monde.

Ce livre, peu connu, imprimé à Londres en 1780, était intitulé : *le Bonheur public, etc.* Il aurait dû précéder la partie qui traite du commerce des grains, imprimée également à Londres en 1782, et publiée de nouveau en décembre 1822.

L'auteur proclamait alors une de ces éclatantes vérités dont l'évidence aurait dû, lors de son apparition, frapper d'étonnement et satisfaire tous les gouvernements de l'Europe, d'autant mieux que ces nouvelles rentes leur présentaient une ressource constante pour leurs besoins et pour acquitter généreusement leurs dettes, sans nuire à personne, sans rien innover ni détruire, et sans le secours forcé et arbitraire des impôts que ce système de finances tend à réduire insensiblement.

C'était en même temps un moyen assuré d'améliorer moralement et physiquement le sort des hommes, le but de ce nouveau système de finances étant de les attacher à leur pays par la bienfaisance et le puissant intérêt. C'était aussi les contraindre à être probes, laborieux, économes, et obvier à l'insuffisance des lois et des terres, en contribuant autant que possible au bien-être général des états, ainsi qu'à l'existence, au bonheur et à l'aisance des peuples, par une répartition plus égale ou moins disproportionnée du numéraire, ce signe représentatif des richesses.

Ne pourrait-on pas se demander avec raison, pourquoi ceux chargés du soin de gouverner leurs semblables ne saisissent-ils pas les moyens qu'on leur présente, quand ils sont bons, pour adoucir et améliorer le sort de chaque individu?

Le projet de rentes viagères hérditaires que l'auteur propose d'établir, offre sous tous les rapports des avantages qu'on ne saurait trop apprécier.

C'est 1° d'exciter et de déterminer même les hommes, *par l'énorme intérêt de trente pour cent après vingt ans*, d'une somme quelconque prêtée à l'état, à économiser sur leur revenu ou sur les produits de leur travail et de leur industrie, pour s'assurer, avec peu d'argent dans ce laps de temps fixé, sagement proportionné, une ressource à venir assez forte pour eux, et plus particulièrement pour leurs enfants (1). L'indigence, cette source des vices et même des crimes, ne se plaît que trop à tourmenter un si grand

(1) Qu'on ne se récrie pas tout d'abord contre ce terme de *vingt ans*, qui n'est ni trop long ni trop court; il est absolument nécessaire pour ne pas dispenser les hommes de l'obligation du travail. L'auteur n'avait certainement pas la folle et sotte prétention d'enrichir tout le monde en peu de temps et sans rien faire, ce qui serait une absurdité dangereuse qui détruirait l'ordre social, et ferait avec raison mettre un pareil système au rang de toutes *les belles chimères* publiées jusqu'à présent sur cette matière.

nombre d'êtres malheureux, principalement dans leur vieillesse, qui devrait être pour eux le moment de jouir du repos avec un peu d'aisance, pendant ce court intervalle de temps, qui malheureusement est presque toujours employé à lutter contre les infirmités et la misère, à la suite d'une vie si souvent pénible et laborieuse.

2° C'est d'être aussi d'une utilité supérieure à toutes les associations financières autorisées par le gouvernement, *depuis quelques années*, dans un intérêt à peu près semblable, et dont les idées philantropiques ont quelqu'analogie avec l'ouvrage de l'auteur, *imprimé en* 1780, *publié et présenté par lui en* 1789, *à l'assemblée nationale constituante.*

L'unité d'un plan, l'harmonie et l'ensemble de toutes ses parties ne peuvent pas être détachés sans en faire un composé difforme et souvent monstrueux. Les associations financières autorisées récemment ne présentent, à mon avis, qu'une parcelle défigurée et mutilée de l'ouvrage que je soumets au public.

L'auteur était persuadé que toutes les tontines, tous les projets de finance connus de son vivant étaient fort loin du but qu'il se proposait d'atteindre, en ce que l'intérêt de l'argent qu'ils offraient étant presque toujours annuel et progressif, ne pouvait être que faible et minime; qu'en outre ils n'enrichissaient leurs actionnaires que dans un temps tout-à-fait indéterminé et inconnu; qu'ils avaient aussi à redouter après de longues privations les événements, les guerres, les révolutions; que pouvant se prolonger à l'infini, et reportant tous les bénéfices à espérer sur les derniers survivants, ils ne faisaient réellement que des dupes comme presque tous ceux qui mettent aux loteries.

On pourrait citer pour exemple à l'appui de ce qu'on avance, la tontine perpétuelle d'amortissement, qui n'a eu que quelques années d'existence, et n'a enrichi que les fondateurs de cette tontine, par l'excellente précaution qu'ils ont prise de se faire donner *cinq francs* une fois payés, par action de cent francs, pour frais d'administration, ainsi que la trop fameuse tontine Lafargue, qui compte aujourd'hui environ trente-quatre ou trente-six ans d'existence. L'éditeur a eu sur cette tontine dix malheureuses actions placées sur sa tête, lorsqu'il avait à peu près vingt et quelques années; ces dix actions, après avoir éprouvé par la réduction des deux tiers, le sort réservé à tous les pauvres rentiers, ne lui ont pas encore donné grand bénéfice; une de ces actions seulement a eu l'extrême bonheur de sortir par le tirage annuel dans ce long espace d'années, et lui rapporte, comme les dix premières, seize francs de rente de plus; huit de ces mêmes actions restent encore à sortir de l'urne, et ne rapportent rien; l'éditeur, qui a aujourd'hui près de soixante ans, espère, s'il parvient à vivre quatre-vingts ou cent ans, en voir sortir peut-être quelques-unes qui lui rapporteront chacune autant de seize francs de rente de plus; mais cela sera encore bien loin du *maximum* promis par action, suivant le beau prospectus du sieur Lafargue; et cependant jamais tontine, jamais plan plus sublime et plus merveilleux de finance, lorsqu'il a paru sur l'horizon, n'a été autant vanté que celui-là par le prince des orateurs, Mirabeau, ce tribun du peuple, membre de cette célèbre assemblée nationale constituante, où il ne passait certainement pas pour un sot; cela prouve qu'on peut très-bien improviser, être un fort habile homme dans la littérature et les sciences, et n'être qu'un fort pauvre homme d'état, n'ayant que de fausses connaissances en administration, en économie publique et en finances.

Il n'est à coup sûr aucun des actionnaires de cette malheureuse tontine, qui ne préférât aujourd'hui, malgré les superbes promesses du sieur Lafargue, avoir été assuré, à partir du jour où cette caisse fut ouverte, *d'une rente de trente pour cent de ses fonds, après vingt ans;* tous ceux qui existent encore aujourd'hui, et le nombre ne laisse pas que d'en être grand, jouiraient du moins depuis seize ans environ *d'un revenu réel sur le pied de trente pour cent de leur première mise de fonds*, ce qui, je crois, leur conviendrait beaucoup mieux que l'espoir toujours futur et trompeur d'un *maximum* de trois mille francs par action aux derniers des survivants, dont la jouissance sera sans doute fort courte pour ceux qui auront la triste ressource de se trouver dans ce cas-là.

Un désavantage marquant des nouvelles sociétés financières actuelles autorisées et tant vantées, est de n'enrichir aussi en partie, par le très-grand nombre de leurs combinaisons, que les derniers des survivants, classés à la vérité par séries d'âge plus ou moins nombreuses, ce qui présente des chances plus rapprochées, mais néanmoins toujours fort longues et incertaines, en ce que la mort peut être beaucoup plus de vingt ans avant de frapper la majeure partie des associés d'une même série, excepté cependant dans la seule classe de vieillards; et alors la jouissance se trouve de même très-courte pour les derniers survivants.

Si la plupart ou quelques-uns seulement des associés intéressés d'une même série, voyagent pour leur plaisir ou leurs affaires, et négligent de faire parvenir leur certificat de vie, on peut les croire morts tandis qu'ils se portent bien; il en résulte que l'état et ceux qui tiennent ces sortes de caisses peuvent se servir de ce prétexte pour retarder la jouissance des sociétaires qui se croiraient les derniers survivants, jusqu'à ce qu'ils se soient procuré les renseignements certains et nécessaires sur l'existence des coassociés absents.

Un autre inconvénient beaucoup plus grave est celui d'immobiliser ainsi les rentes d'un état comme le nôtre, qui passe aujourd'hui pour avoir plus de cinq milliards de dettes, qui est forcé, pour satisfaire à ses charges et payer les intérêts de ces rentes, de nous imposer annuellement à plus d'un milliard. Il est difficile d'accorder une confiance absolue sans courir de nouveaux risques, à un état qui contracte chaque jour de nouvelles dettes en raison de ses besoins, qui vont toujours en augmentant, qui peut alors se trouver obligé, comme cela n'est malheureusement arrivé que trop souvent à des époques différentes, de manquer à ses engagements les plus sacrés, s'il survenait quelques événements fâcheux; et ne fusse même que le goût effréné et permis de l'agiotage actuel, qui tend à tout démoraliser et à hâter la perte des nations qui s'y livrent de la sorte, il n'en faudrait assurément pas tant pour ramener dans nos rentes une nouvelle réduction d'intérêt et même du capital, et contraindre les rentiers d'accepter un nouveau tiers consolidé, perdant comme dans la précédente réduction, dans son principe, plus des trois quarts; où en seraient alors les malheureux qui auraient placé à ces rentes *le fruit de leur sueur et de leurs épargnes, dans l'espoir de décupler* dans un temps indéfini *leur revenu sans entamer leur patrimoine?*

L'état ne faisant d'ailleurs que de très-faibles bénéfices sur ces misérables rentiers, ou n'en faisant même pas du tout, ne pourrait, quand il le voudrait, les satisfaire, obéré comme il l'est, qu'en augmentant les impôts, qui ne sont déjà que trop considérables, ou bien plutôt en les sacrifiant (1).

On pourrait donner une dernière preuve de ce qu'on dit ici d'après la loi sur l'indemnité accordée aux émigrés, qu'on peut citer comme faisant exception pour les rentiers, et qui n'a voulu répandre ses largesses que sur les seuls possesseurs de biens-fonds. Le malheureux père de famille, ancien rentier, qui a été forcé de donner de son vivant à la nation la portion de son héritage présumée devoir revenir à un de ses enfants émigré; ce rentier, qu'on n'a pas excepté alors, et qui cependant a payé l'état en bon tiers consolidé, représentant des écus pour lui d'une si grande valeur, n'est pas même indemnisé. Si ce père de famille avait pu prévoir la rigueur d'une telle loi à son égard, il eût certainement pu, malgré sa répugnance, acheter à bon compte, en vendant son tiers consolidé, un bien-fonds d'émigrés ou du clergé, qu'il eût offert à l'état, au prix de l'estimation en assignats ou mandats, en paiement de cette portion exigée; et

(1) Tant que les gouvernements n'auront pas un grand intérêt personnel à ménager les rentiers et à conserver le crédit des rentes qu'il ont créées, ils sacrifieront toujours de préférence ceux qui leur prêtent, puisque ce sont des débiteurs qui peuvent d'autant mieux faire la loi à leurs créanciers, qu'ils sont juges et parties dans leur propre cause. Quand il s'agit de fixer son sort et celui de ses enfants, il faut savoir véritablement sur quoi compter, et ne pas faire dépendre son existence et la leur de chances ou d'événements heureux ou malheureux, ni d'un avenir incertain et sans terme connu. L'appas trompeur des loteries est un moyen immoral qui est aujourd'hui repoussé par la masse des honnêtes gens.

il se trouverait aujourd'hui, lui ou ses héritiers, indemnisé par cette même loi.

Dans les rentes viagères héréditaires que l'on propose d'établir, la position de l'état est bien différente, puisqu'au lieu de se ruiner comme il le fait chaque jour, et comme le font la plupart de ceux qui sont forcés d'emprunter, par l'obligation qu'ils contractent de servir un intérêt annuel de cinq pour cent qui n'amortit point le capital, il s'enrichit et enrichit ses créanciers, en accumulant intérêts sur intérêts pendant les vingt années qu'il n'a point de rente à servir : ce qui le met à même de grossir énormément ses capitaux, ou de diminuer ses charges insensiblement, en remboursant annuellement ses dettes au fur et à mesure des placements. Il peut payer également, sans se gêner, *les trente pour cent de rente* dus aux survivants après le terme expiré, puisqu'il n'emprunte réellement, de cette façon, qu'à huit pour cent en rentes viagères, et sans compter sur une seule mort pendant ces vingt ans, ce qui est physiquement impossible.

Il est clairement démontré, d'après les calculs de l'auteur : « 1° Que le public, en plaçant ainsi son argent, reçoit de l'état, à partir du jour même de la naissance d'un enfant, et à tout âge, huit pour cent de son capital, et huit pour cent des intérêts des intérêts, sans perdre un seul instant pendant ces vingt ans, ce qui est un prix extraordinaire ;

» 2° Que, par une conséquence absolue, l'état ne peut donc emprunter qu'à huit pour cent en rentes viagères, puisque les particuliers ne reçoivent que cela d'intérêt, et que conséquemment les mortalités sont en pur bénéfice pour lui. »

Ainsi l'état, au lieu d'augmenter ses dettes au

point de ne pouvoir plus les payer, ou de se trouver forcé de faire gémir les contribuables par une surcharge accablante et dangereuse d'impôts qui doit avoir un terme pour satisfaire aux seuls intérêts des capitaux empruntés, ou bien de se mettre dans l'affreuse nécessité de sacrifier toujours les malheureux rentiers ses créanciers, s'enrichit, et les enrichit, au contraire, par l'accumulation des intérêts et par les mortalités. Ces rentes lui procurent la faculté de se libérer insensiblement, et d'assurer le bien-être et l'aisance de ceux qui lui prêteront, *par un intérêt certain et déterminé de trente pour cent après vingt ans.*

Il y a donc réellement ici un attrait d'intérêt réciproque et véritable, qui enrichit à la fois les prêteurs et l'emprunteur, et qui n'est fondé sur aucune chance de loterie, à laquelle on peut toujours perdre. C'est là le point de solution de cette haute question d'économie politique que l'auteur a voulu résoudre, et que l'éditeur soumet au jugement de ceux qui savent calculer, ou qui voudront se donner la peine de lire l'ouvrage qu'il publie.

L'auteur, dans la seconde objection qu'il se fait sur son système de rentes viagères héréditaires, se dit : le nombre des mortalités admis à trois sur cent par an est trop fort, à ce qu'on prétend, quoiqu'il ait été fixé d'après les calculs de MM. Halley, Graunt, Kersboom, Sympson, Parcieux, Dupré de Saint-Maur et de Buffon ; il consent, malgré ces savants, à les réduire à deux, car, ajoute-t-il, il faut finir, c'est la loi de la nature. Moi, pauvre éditeur, je ne les porte qu'à un seul, pour être au-dessous de la vérité ; les bénéfices pour l'état, quoique diminués des deux tiers, seront encore assez passablement considérables, si on veut jeter les yeux sur le tableau inséré dans l'ouvrage, des capitaux et intérêts d'un emprunt de vingt ans à cent millions par an.

On ne manquera certainement pas d'objecter que la vaccine, la plus belle découverte du siècle dernier, les progrès étonnants de la médecine et de la civilisation, les enfants nourris par leur mère ou sous leurs yeux à la maison paternelle, diminuent singulièrement le nombre des mortalités ; malgré tous ces avantages que l'éditeur se plaît à reconnaître comme réels, qu'il faut convenir que nous devons à la révolution au milieu de tout le mal qu'elle a fait, il faudra toujours, en vieillissant, finir par mourir, car on ne parviendra jamais à nous rendre immortels ; on ne contestera pas que si les mortalités se trouvent moins nombreuses dans la première et même la seconde période de vingt ans, elles doivent nécessairement augmenter dans la troisième, encore plus dans la quatrième, et atteindre tous ceux qui survivront dans la cinquième ; qu'ainsi les bénéfices pour l'état finiront par être immenses et certains ; que le temps, le malheureux temps, qui flétrit tout, qui moissonne tout, qui anéantit tout, le temps, ce législateur qui a fait tout ce qui existe, comme l'a dit un de nos hommes d'état, pair de France des plus marquants, le temps, qui a tant d'influence sur l'avenir, qui a déjà porté dans un espace assez court notre dette nationale à plus de cinq milliards, qui peut, en raison de notre population bien différente de celle de nos voisins d'outre-mer, l'augmenter encore, et la faire monter peut-être à plus de vingt milliards, comme celle de l'Angleterre que nous aimons beaucoup trop à imiter, et que nous citons perpétuellement, cet heureux temps alors protége et fortifie ce système, et lui fait braver les révolutions ; il nous aide à sortir d'un abîme effroyable qui doit nécessairement nous faire maudire un jour par les générations futures auxquelles nous léguons tant de misérables dettes à payer.

Autre objection : Le terme de vingt ans est trop long ou trop court.

Ce terme est nécessaire ; il est sagement fixé. S'il était plus court, ce serait, comme je l'ai dit, une absurdité qui enrichirait tout le monde en peu de temps, ce qui d'abord ne se peut pas, et serait, si cela se pouvait, beaucoup plus nuisible qu'utile pour l'ordre social. Nous avons eu, et nous aurons toujours assez de Midas surtout en finances. L'auteur ne se souciait pas d'en augmenter le nombre. On voit ici sa bonne foi ; il ne voulait tromper personne en fixant le moment de la jouissance à vingt ans ; ceux qui prêteront à l'état sauront du moins sur quoi compter. Il ne voulait pas non plus que son système ressemblât aux loteries, qui sont si immorales, et qu'on devrait supprimer pour cette raison, puisqu'elles ne font que tromper et perdre presque tous les malheureux qui y mettent ; il n'y a de profit réel que pour ceux qui les tiennent. Ces rentes ne se bornent pas à faire un petit nombre d'heureux dans un avenir qu'on ne connaît pas, qui n'a point d'époque fixe, dont la durée peut être beaucoup plus longue que celle de vingt ans. Elles assurent le sort et le bien-être de tous ceux qui voudront avoir de l'ordre, être économes et prévoyants, pour se procurer une existence à venir aisée et réelle avec peu de fonds, tant pour eux que pour leurs enfants ; ce ne sont pas de ces belles espérances chimériques beaucoup plus séduisantes à la vérité, mais qui ne font absolument que des dupes.

Les garanties sont aussi bien autrement certaines

puisqu'on enrichit l'état en lui prêtant de la sorte, au lieu de le ruiner comme cela s'est toujours pratiqué jusqu'à ce moment. Ce nouveau rentier est au moins sûr d'être bien payé, tandis que le pauvre rentier actuel court toujours la chance, malgré toutes les réductions successives qu'il a subies dans tous les temps, d'être un jour encore victime de la cruelle nécessité, et exposé à tout perdre. Il doit s'attendre à être sacrifié de préférence, et considéré éternellement comme l'impayable rentier de l'état.

Avec ce système, au contraire, les avantages étant réciproques, le puissant intérêt est là qui force à satisfaire avec la plus scrupuleuse exactitude ce nouveau rentier. L'état, qui est l'emprunteur, se perdrait de gaieté de cœur; il a trop de bénéfices à espérer pour se conduire ainsi. Cet équilibre ne saurait être troublé sans amener une confusion générale qui perdrait absolument tous ceux qui, avec les intentions les plus criminelles et sous quelques prétextes que ce fût, auraient osé le rompre.

Voilà des garanties bien différentes de celles que nous donne notre dette, qui n'empêche pourtant pas qu'on prête tous les jours à l'état, quoique cette dette, en s'augmentant annuellement, peut surpasser celle de l'Angleterre, qui est aujourd'hui, comme on le sait, de plus de vingt milliards; et malgré cela cette nation trouve toujours aussi à emprunter, et s'embarrasse fort peu de l'avenir.

L'avenir, en effet, n'est qu'un songe pour les grands hommes d'état, qui n'a même jamais troublé leur sommeil; le présent seul les occupe quand ils sont éveillés. Le passé ne les intéresse nullement; peu leur importe ce que deviendront leurs neveux et arrières-neveux, s'il survient d'autres révolutions qui les immolent, ainsi que les descendants de leur maître: cela leur est tout-à-fait indifférent.

Avec le système de rente qu'on publie il n'y a pas un homme en France, si borné qu'il soit, qui ne comprenne qu'un état qu'on enrichit toujours de plus en plus en lui prétant, a intérêt de satisfaire ses créanciers, malgré toutes les guerres et les révolutions imaginables, surtout quand on lui accorde vingt ans pour se mettre en mesure de servir les arrérages qu'il a à payer, et qu'il hérite de ceux qui lui prêtent.

La forme actuelle de notre gouvernement réprésentatif n'est-elle pas elle-même la plus forte garantie qu'on puisse donner à ces rentes; ainsi rien absolument, rien au monde ne peut troubler la sécurité de ce nouveau rentier; tout lui promet donc, s'il vit et tant qu'il vivra, un avenir heureux, et la paisible jouissance du revenu qu'il se sera fait tant pour lui que pour ses enfants, par sa sage prévoyance. Il n'y aura jamais de bien possible à faire aux hommes pour les soustraire à la misère qui les accable si souvent quand ils sont vieux et infirmes, si on conteste ces raisonnements. Il faudrait, s'il en était autrement, se résigner à subir le sort affreux de notre cruelle destinée. On ne persuadera jamais que Dieu ait refusé au bon sens et à l'intelligence de l'homme en société, la possibilité de trouver un moyen de se soustraire d'une manière quelconque et certaine, à l'indigence, et d'en préserver avec le temps ses enfants par son travail, son industrie et ses économies, puisqu'il est de fait qu'il n'y a pas assez de terre pour tout le monde, qu'il n'est d'ailleurs pas donné à tout les hommes de savoir la cultiver pour en tirer parti, et que l'or amassé, entassé même par l'avarice, peut être enlevé et dissipé.

La nature a pourvu aux besoins de l'homme sauvage ; et l'homme civilisé serait seul exposé, avec ses lois, à périr de faim et de misère quand il ne peut plus travailler ! cela ne saurait être.

L'état, avec ses rentes viagères héréditaires, pourrait dire à tous les citoyens : En me confiant pendant un certain nombre d'années quelques-unes de vos épargnes, vous me mettez à même de pourvoir à votre existence, à celle de votre famille ainsi qu'à la mienne ; je jure donc, par mon propre intérêt et le vôtre, de remplir cette obligation sacrée qu'on aurait dû m'imposer dès le premier jour où on a songé à se réunir en société. C'est en effet une lacune qui existe depuis la création du monde, dans cet amas si considérable de lois qu'on fait et défait sans cesse chaque jour, qu'il est essentiel de ne pas laisser subsister plus long-temps, pour assurer au moins la sécurité de l'avenir.

Telles sont sans doute les pensées généreuses inspirées à l'auteur du livre qu'on vient de faire réimprimer. Le lecteur croira qu'il est absolument une composition du moment présent, si fécond en vues d'utilité et d'économie publique, quoiqu'il y ait environ quarante-six ans qu'il ait paru à Londres pour la première fois, ce qui ne ferait certainement pas d'honneur à la philosophie et à la philantropie du dix-huitième siècle, si on finissait maintenant par adopter ces idées de bonheur et de bien-être général.

Pour que l'on n'ait pas le même reproche à faire aux lumières du dix-neuvième siècle, l'éditeur croit qu'il serait bon que les vérités que cet ouvrage renferme soient mises chaque jour sous les yeux des rois et de leurs ministres, imitant en cela, comme l'a dit un de nos honorables députés convaincu de la justesse et de la bonté de sa proposition, la belle conduite de sir Vilberforce, membre de la chambre des communes en Angleterre, qui, après avoir sollicité sans succès pendant trente sessions l'abolition de la traite des nègres, finit par l'obtenir.

Si le terme de vingt ans était plus long, il pourrait éloigner et paraître désespérant; dix ou cinq ans de plus au-delà de ce terme font une différence sur la vie de l'homme au moins du tiers à la moitié; l'état seul gagnerait à cela; tout l'avantage se trouverait alors de son côté. Ses bénéfices sont déjà bien assez considérables; quand à la longue il sera parvenu à payer ses dettes et à réduire les impôts, il pourra faire le contraire de ce qui se pratique aujourd'hui, augmenter l'intérêt *de trente pour cent*, pour améliorer le sort de ses rentiers. En exigeant plus de vingt ans ou en réduisant l'intérêt, on serait fondé à dire avec raison à l'auteur : Personne ne veut de vos rentes; vous voulez nous les faire acheter par de trop grands et de trop longs sacrifices; vous ne pouvez pas, vous ne devez pas considérer ceux qui voudraient y mettre, comme de pauvres pensionnaires à retraiter, auxquels on fait la loi pour prix des services qu'ils ont rendus à leur pays, mais bien comme des rentiers qui enrichissent l'état en mourant, et qui ne s'aviseront pas de vouloir lui confier leurs fonds, si l'intérêt, qui sait calculer, leur dit qu'ils feraient une mauvaise spéculation en agissant ainsi. Il est en tout un juste milieu dont il convient de ne pas s'écarter, qui maintient l'équilibre.

Le gouvernement a toujours exigé d'un pauvre employé, au moins trente ans de service actif pour lui accorder une modique pension de retraite, pension qu'il prélève ordinairement sur une retenue de cinq pour cent exercée chaque mois annuellement sur ses chétifs appointements, du jour même où il a obtenu sa place.

Les militaires, après avoir servi leur patrie et versé leur sang pour elle, reçoivent également, au bout de trente annéesde service, une faible pension de retraite qu'ils n'ont souvent pas demandée et qu'on les oblige d'accepter, quoiqu'elle suffise à peine quelquefois à les empêcher de mourir de faim. Voilà qui est triste à rappeler dans un si beau siècle de gloire et de lumière, et à un état qui perçoit annuellement plus d'un milliard d'impôts. Les rentes que l'on propose d'établir mettraient le gouvernement à même de retraiter plus généreusement par la suite ces malheureux militaires qui font sa gloire et toute sa force, puisque sans eux il n'y aurait pas d'ordre social.

Ces mêmes rentes ont cela d'éminemment utile et national, c'est qu'en excitant, par l'intérêt qu'elles offrent, le pauvre à se déterminer d'y placer ses épargnes pour se soustraire à la misère ainsi que ses enfants, et les riches à prendre sur leur revenu les sommes qu'il leur serait facile d'en distraire sans se gêner, ou bien de se procurer sur leurs capitaux sans presque les diminuer, elles leur offrent un moyen d'assurer de leur vivant l'existence de toute leur famille.

Un père avec dix mille francs de revenu, en plaçant sur la tête de ses enfants, à cinq ans par exemple (à cet âge il est facile de s'apercevoir si leur santé sera bonne), en supposant qu'il ait deux garçons et deux filles, et que la somme qu'il voulût mettre sur chaque tête fût de dix mille francs, cela exigerait pour tous les quatre quarante mille francs qu'il peut emprunter ; ce qui ne réduit successivement son revenu, pendant ces vingt ans, que de deux mille francs ; mais aussi le sort de ses enfants se trouve fixé à vingt-cinq ans, puisqu'ils jouiront chacun, pour ces dix mille francs, de mille écus de rente; et c'était anciennement à peine l'âge de la majorité. Ce père peut ainsi doubler ses revenus dans cet espace de vingt ans, avec une somme aussi modique, et assurer de son vivant la dot de ses filles et l'état de ses fils. Chacun de ces quatre enfants ne pouvait espérer, après la mort de leur père, que deux mille cinq cents francs de revenu ; ils en auront cinq mille. Ce même père, en faisant aujourd'hui pour ses quatre enfants un pareil sacrifice, ne pourrait leur assurer au plus à chacun que cinq à six cents francs de rente, ce qui ne suffirait pas pour leur procurer une existence dans le monde.

Un autre avantage non moins utile et inappréciable, est celui de pouvoir retirer à sa volonté, dans un moment de besoin ou même de caprice, son capital en tout ou partie, des caisses de l'état, puisqu'il n'est nullement aliéné, comme on le voit par cette facilité que les rentes viagères n'ont jamais accordée ; mais il est vrai de dire qu'on exige de prévenir l'état quarante jours à l'avance pour retirer ses fonds, et qu'alors il ne tient compte de l'intérêt de la somme prêtée, qu'au taux à peu près de celui des terres, c'est-à-dire de deux et demi pour cent, et pour autant d'années échues à partir du jour du versement.

Ces rentes peuvent exercer à peu de frais la charité, cette vertu chrétienne, puisqu'en plaçant une somme de *cinq cents francs* seulement sur la tête d'un enfant pauvre, qui n'aurait absolument rien à espérer de ses parents, on lui assurerait, si on avait l'intention de lui faire du bien, avec une somme aussi petite, au bout de vingt ans, *cinquante écus de rente* dont il pourrait jouir à vingt-cinq ou trente aus, ce qui le mettrait au-dessus du besoin.

Les bons maîtres se feraient un devoir d'exiger que leurs domestiques y missent, soit en prenant sur leurs épargnes, pour s'assurer une ressource dans leur vieillesse, soit en exerçant une faible retenue chaque mois sur leurs gages ou autrement, la somme ne fût-elle également que de *cinq cents francs*, que bien des maîtres pourraient et consentiraient même à leur avancer, sauf à retirer cette somme des caisses de l'état, si leurs domestiques les quittaient ou se mettaient dans le cas d'être renvoyés; on parviendrait de la sorte à se les attacher par la bienfaisance, et à détruire à la longue la misère et la mendicité, ces plaies de la société, car il viendrait un temps où on n'oserait pas avouer qu'on n'aurait pu placer quelques petites économies à ces rentes.

Que deviendront les rentiers actuels, demandera-t-on, si l'état les rembourse? que feront-ils de leurs fonds? L'état lui-même, que fera-t-il de ceux qu'on lui confiera quand il aura payé toutes ses dettes? Peut-on, doit-on, quand on le pourrait, rembourser les cinq pour cent consolidés; ne faut-il pas toujours absolument des rentes perpétuelles pour ceux qui ne veulent pas de rentes viagères, et placer à fonds perdus; n'existe-t-il pas des caisses d'amortissement. Ces seules objections doivent nécessairement faire rejeter le projet de l'auteur, et le confondre dans le très-grand nombre d'utopies que chaque jour voit éclore.

Je ne m'attacherai pas à démontrer si les rentes perpétuelles sont ou ne sont pas une nécessité absolue; je conçois fort bien qu'il est très-commode de toucher exactement son revenu tous les six mois, sans avoir d'impôts à payer; de pouvoir revendre sur la place ses inscriptions au cours du jour, quand on veut réaliser ses fonds; mais je ne comprends pas qu'il soit absolument nécessaire, pour maintenir les rentes perpétuelles, si elles sont indispensables, que tous les états contractent des dettes dont les capitaux réunis forment un si grand nombre de milliards, et qu'il faille que nous soyons inondés comme d'un nouveau déluge, d'une masse si considérable d'effets publics et de papiers qui n'ont qu'une valeur éventuelle; qu'il soit convenable enfin qu'on écrase le peuple d'impôts, pour soutenir le crédit de tous ces papiers.

Je dirai donc à tous ceux qui ont des rentes perpétuelles : Loin de repousser ces nouvelles rentes viagères héréditaires, vous devez au contraire les désirer, les appeler de tous vos vœux; car, si elles n'existaient pas, il faudrait les inventer et les créer, pour vous rembourser journellement, insensiblement et sans secousse, une partie des immenses capitaux qui vous sont dus, afin de donner aux rentes qu'on jugerait nécessaires de conserver, une valeur constamment au-dessus du pair.

Je dirai aux états : Vous devez bénir ces rentes viagères héréditaires, et vous empresser de les admettre; car, s'il survient des guerres, des catastrophes imprévues, vous trouverez à emprunter toutes les sommes dont vous aurez besoin, puisque ces rentes sont une caisse perpétuelle d'amortissement, et la meilleure garantie possible que vous puissiez donner à ceux qui vous prêteront.

Nous avions anciennement un assez grand nombre

de rentiers, surtout à Paris, où presque tous les bons bourgeois de cette grande cité possédaient des rentes sur l'état, préférant ce revenu à celui des biens-fonds, qui rapportent moins et qui sont si grevés d'impôts. Nos provinces se sont toujours fort bien passées de ce moyen d'existence, qui est un besoin pour les habitants de Paris; et pourtant alors la dette publique était bien inférieure à ce qu'elle est aujourd'hui; elle ne montait pas à un milliard, et elle est maintenant de plus de cinq, à la suite de plusieurs banqueroutes et d'une révolution dont cette ancienne dette nous a gratifiés.

Avec ces nouvelles rentes, les vieux rentiers réduits seraient du moins certains qu'on ne leur rognera plus leur pauvre petit tiers consolidé; ils auraient la facilité de pouvoir réparer toutes les pertes anciennes qu'on leur a fait éprouver à différentes époques, puisqu'ils pourraient confier à l'état, en toute sécurité, les faibles sommes qu'ils auraient pu amasser afin d'assurer l'existence à venir de leurs enfants.

Serait-ce donc un si grand malheur, quand une partie des fonds que l'agiotage entasse journellement à la bourse, et qui l'encombrent, refluerait dans le commerce et sur l'agriculture; quand les malheureuses campagnes seraient un peu moins dévorées par l'usure la plus déhontée; quand l'intérêt de l'argent y baisserait au lieu d'y être si élevé; quand un si grand nombre d'honnêtes gens ne fréquenteraient point la bourse, dans l'espoir trompeur de s'y enrichir rapidement, et s'y ruinent au contraire presque toujours eux et toute leur famille? Y aurait-il de quoi jeter les hauts cris, quand on verrait chacun comme anciennement se caser suivant son état et sa profession, vivre honnêtement et paisiblement de son avoir; quand il n'y aurait pas un si grand nombre de banquiers cosmopolites, et qu'on ne verrait plus tous les jours, comme aujourd'hui, sur toutes les places de l'Europe, des banqueroutes de plusieurs millions, qui ruinent en vingt-quatre heures les familles les plus opulentes?

Si ces raisons ne suffisent pas pour démontrer le peu de solidité de ces nouvelles objections, et qu'on persiste à me demander ce que les états feront de tous les fonds qu'on leur portera pour avoir de ces nouvelles rentes, je répondrai : Ils commenceront par retirer de la circulation plus des trois quarts des effets publics, et n'en laisseront que ce qu'ils croiront strictement nécessaire pour satisfaire les vieilles habitudes et les goûts des rentiers et de tous les agents d'affaires de la capitale, ainsi que ceux de tous les braves gens qui ne peuvent se passer d'aller à la bourse. Comme tout cela exigera au moins une ou deux périodes de vingt ans pour rembourser une aussi grande quantité de milliards, on aura le temps de juger et d'apprécier la bonté et l'utilité des rentes viagères héréditaires de l'auteur, et de se convaincre qu'elles sont réellement indispensables, et l'auxiliaire le plus puissant pour soutenir le crédit des rentes perpétuelles conservées. Enfin, si les états n'avaient plus, avec un tel système, ni guerre ni révolution (Dieu veuille qu'il en soit ainsi), qu'ils n'aient plus besoin d'avoir recours aux emprunts, ils pourraient, après avoir payé leurs dettes et réduit les impôts de toute nature, employer les fonds dont ils ne sauraient que faire, à des entreprises sûres et d'une utilité générale, et assurer ainsi les revenus de trente pour cent aux rentiers survivants; ils pourraient, en remettant en circulation l'or et l'argent dont ils seraient à même de disposer, encourager et faire fleurir les arts, les sciences, l'agriculture et le commerce ; et comme ce système n'a pas le don de tout changer en or, ni d'augmenter le numéraire en le multipliant comme nos presses à papier, dont l'usage tout-à-fait licencieux a de bien plus graves dangers pour les états, que les abus de la presse périodique que les lois peuvent punir ; qu'un tel système conserve au numéraire la valeur qu'il doit avoir, et ne le déprécie pas ; qu'il ne fait que le répartir plus généralement dans toutes les classes de la société, il finira naturellement par remplacer ou nous débarrasser de toutes les richesses fictives mises en circulation, qui nous donnent le goût passionné de l'agiotage, démoralisent tous ceux qui s'y livrent, et tendent à bouleverser tout l'ordre social.

Si les états, après avoir usé de tous les moyens qu'on indique ici, se trouvaient encore embarrassés de leurs richesses, ils pourraient alors, si l'envie d'assurer la fortune de leurs enfants dans l'espace de vingt ans venait à tourner la tête de tous les pères et mères, et à donner trop d'aisance et trop d'énergie à tous les peuples, modérer ce goût passionné pour les richesses, en fixant le montant ou le *maximum* des fonds qu'on recevrait dans les caisses publiques, car rien, ce me semble, ne peut forcer un état à emprunter ; on empêcherait ainsi les familles les plus opulentes surtout, de se créer des revenus par trop considérables (1).

(1) Je ne fais qu'indiquer ce moyen comme tant d'autres auxquels ce plan peut se prêter, et que je ne crois pas absolument nécessaire d'employer.

Un intérêt aussi fort que celui *de trente pour cent*, et le terme de *vingt ans* qu'il faut attendre pour jouir, ne feront mettre à ces rentes

Sous quelque point de vue qu'on envisage ce nouveau système de rentes viagères héréditaires, il ne peut présenter aucune objection fondée à faire, puisqu'il a pour base une vérité utile et bienfaisante, et qu'il met à même de pourvoir à tous les besoins que l'état de société exige impérieusement, comme ceux entre autres des listes civiles des rois et de leur famille, ainsi qu'au traitement des ministres, des grands corps politiques et de toutes les administrations, sans avoir recours aux impôts, et par un moyen qui offre aux peuples une ressource constante contre l'adversité, la vieillesse, la misère et les infirmités.

Comme on trouve toujours si facilement à répliquer à tout, on ne manquera pas de me dire qu'en diminuant les impôts, notre système électoral serait à refaire, et que la charte se trouverait violée. L'auteur ne prévoyait pas une pareille opposition quand il a tracé son plan de finance, et je n'entreprendrai pas de le justifier. J'observerai seulement que Louis XVIII, de si vénérable mémoire, eût peut-être établi un autre mode d'élection, s'il eût connu et goûté le bien-être général de ces nouvelles rentes viagères héréditaires : en dépit de cette objection qui est accablante pour l'auteur et pour l'éditeur, qu'il était difficile de prévoir, je dirai qu'un des plus grands avantages d'un tel système, c'est surtout d'être moral, d'attacher tous les citoyens à leur pays et à leur patrie, et de favoriser la population, cette véritable richesse des nations.

---

que les fonds qui peuvent assurer un honnête revenu, et mettre à l'abri de l'adversité et de l'infortune. Ces rentes ne présentent donc aucun des inconvénients des rentes viagères ordinaires.

Eh ! qu'on ne vienne pas dire encore : Comment vivra-t-on par la suite, si ces rentes augmentent par trop la population ? Il serait facile de répondre aux *gens d'esprit* qui feraient cette objection : La population fût-elle mille fois plus forte, la terre, cette mère féconde, fournirait toujours suffisamment à la nourriture des hommes qui la peupleraient. La prévoyance divine du Créateur, qui a dit : *croissez et multipliez-vous*, ne saurait être en défaut. Le sol n'est-il pas susceptible d'être infiniment mieux cultivé dans tant de régions différentes ? Il serait difficile d'énumérer le nombre d'arpents incultes, tant il est grand même en France, où il passe pour être au moins de la dixième partie. Les bestiaux, les poissons, les légumes, la volaille, toutes les ressources alimentaires peuvent se multiplier à l'infini, et suivre les progrès croissants de la population et de la civilisation.

La seule culture des arbres fruitiers, qui manque presque généralement dans toutes les parties de l'Europe, malgré le nombre si considérable d'académies ou de sociétés d'agriculture, qui ne cessent de publier chaque jour tant de belles choses souvent très-insignifiantes, devrait être encouragée par tous les moyens possibles. Chaque commune pourrait en couvrir ses chemins vicinaux : ce moyen aurait le double avantage d'être une ressource importante pour chaque localité, et un produit qui pourrait aider à les entretenir en bon état.

Ne serait-il pas facile aussi de nous affranchir pour une substance de première nécessité, le sucre, de la dépendance des colonies, et surtout de celle de nos incomparables voisins les Anglais, en favorisant la culture en grand de la betterave et de l'érable de Virginie, en encourageant tous les particuliers qui voudraient se livrer à ce genre d'industrie? Le café, le thé, les épiceries, sont à coup sûr des moyens suffisants d'échanges dont on peut se passer à la très-grande rigueur, et qui ne sont pas, comme le sucre, d'une utilité aussi générale, et un besoin qu'il nous serait si facile de satisfaire avec le temps: mais le bien à venir fait sourire de pitié; il n'intéresse nullement les égoïstes, et le nombre en est grand. Il nous reste tant de choses indispensables à faire, dont on ne s'occupe pas du tout!

Que les craintes sur l'excès de population cessent donc de tourmenter toutes les personnes qui veulent nous persuader qu'il faut absolument des pestes, des disettes, des guerres sanglantes, des révolutions avec des échafauds, et des colonies, pour nous débarrasser de la surabondance de la population; qui viennent nous conseiller de nous emparer de tout le continent de l'Afrique, d'en tuer toute la population noire ou de la rendre esclave, pour exploiter au profit des blancs Européens toutes les mines d'or qui pullulent sur ce continent; qui ne nous parlent que de la conduite admirable des Anglais en Amérique et dans les Indes; qui veulent que nous imitions ce peuple de sages, qui, avec leur gouvernement représentatif, se croient et se disent libres! Une chose néanmoins a lieu de surprendre: puisque cette grande nation est si fort occupée à l'exploitation des mines d'or et d'argent des autres peuples, pourquoi ne remplace-t-elle pas, avec les lingots qu'elle en tire, cette immense quantité d'effets publics et de papier-monnaie qui occasione tous les jours chez elle des banqueroutes de plusieurs millions? cela donnerait un plus grand mouvement et assurerait un plus grand crédit à leurs affaires et à leur commerce; cela pourrait faire baisser leur main-d'œuvre, et diminuer la taxe des pauvres, qui sont si nombreux dans un pays si riche; cela pourrait modérer aussi le goût passionné que leurs habitants ont pour les voyages, ce qui porte à croire que la liberté dont ils jouissent chez eux ne les séduit pas beaucoup.

En adoptant ce nouveau système de rentes, on n'aura plus besoin d'employer tant de malheureux à exploiter les mines d'or et de diamants de l'Asie, de l'Afrique et de l'Amérique; on laissera en paix tous les peuples de ces trois parties du monde; on ne sera plus forcé de faire la guerre à ses voisins pour s'enrichir à leurs dépens, ni obligé de faire voyager de Londres à Paris et de Paris à Londres l'or en barre, pour donner du crédit aux effets publics, puisqu'on pourra en retirer annuellement de la circulation une bonne partie.

« Une vérité qui s'annonce pour nouvelle, dit » l'auteur, est presque toujours sûre d'être combattue; » mais ce qui doit consoler, c'est qu'il est de son » essence (si c'est réellement une vérité) de surnager sur les temps. »

Le bon Lafontaine, en parlant de cette fille du ciel, nous dit :

« L'homme est de glace aux vérités,
» Il est de feu pour les mensonges. »

« Si nous ne sommes pas assez heureux, poursuit » l'auteur, pour jouir de ce bienfait que Dieu semble avoir mis en réserve pour nous dédommager de » nos maux, nous aurons au moins travaillé utilement pour la génération qui nous succédera. »

Il semblerait, si on considère le cours naturel des événements et la marche actuelle de la civilisation, que ce système ne devrait souffrir aucun retardement dans son exécution, puisqu'il supplée au silence rigoureux des lois anciennes et modernes, qui n'ont encore rien fait jusqu'à présent pour unir les hommes par un lien de confraternité chrétienne et nationale; mais peut-être est-il nécessaire que l'idée qu'il présente descende des grands aux petits, pour exciter une vive sensation, et rompre les entraves que la plupart des plans les mieux combinés éprouvent presque toujours.

Quoi qu'il en soit, il est à croire qu'il faudra en venir là tôt ou tard, si on veut se décharger du poids toujours croissant et accablant des dettes publiques, sans avoir recours aux votes beaucoup trop faciles des impôts tellement énormes et insupportables, qu'il s'agira de songer sérieusement à la fin, plutôt à les réduire qu'à les augmenter.

On finira par se soumettre à l'heureuse nécessité de renoncer à toutes ces ressources misérables, à toutes ces pitoyables inventions plus ou moins immorales et désastreuses de papier monnaie, de *maximum*, de réduction infamante des rentes, d'agiotage, et de tant d'autres moyens déplorables dont les aff.eux résultats ne se sont déjà que trop fait sentir dans notre dernière révolution, qui n'est malheureusement d'aucune expérience, et qui cependant a tout bouleversé en brisant les autels, les trônes et les couronnes, en menaçant de tout envahir et de changer la face du monde entier, en immolant tant d'augustes victimes, en déplaçant toutes les fortunes, et en plongeant dans la misère tant de familles naguères riches et opulentes.

On sera également forcé de céder par la suite au besoin de récompenser les utiles et sublimes efforts de l'agriculture et de la propriété foncière, en satisfaisant le vœu général tant de fois manifesté, de modifier la législation actuelle sur les grains.

On ne sera peut-être pas toujours disposé à laisser couvrir à nos dépens les mécomptes si considérables du chapitre des subsistances, et à se mettre sans cesse, en cas de guerre, à la merci des vivriers, comme aussi d'humeur à souffrir éternellement du manque cruel et absolu de débouchés intérieurs et extérieurs, d'échanges et de secours mutuels.

On pourrait de même se lasser à longue de nous voir gémir de l'imprévoyance obstinée, pour ne pas dire coupable, qui s'est refusée jusqu'à présent de nous soustraire à l'alternative désespérante des disettes ou de la surabondance, ces fléaux de l'humanité, de l'agriculture et de nos finances, dont les effets alarmants et ruineux atteignent tour à tour les propriétaires, les cultivateurs, les consommateurs et les contribuables.

Il faudra bien enfin chercher quelque remède pour guérir ces lèpres du corps social, et on espère qu'on jettera peut-être alors les yeux sur ceux que l'on indique ici, quoique ces idées bienfaisantes ne soient que la modeste conception d'un plébéien peu connu, qui n'existe plus depuis long-temps, et qu'elles ne soient pas sorties, comme une autre Minerve, de la tête d'un ministre, d'un courtisan, d'un grand fonctionnaire public, ou simplement de celle d'un chef de bureau du ministère.

Les générations futures auront peine à concevoir que dans un siècle comme le nôtre, la cruelle expérience ne nous ait jamais servi de leçons, et ne nous ait pas encore ouvert les yeux sur les disettes qui se sont succédées en aussi grand nombre *depuis*

1789 *seulement*; cela devrait pourtant nous prouver qu'il existe véritablement un vice radical dans la législation actuelle des grains.

On ne se rappelle donc plus tous les désordres des malheureuses journées des 5 et 6 octobre de l'année 1789, qui eurent pour cause, ou plutôt pour prétexte, une disette plus factice que réelle, qui n'en a pas moins été portée en 1790, dans les comptes produits par l'assemblée constituante, pour une dépense *de trente-neuf millions huit cent soixante-onze mille sept cent quatre-vingt-dix francs*. On sait que lors de ces malheureuses journées, le peuple de la capitale s'étant transporté à Versailles, força l'infortuné Louis XVI et la famille royale, à quitter malgré eux cette belle résidence, qui n'a plus été habitée depuis, et à se laisser traîner à Paris, escortés seulement de ses gardes-du-corps marchant à pied. Pendant tout le trajet de Versailles à Paris, qui fut fait au pas, la populace prodiguait à ce vertueux monarque et à sa famille, les épithètes les plus grossières.

L'assemblée constituante, qui avait le projet de l'auteur, voyait tout cela, souffrait tout cela, et se gardait bien d'y remédier.

Depuis cette affreuse époque nous avons eu encore d'autres disettes qui nous ont dévoré et dilapidé quelques centaines de millions: bagatelles que tout cela. Celles qui se sont montrées dans le cours de la révolution ont été cause de l'assassinat du député Ferraud, qui fut consommé en pleine assemblée au milieu de ses collègues; sa tête fut mise au bout d'une pique, et promenée par le peuple dans les rues de Paris; on était alors forcé, dans ce bon temps, de porter son petit morceau de pain dans sa poche quand on allait dîner en ville. Voilà de ces événements déplorables que beaucoup de personnes ont pu voir comme l'éditeur.

Sous Bonaparte nous avons eu également plusieurs disettes qui nous ont aussi coûté bon nombre de millions. Ces chapitres des subsistances auraient pu ne pas présenter, comme les nôtres, de petits mécomptes dont il pouvait bien se passer, et qu'il était au surplus en état de couvrir, si on avait osé s'opposer à ses volontés, par les petits frais de guerre en argent et en nature, qu'il avait pour habitude de se faire donner par les sujets des puissances qu'il venait de vaincre ou de soumettre.

La médisance ou la calomnie disait tout bas, qu'il aimait aussi beaucoup la surabondauce, parce qu'elle lui fournissait, par les permissions particulières d'exporter qu'il accordait assez volontiers à des personnages qui agissaient la plupart du temps pour son propre compte, quelques millions qu'il pouvait distribuer soit à ses ministres, soit à ses courtisans ou à ses maîtresses. Je veux croire que ce sont là de pures calomnies, car il avait pour habitude de s'entourer d'hommes estimables, habiles et instruits, dont il a dû se repentir plus d'une fois de n'avoir pas suivi les conseils; mais ce qui n'est que trop véritable, c'est que toutes ces cruelles disettes ne nous ont pas moins coûté beaucoup d'argent fort complaisamment voté, indépendamment du grand nombre de malheureux qu'elles ont fait périr de faim et de misère, sans y comprendre ceux qui ont été tués ou fusillés pendant et après les révoltes.

Cependant on lui avait fait remettre directement et séparément l'ouvrage de l'auteur sur les grains; il ne voulait point en entendre parler : novateurs, déclamateurs, brouillons, disait-il, que tous ces gens-là : qu'ils se mêlent de leurs affaires, et non de vouloir régir l'état. Et peut-être aurait-il fait un mauvais parti à l'auteur, s'il eût vécu, à cause de son indiscret chapitre sur les permissions particulières d'exporter, ce qui, dans ce cas-là, aurait alors pu faire croire qu'il trouvait plus commode d'exploiter à son profit ces deux mines d'or.

Connaissant sa façon de penser sur les disettes et les surabondances de grains, on s'est bien gardé de lui faire remettre le système de finance du même auteur, quoique cette innovation aurait pu être de son goût, parce qu'elle lui aurait peut-être fourni quelques centaines de millions dans les premiers moments, dont il se serait servi pour faire la guerre. Ses graves conseillers auraient eu beau lui dire : si vous prenez ces fonds destinés à payer vos dettes et celles des rois vos prédécesseurs, et à réduire les impôts qui pèsent sur le pauvre peuple, pour guerroyer, vous détruisez cet heureux système ; les prêteurs qui vous enrichissent, au lieu de vous ruiner et de se ruiner eux-mêmes, suivant l'ancienne mode, ne vous prêteront plus, et se plaindront avec raison de votre gouvernement. D'après le caractère connu de cet homme extraordinaire, dont le nom appartient aujourd'hui à l'histoire, on peut bien, sans trop se compromettre, lui prêter la réponse suivante : Hé! que m'importe? la gloire et le destin m'entraînent malgré moi; il faut que je périsse, et que mes états, mes sujets partagent mon sort, ou que j'achève la conquête du monde entier ; et le pauvre système, comme tant d'autres, n'aurait pas manqué de faire rire alors aux dépens des dupes, et de faire passer l'auteur, en dépit de la vérité, pour un mauvais faiseur de projets.

Des documents officiels nous apprennent, comme on l'a dit dans la troisième partie de cet ouvrage sur les grains, réimprimée et publiée à la fin de l'année 1822, et adressée à tous les ministres, que la disette de 1817 a été présentée au budget de 1819, pour une perte de *cinquante-quatre millions quatre cent dix mille francs*, sans compter celle qui a pesé sur les consommateurs, évaluée à plus de *huit cents millions*, en prix forcé sur la subsistance, d'après un rapport fait à la chambre des députés, dans sa séance du 20 mars 1820.

M. de Lastours, député, dans son projet contre la disette des grains, nous dit page 23 : « Si l'on pou- » vait mettre en ligne de compte toutes les dépenses » faites à l'occasion de la disette de 1817, tant par » le gouvernement que par les administrations et » les diverses associations de bienfaisance, on arri- » verait à une somme de *cent millions*, et cette somme » serait plus que doublée, si l'on ajoutait le montant » de tous les sacrifices faits par le roi, la famille » royale et les particuliers; et cependant la misère » du peuple a été extrême, et son mécontentement » universel. »

M. Lainé, à la session de 1818, s'exprimait ainsi : « Faute de précautions nécessaires il a fallu recourir » aux achats extérieurs, toujours aussi vicieux qu'ils » sont peu efficaces, et qui, dans cette circonstance, » ont fait exporter beaucoup de notre numéraire, » tant en fonds d'achats qu'en primes, même après » que les besoins étaient passés.

» Il a fallu donner des primes aux boulangers de » Paris, et les indemniser de leurs pertes, sous peine » de compromettre grièvement la tranquillité pu- » blique; il a fallu recourir, par nécessité, à beaucoup

« d'expédients *illicites, ou pernicieux, ou tellement*
» *onéreux*, que les calculs, comptes et renseigne-
» ments qui ont été exposés en comité secret à la
» chambre des députés, n'auraient pu, sans beau-
» coup d'inconvénients, être rendus publics. »

En ajoutant depuis, à cette disette, les pertes que la surabondance a fait éprouver à l'agriculture, par l'effrayante dépréciation des blés et l'énorme déficit du chapitre des subsistances, par suite de la guerre d'Espagne, on aura une triste idée de la législation actuelle sur les grains.

A tout cela on répond que nos *doléances* sur le manque de débouchés intérieurs et extérieurs sont insignifiantes. On veut nous prouver qu'avec tous les résultats qu'on vient de signaler et qu'on ne peut nier, puisqu'ils sont officiels et figurent sur nos budgets, la législation présente des grains n'est susceptible d'aucun changement ni d'aucune modification.

Comment persuader que des débouchés intérieurs sont absolument inutiles, quand dans un certain nombre de départements on regorge de blé, et que dans d'autres on en manque, ou qu'ils sont à un prix élevé, et qu'on a de la peine à s'en procurer?

On soutient que les débouchés extérieurs seraient nuisibles et tout-à-fait nuls, attendu « qu'à Odessa
» et à Dantzig, les blés sont à huit francs, six francs,
» trois francs et quatre francs au-dessous du prix dont
» nous déplorons la vileté pour nous-mêmes. »

On se garde bien de nous dire ce qu'il en coûte pour les aller chercher à si bon marché, à Odessa ou à Dantzig, et à quel prix ils reviennent rendus dans les ports de France, de l'Angleterre, de la Hollande, du Portugal, de l'Espagne, de l'Italie, qui ne vont pas les chercher si loin, et aimeraient beaucoup mieux les acheter plus cher en France; on ne dit pas ce qu'on les paie pour les faire arriver en Suisse, en Savoie et en Piémont; on ne s'explique pas. quand il y a disette, sur le temps qu'il faut pour aller et revenir de si loin, et la quantité de bâtiments qu'il est nécessaire d'avoir à sa disposition; on ne veut pas convenir que souvent les trois-quarts des grains achetés sont encore à Dantzig et à Odessa quand la disette n'existe plus (1); que ces mêmes grains arrivés dans nos ports, sont la plupart du temps forcés d'y rester, et s'y avarient faute de débouchés intérieurs qui nous manquent pour les faire circuler promptement dans nos départements; qu'on est obligé, pour les répartir dans les localités où cela est absolument nécessaire, de les faire remonter lentement, péniblement et à grands frais nos fleuves et nos rivières, ou de les faire traîner par les fourgons de l'artillerie, d'étape en étape.

Quand la surabondance fait languir l'agriculture, si, avec de sages précautions et des réserves publiques, on avait des débouchés extérieurs pour les grains, afin d'en faire écouler sans danger le superflu, et pouvoir faire hausser ou baisser le cours quand cela devient nécessaire dans l'intérêt de tous, toutes les puissances précédemment citées accourraient dans nos ports, pour nous acheter nos blés, comme cela ne s'est que trop vu à nos dépens toutes

---

(1) L'importation faite en 1817 en temps utile, n'a fourni tout au plus que deux millions cinq cent mille hectolitres de grains de toute espèce; une partie était encore à Odessa en janvier 1818. (*Premier rapport de M. Lainé, ministre de l'intérieur, au Roi*, page 22).

les fois que l'exportation a été permise en France sans précautions préalables, quoiqu'à un prix fort au-dessus de ceux d'Odessa et de Dantzig, puisque sur le vaste espace de nos quatre cents lieues de côtes, tant sur l'Océan que sur la Méditerranée, ils se trouvent pour ainsi dire tous rendus, et à la portée des différentes puissances de l'Europe, que nous pourrions alimenter; mais que diraient alors nos chers voisins les Anglais, si nous faisions ce commerce comme celui des chevaux, des bestiaux, comme tant d'autres? ils s'en prendraient, comme nous, à leurs ministres.

Les journaux, en rapportant les paroles de M. de Villèle, dans la séance de la chambre des députés du 16 mai, session de 1826, lui font dire :

« Nous savons qu'à la vérité les propriétaires souf-
» frent par le défaut d'écoulement de leurs denrées;
» *nous ne savons par quels moyens on pourrait obvier à*
» *un mal qu'il est si difficile d'empêcher.* Les grains
» sont partout à un tiers au-dessous de leur valeur
» intrinsèque, *et il n'y a nul moyen d'exporter les nô-*
» *tres à l'extérieur.* »

Si M. le président du conseil des ministres avait pu prendre le temps de lire l'ouvrage de l'auteur, sur le commerce des grains, qui lui a été adressé en janvier 1823, ainsi qu'au ministre de l'intérieur et à tous ses autres collègues, il se serait convaincu par lui-même, *que ce moyen si difficile à trouver* est indiqué depuis long-temps, qu'il devrait d'autant mieux être l'objet d'un sérieux examen, comme celui d'une enquête publique et européenne, pour être adopté ou rejeté; qu'il a le grand mérite de concilier les intérêts divers des états, des propriétaires et cultivateurs, des consommateurs, des contribuables, du commerce et du peuple; qu'il placerait la France au premier rang qu'elle devrait occuper au marché général de l'Europe, tant comme nation continentale et agricole, que par son heureuse position géographique et maritime, possédant, sur la très-grande étendue de ses côtes sur les deux mers, des ports qui la protègent et qui l'entourent. Nous nous trouvons naturellement placés au centre de l'Europe, pour faire presque exclusivement ce commerce, que l'on devrait considérer comme très-important, et mettre en première ligne.

Avec des réserves publiques si vivement désirées, sagement réparties dans l'intérieur et dans nos ports, ce moyen qu'on ne cesse de solliciter toujours en vain, ce vœu général si souvent exprimé par les plus nobles suffrages, que l'on a l'air de considérer comme des plaintes ridicules, assurerait l'existence des peuples et des armées en temps de disette ou de guerre, et pourrait servir à nourrir, avec notre superflu, plusieurs des états qui nous entourent, qui manquent de grains la plupart du temps, n'en récoltant pas suffisamment pour leurs besoins, tels, je le répète, que la Hollande, le Portugal, l'Espagne, l'Italie, le Piémont, la Savoie, la Suisse, et l'Angleterre elle-même, qui trouverait plus commode d'avoir dans son voisinage nos blés à acheter quand elle en aurait besoin, tant pour assurer sa subsistance en temps de guerre ou de disette, que pour ses expéditions lointaines dans les deux Indes, plutôt que d'aller les chercher à un prix inférieur à Dantzig et à Odessa. Cette nation sait trop bien calculer les frais considérables d'allée et venue, de perte de temps, d'avaries, que ces voyages longs et coûteux entraînent nécessairement, surtout dans les moments de crise qui se reproduisent si souvent. Ce serait en outre un moyen assuré d'échange et de secours mutuel, tant pour tous les peuples que pour nos colonies et celles des autres puissances de l'Europe. Ces ressources extérieures, unies aux débouchés intérieurs qu'il s'agit de créer pour notre sécurité, et pour établir une prompte circulation de proche en proche qui nous manque, et qui serait pour l'état d'une si grande influence morale dans les moments de besoins, donneraient alors la plus grande activité à ce commerce qui, comme tous les autres, devrait jouir de la liberté la plus étendue, en prenant les précautions indispensables indiquées dans l'ouvrage qui a été publié sur cette matière. On parviendrait à donner à ce commerce, ainsi qu'à l'agriculture, cet encouragement, cette énergie d'accroissement désiré dont ils sont susceptibles l'un et l'autre, avec la certitude de parer aux disettes, et de pouvoir vendre à des prix convenables qui satisfassent les producteurs et les consommateurs.

Ces sages précautions, en assurant aux peuples et aux armées leur subsistance, aux gouvernements leur tranquillité, aux propriétaires et aux cultivateurs la vente de leur blé, épargneraient au trésor public, aux consommateurs et aux contribuables, toutes les souffrances, les mécomptes si dispendieux, et les révolutions, qui sont les suites déplorables et inévitables de notre défaut de prévoyance sur une pareille matière.

Ce premier ministre, en poursuivant son énergique improvisation, continue de s'exprimer de la sorte sur les grains : « Quel serait le moyen d'en faire » augmenter le prix à l'intérieur? ce serait d'en faire » consommer davantage, ou plutôt de faire qu'il en

» soit moins produit (1), car c'est à une de ces deux » nécessités que nous sommes arrivés (2). La seule » disposition par laquelle nous pourrions amener les » *propriétaires du sol à cultiver moins de céréales* (3), » ce serait de protéger les autres produits de la terre. » Eh bien ! c'est ce qu'on a essayé de faire par les ta- » rifs de la loi des douanes qui vient d'être adoptée » par les deux chambres. C'est le seul remède que » nous puissions trouver à cette vilcté du prix des » grains. »

Le seul remède que nous puissions trouver, dit ce ministre, à cette vileté du prix des grains. Que conclure de cette explication?..... Ainsi, en s'efforçant de vouloir nous arracher d'un écueil que son seul aspect aurait dû faire éviter, on vient nous conseiller de prendre une direction qui doit nous entraîner, et nous pousser violemment sur un autre encore plus dangereux.

Nos lois sur les grains, qu'il serait temps de modifier, dans l'intérêt général de toutes les nations civilisées, en leur donnant les premiers un exemple

(1) Singulier remède.

(2) A qui la faute?

(3) Je me crois obligé de rappeler ici la note que j'ai publiée précédamment dans l'introduction mise en tête de l'ouvrage de l'auteur sur les grains.

Le découragement de l'agriculture intérieure peut produire un déficit de subsistances que ne sauraient plus couvrir les importations les plus considérables. Supposez seulement une diminution d'un dixième dans les produits, c'est-à-dire de quinze millions d'hectolitres sur cent cinquante; quatre ou cinq mille vaisseaux suffiraient à peine à l'arrivage simultané de cette quantité, qu'il serait ensuite impossible de répartir sur les divers points de la France, faute de communication et de moyen de transports. (*Mémoire sur la nécessité de modifier notre législation sur les grains*, 1821).

salutaire et généreux qu'elles s'empresseraient sans doute d'imiter, ne nous placent-elles pas dans cette alternative désespérante qui excite toutes nos justes récriminations? On n'a certainement pas besoin, pour engager à réduire la culture des céréales, de protéger les autres productions de la terre, et de nous citer continuellement avec tant d'affectation, la vileté des prix de Dantzig et d'Odessa, qui, comme nous, n'ont aucuns débouchés intérieurs et extérieurs, car, s'ils en avaient réellement, leurs blés seraient à un prix bien plus élevé que les nôtres, s'ils pouvaient alimenter leur propre pays.

La dépréciation générale des blés, suite naturelle de cette surabondance qui existe partout où l'on peut cultiver le froment, à cause du manque presque absolu de débouchés dont on se plaint avec tant de raison, parce qu'elle est le triste effet d'une cruelle insouciance administrative sur cette partie digne des siècles les plus barbares, suffit seule à coup sûr pour ramener les disettes, ainsi que tous les maux, les dépenses, les dilapidations qu'elles entraînent nécessairement à leur suite, et forcer les ministres, dans ces moments de troubles et de calamités publiques qui se renouvellent beaucoup trop souvent, à puiser à pleines mains dans le trésor de l'état, sans pouvoir rendre de compte, ainsi que le constate malheureusement les documents officiels cités plus haut.

J'aurais d'autres réflexions à faire sur cette matière d'un si grand intérêt; mais je préfère m'en dispenser, dans la crainte qu'elles soient mal interprêtées.

Voilà des raisonnements, des faits et des documents officiels qu'il ne serait pas bon de rappeler sous un gouvernement despotique, où le machiavélisme, l'hypocrisie, la corruption sont à peu près les seuls ressorts; mais qu'on peut citer, afin qu'on y remédie, sous un Roi très-chrétien, vertueux et magnanime, avec une charte consacrée solennellement par le serment le plus auguste, et par celui de tous les fonctionnaires d'un gouvernement comme le nôtre.

Dès l'instant que le monarque législateur que nous avons perdu a reconnu la nécessité de nous gouverner ainsi, on doit, comme on l'a dit, subir toutes les conséquences d'un pareil gouvernement, profiter des bons conseils qu'on croit devoir, qu'il est permis de donner, et marcher franchement droit au but qu'il est indispensable d'atteindre dans l'intérêt général; on doit même savoir gré à tous ceux qui signalent des abus réels aussi frappants, et qui taillent de la besogne aux ministres, pour les réformer; on doit enfin éviter de prendre ces fausses routes qu'on ne cesse de nous tracer, qui n'aboutissent qu'à des précipices.

Je sens que le bien-être de mes concitoyens m'entraîne au-delà de ce que doit dire un simple éditeur d'un livre qu'il publie; je me borne donc à en appeler à l'opinion publique, cette reine du monde; c'est à elle, c'est à la génération présente et future à nous apprendre si les deux systèmes de l'auteur sur les finances et les grains, publiés de nouveau pour les faire plus généralement connaître, sont bons ou mauvais, en en signalant les défauts ou les avantages, en les adoptant ou en les rejetant.

Dans tout état de cause, on ne pourra jamais comparer l'auteur à ces mauvais manœuvres dont le nombre est si grand, qui veulent tout démolir, sans s'embarrasser ni savoir comment et avec quoi on reconstruira. Ces deux systèmes ne déplacent personne; ils ne diminuent même pas les appointements de tant de grands fonctionnaires publics, dont quelques-uns sont peu utiles, et encore moins ceux des petits employés, qu'on réduit et supprime toujours de préférence. Ils indiquent des économies d'une nature toute différente et bien autrement importantes que celles si souvent insignifiantes qu'on affecte de nous demander : ils tendent à réparer le mal fait jusqu'à présent, par les disettes, les surabondances, les réductions successives de rentes, et à ménager aux hommes des ressources pour leur vieillesse et pour leurs enfants, afin de les rendre plus indépendants, ce qui réduirait le nombre des solliciteurs et des sinécures, et ne ferait pas sans doute de peine aux ministres : ces rentes augmenteraient, par une plus grande circulation et une répartition plus égale du numéraire, ainsi que par une aisance plus générale, la masse des honnêtes gens; elles détruiraient en partie la corruption, et permettraient à bien des hommes de renoncer à l'intrigue, et de suivre leur goût pour les arts, la littérature et les sciences; elles les mettraient à même d'indiquer d'autres améliorations utiles comme celles qu'on propose; enfin ces systèmes ont cela d'extraordinaire, c'est qu'ils font en quelque sorte reconnaître que les fondements de l'édifice social sont en fort mauvais état, et menacent ruine depuis long-temps; que, si on se refuse d'y remédier, cet édifice pourrait finir par s'écrouler au premier jour.

C'est aux architectes habiles à examiner avec discernement, désintéressement et loyauté, si le mal qu'on signale existe réellement, et à le réparer dans ce cas-là le plutôt possible, s'ils le jugent convenable, avec les matériaux que l'éditeur leur offre.

On ne sera pas fondé à adresser à l'auteur le reproche de ressembler à ces déclamateurs, qui aperçoivent et nous montrent tous les vices et les défauts des machines politiques, sans pouvoir indiquer les moyens d'y remédier.

Des esprits chagrins et superbes trouveront probablement fort extraordinaire, qu'un misérable éditeur illétré, inconnu et sans mission, relégué dans un village près d'une petite ville, avec sa nombreuse famille, n'ayant de titres à faire valoir que celui de petit électeur d'arrondissement et d'ancien rentier de l'état, réduit des deux tiers, qui croit en cette dernière qualité avoir le droit de se plaindre et de raisonner bien ou mal sur les rentes, ose se permettre de parler ainsi des affaires publiques.

On pourrait leur répondre, que le Dieu des chrétiens n'a pas été choisir ses disciples et les apôtres parmi les savants et les docteurs de la loi, ni parmi les grands et les riches, pour nous transmettre sa morale divine et les vérités consolantes de notre religion.

Ces hommes supérieurs auraient beau dire que nul ne doit avoir d'esprit qu'eux et leurs amis, il leur serait difficile d'établir aujourd'hui cette doctrine comme article de foi. Ils ne seraient également pas fondés à faire un crime à l'éditeur de ce qu'il demande avec tant d'instance la révision générale des lois sur les grains, puisque les résultats réels qu'il vient de signaler nous sont si funestes et nous coûtent si cher. L'éditeur leur dirait, qu'au nombre des vérités qui nous ont été révélées, il en est une qui nous trace pour ainsi dire la marche à suivre sur l'administration des blés, en nous donnant pour exemple à imiter la belle conduite de Joseph, ce sage et habile ministre de Pharaon.

Ces mêmes hommes tourneront sans doute en ridicule l'éditeur campagnard, qui prétend également qu'il est possible de payer les dettes nationales, et de réduire les impôts, en enrichissant réciproquement les états et les peuples qui adopteront les systèmes qu'il nous offre ; systèmes qui, suivant lui, tendent à empêcher ses semblables de mourir de faim et de misère. Ils le blâmeront de tant se récrier contre toutes ces presses à papier-monnaie ou d'effets publics, et de venir nous dire qu'elles ont été inventées par le génie des révolutions, du désordre et de l'agiotage ; qu'elles sont un fort mauvais présent du célèbre écossais Law, et de nos voisins les Anglais, que nous devrions un peu moins admirer et imiter : ils l'accuseront de prétendre que les gouvernements usent un peu trop largement de l'emploi de ces mêmes presses, qu'ils font gémir journellement à leur profit, pour nous forger à si bon marché tous ces milliards de valeur fictive qu'ils mettent en circulation, et qu'ils nous forcent de prendre pour argent comptant, quand ils sont cotés à la bourse si fort au-dessous de leur valeur nominale. Ils s'irriteront contre l'éditeur, de ce qu'il demande si l'on est bien fondé à se plaindre de cette inquiétude et de ce malaise général qui nous tourmentent, ainsi que de ce désir effréné de toutes les classes, de vouloir sortir de son état et de s'enrichir promptement, quand après avoir changé toutes les conditions, réduit ou détruit toutes les fortunes, et avoir manqué nombre de fois à leurs engagements, les gouvernements ne cessent d'alimenter avec tous leurs milliards en papier, qui sont une ressource si commode pour payer leurs dettes, cet agiotage qu'ils ont créé, et qui est un élément perpétuel de troubles et de confusion sociale.

Les optimistes s'écrieront qu'on est coupable, très-coupable, de censurer ainsi les gouvernements, et que l'éditeur a fort mauvaise grâce de vouloir singer Héraclite et Démocrite, ou Jean qui pleure et Jean qui rit des misères publiques, des folies et des faiblesses humaines des grands hommes. Ils ne lui pardonneront jamais d'oser dire que si tous nos grands hommes avaient tant soit peu d'humilité, ils devraient, avec le commun des martyrs et l'éditeur, répéter en chorus et s'appliquer chacun pour leur propre compte, cette phrase latine : *homo sum, et nihil à me alienum puto.*

Tous les absolutistes s'agiteront, s'emporteront peut-être contre la liberté de la presse et contre l'auteur et l'éditeur; ils auraient grand tort, si un jour l'Europe et les autres parties du monde se trouvaient forcées, dans leur intérêt, d'adopter ces deux systèmes sur les finances et sur les grains.

A la fin de la seconde partie de son ouvrage, l'auteur du livre qu'on publie, nous dit : « De toutes les » difficultés qui naissent dans l'esprit de ceux qui prê- » tent au gouvernement, la moindre n'est pas de » savoir jusqu'à quel taux il est possible que chaque » nation emprunte en conservant sa solidité, car enfin » il est un terme à tout. L'Angleterre doit quatre mil- » liards (1), la France vient ensuite, etc. Combien » chaque nation peut-elle encore emprunter avec sé- » curité ? Voilà la question.

» Des milliers de citoyens soupçonneux et craintifs » refusent, par cette seule raison d'incertitude, de » confier leurs fonds à l'état, *qui en reçoit un dommage*

(1) Elle ne devait que cela en 1780 ; elle en doit aujourd'hui plus de vingt.

» *irréparable par la perte des intérêts*, et pour lequel
» il est impossible de donner la solution de cette ques-
» tion. Puisqu'elle est insoluble, je me bornerai donc
» à dire que dans les rentes proposées c'est précisé-
» ment l'opposé ; car plus on prêtera à une nation, et
» plus on assurera sa solidité, puisqu'elle doit faire
» un bénéfice décidé sur les fonds qu'on lui confierait.

» Tel serait donc, continue-t-il, l'avantage de ce
» système, soit pour celui qui emprunte ou pour ce-
» lui qui prête, que l'un ne peut être asservi à l'autre.
» Leur utilité réciproque est le gage de leur mutuelle
» indépendance, et l'assurance de la fidélité de la na-
» tion emprunteuse. »

La troisième partie de ce livre indique le moyen de remédier aux disettes et aux surabondances, ces fléaux qui s'engendrent et se détruisent l'un par l'autre en se renouvelant perpétuellement ; ainsi je me dispenserai d'en parler ici.

» Peut-on désigner, se demande l'auteur, le temps
» où ces deux systèmes seront adoptés ? » Cette autre question lui paraît trop difficile pour oser entreprendre de la résoudre ; et il ajoute : « Suffit-il de l'ap-
» probation des grands, des gens en place, de quel-
» ques savants, des désirs d'un nombre assez considé-
» rable de citoyens, de l'aveu même de quelques
» ministres ? non, ils existent ces témoignages qui,
» quoique tacites, n'en sont pas moins vrais et moins
» impuissants. Que faut-il donc ? le temps, les cir-
» constances, l'impérieuse nécessité, l'arrivée du
» moment marqué par les décrets de la divine pro-
» vidence ; car ce moment viendra, et peut-être alors
» le seul suffrage d'un homme vertueux qui, aimant
» sa patrie et touché du sort des malheureux, vou-
» dra bien se dire : j'ai dans mes mains le destin de

» plusieurs millions d'êtres, il ne faut qu'un mot pour » les rendre heureux, et je le prononce.

L'auteur dit en concluant : « Si on n'avait que des » raisons à combattre, des objections à détruire, » la certitude de l'emporter ferait naître l'espérance : » mais l'homme..... l'homme..... il est partout ; ses » actions, son jugement, seront toujours subordon- » nés à son intérêt particulier, surtout à l'amour- » propre, qui étouffe tout ce qui n'est pas soi. »

Quoique cet ouvrage d'un Français ait été pour la première fois imprimé en anglais, on assure qu'il fut écrit pour la France, où il aurait paru dès 1777, si, comme on l'a dit récemment à l'académie fran çaise, *cette censure ennemie de lettres et inconciliable avec la vérité*, ne s'y était pas opposée (1).

Il eut été facile à l'auteur de substituer au mot Angleterre celui de France : c'est à peu près la seule correction à faire dans la première partie ; l'éditeur n'osant pas se permettre de rien changer dans le corps d'un pareil ouvrage, il est donc réimprimé tel qu'il l'a été pour le parlement d'Angleterre en 1780, époque à laquelle on doit nécessairement se reporter, avec cette différence cependant que l'extrait de ce livre, fait par l'auteur et présenté par lui en 1789 à cette assemblée nationale constituante de doulou-

(1) J'aurais à ce sujet des anecdotes singulières à raconter sur ce qui s'est passé dans le temps entre l'auteur et deux des ministres du roi martyr : mais je les tairai, ainsi que leurs noms, par considération pour leur mémoire.

J'ai toujours été intimement persuadé que si le vertueux et malheureux Louis XVI, qui a eu quelque temps entre ses mains les manuscrits de l'auteur, avait rejeté alors les conseils de ses ministres, et n'avait consulté que son cœur et sa tendresse paternelle pour ses peuples, la France n'aurait sans doute pas eu à gémir depuis de tous les crimes dont elle s'est laissé souiller par un certain nombre de ces prétendus philosophes du siècle dernier.

reuse mémoire, ainsi que les lettres qui terminent la première et la seconde partie, ne l'ont pas été (1).

La troisième partie a été réimprimée comme je l'ai dit plus haut, et a reparu en décembre 1822, sous le titre de *Considérations d'économies publiques sur le commerce des grains, ou moyens de concilier les intérêts de l'état, des propriétaires, des cultivateurs, du commerce et du peuple.*

L'éditeur croit devoir dire ici que cette partie de l'ouvrage sur le commerce des grains, a été envoyée quand elle a été publiée, à tous les ministres du roi indistinctement, et à tous les conseils généraux de départements; qu'elle a été aussi adressée à la plupart des ambassadeurs des puissances étrangères, et à M. Canning pendant son séjour à Paris en septembre et octobre 1826, ainsi qu'à un certain nombre de membres des deux chambres législatives, puis remise également à plusieurs bureaux de journaux qui n'en n'ont parlé ni en bien ni en mal, excepté deux seulement qui en ont fait l'extrait et l'éloge. Il faut le dire, on s'occupe peu encore dans notre vieille et savante Europe, des ouvrages sérieux qui ont rapport à l'économie publique. Des plans d'une utilité aussi générale mériteraient cependant d'être examinés et discutés, ne fût-ce que pour en faire sentir l'absurdité s'ils ne valent rien, afin d'éclairer et de fixer l'opinion sur les objets qu'il traite, exciter à faire mieux, et déterminer un certain nombre d'hommes instruits

---

(1) Le lecteur sera à même de juger, en lisant cette seconde partie si forte de raison, que l'auteur, qui avait vécu plusieurs années à Londres dans la bonne société, et qui parlait anglais, connaissait ce gouvernement, qu'il avait observé et étudié.

C'est aussi la partie morale de ce plan, par l'application générale qu'il a su en faire d'une manière si frappante.

à se livrer à l'étude de cette science si négligée, qui nous formerait des ministres habiles, capables de suivre la marche de la civilisation, de juger et d'apprécier les ouvrages qui tendent à améliorer l'organisation sociale.

Cependant depuis cette dernière publication, des personnes de mérite ont observé à l'éditeur, que le gouvernement ne pourrait pas, à moins de se jeter dans des dépenses considérables, faire exécuter pour son propre compte les plans reconnus les plus utiles; que c'est à l'esprit d'association, qui commence à s'introduire en France, à se charger de leur exécution; que ce qui s'opposerait sans doute à ce que le projet de l'auteur sur les grains fût goûté, était la première de toutes les difficultés encore à résoudre, *la conservation des blés* (question dont l'auteur aurait dû s'occuper); que sans ce premier moyen, les frais énormes et continuels d'avaries, de déchets et de manutention, absorberaient tous les bénéfices légitimes que les sociétés les mieux intentionnées pourraient faire sur une partie aussi délicate; que ce serait l'objection principale qu'on ne manquerait pas de mettre en avant, qui a fait rejeter jusqu'à présent l'immense quantité de projets que cette matière a fait éclore, qui a servi de prétexte à tous les ministres, notamment à MM. Turgot, Necker et Calonne, qui tenaient à maintenir l'ancien usage des permissions particulières d'exporter, et prétendaient qu'il était indispensable, plus économique et plus commode de puiser dans le trésor de l'état, lorsqu'il survenait une disette.

L'éditeur, convaincu de la nécessité de résoudre cette première question, *la conservation des grains*, afin d'établir le plan de l'auteur, sur une base plus solide, a cherché à surmonter cette grande difficulté.

Les silos de M. Ternaux lui ont paru un moyen fort coûteux, qui convient à peu de localités, et d'autant plus dangereux, qu'en restant stationnaires, ils paralyseraient ce commerce, qui ne peut réellement exister que par la circulation la plus active.

On ne persuadera jamais aux personnes de bon sens, que les blés, qui sont la nourriture principale et journalière des hommes, nous aient été donnés, et soient faits pour être enterrés. Ces silos, connus anciennement dans le midi de la France sous le nom de *matamores*, ont été abandonnés, parce qu'on en a reconnu l'inutilité. Ils ne seraient d'ailleurs qu'un objet tout-à-fait secondaire dans le plan de l'auteur, dont le but est d'établir des réserves publiques dans une sage proportion, dans les chefs-lieux de départements et d'arrondissements, qui puissent, pendant les années de disette ou de surabondance, mettre à même de faire baisser ou hausser le prix de cette denrée de première nécessité, dans l'intérêt des producteurs et des consommateurs, sans déroger aux principes invariables de la libre concurrence et de la liberté la plus entière de ce commerce.

L'éditeur s'est expliqué sur les silos d'une manière assez franche, dans une lettre adressée aux rédacteurs des *Annales des sciences économiques ou des finances*, qu'ils ont bien voulu insérer dans leur numéro 15, tome III, page 232, de l'année 1825, et à laquelle M. Ternaux n'a pas jugé à propos de répondre dans les mêmes Annales.

Dans l'introduction mise en tête de la troisième partie de l'ouvrage déjà publié, on a précédemment fait sentir le danger et tous les inconvénients des meules de M. Laboulinière, sous-préfet d'Étampes, qui réunissaient, comme les silos de M. Ternaux, le défaut de ne pouvoir circuler.

Il est constant que des sacs de treillis ne suffisent pas pour empêcher les blés de s'avarier en voyageant, et qu'il doit en résulter, comme on l'a observé à l'éditeur, des frais, et des pertes très-décourageantes pour ce commerce.

Frappé de la bonté des expériences déjà faites par M. le comte Déjean, pair de France, ancien directeur général des vivres de l'administration de la guerre, sur ses récipients en plomb, l'éditeur, dans un acte passé en quarante et un articles, chez Me Narjot, notaire à Paris, rue Sainte-Anne, n° 77, le 2 août 1825, enregistré sous le titre de *Société anonyme*, et sous la dénomination d'*Association nationale contre la disette des grains en France*, adressé depuis en expédition au ministère de l'intérieur, a démontré que la séquestration en petite quantité et par hectolitres seulement, opérée dans des boîtes ou caisses solidement confectionnées, formées de planches de bon cœur de chêne d'une certaine grosseur, enduites en dedans et en dehors, de la matière hydrofuge de la compagnie Prosper, contre l'humidité, doublées en sus intérieurement d'une feuille de plomb laminé d'un demi-millimètre ou quart de ligne d'épaisseur, fermant bien hermétiquement par une ouverture ronde sur une de leurs faces, qui se visserait et dévisserait, qu'on pourrait plomber et tarer, pour qu'on ne puisse en rien soustraire, offrirait, par la privation de l'air et de l'humidité, un moyen certain de conservation indéfini : dans cet état les grains pourraient circuler dans toutes les directions, d'un pôle à l'autre. Ces caisses, étant d'un poids qui les rend maniables, resteraient sans le moindre inconvénient exposées à l'air et à l'humidité. En cas de guerre ou de trouble intérieur, on pourrait même les couler à fond dans les fleuves ou rivières, pour les soustraire à l'ennemi, et les retrouver au besoin, sans avoir éprouvé la moindre altération.

Ces sortes de silos portatifs, si on veut les appeler ainsi, seraient un matériel inusable et d'une très-grande valeur, qui, sans aucuns frais d'entretien, n'exigeraient qu'une première dépense une fois faite, dépense qui ne peut être bien considérable pour chaque caisse ou boîte une fois payée, et économiseraient les frais beaucoup plus forts de première acquisition et de renouvellement perpétuel des sacs, sans compter ceux bien autrement dispendieux d'avaries, de déchets et de manutention. Cette manière de conserver les blés indéfiniment, par la séquestration en hectolitres dans ces sortes de silos mobiles, et de les soustraire ainsi aux influences de l'air et de l'humidité, paraît à l'éditeur bien supérieure à celle de la dessication déjà assez généralement employée par les Américains et les Russes, en ce que ce dernier procédé, à peu près nul, n'obvie pas dans les transports indispensables, et sur les lieux mêmes, aux dégâts et avaries causés par les rats, les souris, les mulots et les intempéries des saisons; qu'en remédiant simplement aux seuls ravages du ver sur les grains, ils en diminuent le poids, et en altèrent la qualité, sans épargner les frais et les pertes ci-dessus mentionnés.

On concevra facilement la supériorité de la séquestration en hectolitres, d'apres la méthode qu'on indique ici sur celle de la dessication, ainsi que cela a déjà été prouvé par les expériences faites par M. le comte Déjean, à l'administration des vivres de la guerre. On peut consulter à cet égard les procès-verbaux dressés et signés par un très-grand nombre de personnes de distinction, qui en font foi, sur les ingénieux récipients en plomb de cet administrateur homme de bien, qui ne faisait qu'indiquer ce moyen réel de conservation, ce qui est à coup sûr l'essentiel, mais qu'il était important et facile de perfectionner, en les réduisant à de petites dimentions plus solides, portatives et mobiles, afin de pouvoir circuler en toute sécurité, la circulation, je le répète, étant l'âme de ce commerce.

Ce moyen de conservation des grains trouvé par M. le comte Déjean, et perfectionné par l'éditeur; l'établissement des réserves publiques dans des proportions sagement combinées pour chaque chef-lieu d'arrondissement, sur les ports de mer et sur les points principaux des bassins de navigation, généralement reconnues nécessaires aujourd'hui, et demandées par l'auteur, deviennent indispensables pour établir cette balance d'intérêt public qu'il propose de créer, afin de nous soustraire aux effets malheureux des disettes et des surabondances, et rendent son projet sur les grains d'une utilité universelle.

C'est au jugement des hommes instruits de toutes les nations de l'Europe et du Nouveau-Monde, que l'éditeur en appelle, puisque ces deux grandes questions d'économie publique sont en définitive un des plus grands besoins de la civilisation actuelle, qu'il convient enfin d'examiner et de satisfaire, surtout sous le régime paternel des monarchies contitutionnelles.

Je me bornerai donc à ce que je viens de dire, pour faire sentir l'importance et le mérite d'un ouvrage qui se recommande assez de lui-même, en ce qu'il nous fait connaître deux vérités palpables et palpées, ainsi mises à la portée de tout le monde sur ces deux bases essentielles de l'édifice social, *les finances et les subsistances.*

L'éditeur aura rempli sa tâche, s'il obtient, par cette publication, les nobles suffrages des rois, qui sont les pères nés des peuples, ainsi que ceux des chambres législatives chez les nations où tous les citoyens sont ainsi représentés, et généralement l'approbation des hommes de bonne foi, sages et éclairés; s'il parvient par ce moyen à être utile à ses semblables, et à faire payer à la mémoire de l'auteur un tribut mérité d'éloges.

ADRESSE

AU PARLEMENT D'ANGLETERRE.

MILORDS ET MESSIEURS,

En vous faisant l'hommage de mes réflexions, je mets sous vos yeux la plus importante affaire sur laquelle vous ayez jamais eu à prononcer. L'intérêt de l'état, le vôtre; celui de vos enfants et de leurs successeurs; celui des malheureux, que j'aurais dû nommer le premier, comme le plus cher à des cœurs aussi sensibles que les vôtres; l'intérêt enfin de l'Europe entière, est attaché à la discussion de cette cause.

Je n'ai point trop dit, MILORDS ET MESSIEURS; elle est très-intéressante; et pour la bien approfondir, il faut chercher à voir quelles doivent être, dans quinze ou vingt ans, les suites du plan que j'ai l'honneur de vous présenter, en supposant qu'il soit admis.

L'acquit de la dette nationale, l'abondance et la population, voilà les effets qui en doivent résulter; et il en est d'autres que des yeux pénétrants apercevront aisément, et qu'il serait trop long d'analyser. Mais j'entrevois quelque chose de plus heureux encore, l'espérance de voir les hommes plus vertueux : car il n'est personne parmi vous qui ne sache que, s'il n'est point de bonheur sans la vertu, il est bien rare et bien difficile d'être parfaitement vertueux sans un peu de fortune.

Les secours que votre inépuisable générosité accorde chaque année à ceux qui sont dans l'indigence, sont la preuve de ce que je viens de dire: et si ces secours servent à soutenir l'existence de ceux qui les reçoivent, peut-être servent-ils encore plus à les sauver des dangers que cette indigence entraîne presque nécessairement après elle. Il faut conserver son existence, voilà le cri de la nature; et une âme ordinaire ne regarde pas toujours la honte dont elle va se couvrir, en adoptant la première ressource qui se présente pour y parvenir.

J'ai donc cru remplir vos vœux les plus chers, en vous offrant les moyens de prévenir cet état de détresse dont les suites sont si à craindre pour le repos de la société. Fasse le ciel que mes idées soient aussi justes que mes intentions ont été pures en écrivant !

C'est donc dans vos mains, MILORDS ET MESSIEURS, que je dépose le tribut que je dois et que je paie à l'humanité; et j'oserais dire que vous devez maintenant compte à la génération future de la connaissance que vous en avez, si je n'étais intimement convaincu que, si vous le rejetez loin de vous, ce sera par des raisons déterminantes, et en gémissant de ne pouvoir faire le bonheur des hommes.

Car, en effet, MILORDS ET MESSIEURS, qui pourrait se dissimuler que vos enfants (etudiant les annales de votre gouvernement, et venant au moment présent et à l'examen des choses telles qu'elles sont), ne vous diront pas un jour: mais il vous fut offert un moyen de réparer vos maux; mais vous pouviez nous assurer un sort heureux, et nous mettre à portée de le transmettre à nos héritiers; mais vous nous auriez pour ainsi dire enchaînés à la patrie par des liens indissolubles; et quelque dévoués que nous lui soyons, quelque prêts que nous soyons de lui donner notre sang, vous auriez fixé irrévocablement notre sort au sien, et vous auriez écarté à jamais de nos îles l'indigence et la misère.

Tel est, n'en doutez pas, Milords et Messieurs, le tableau de l'avenir; il n'est point chargé : mais en même temps voyez à vos genoux la génération qui vous succédera vous présenter ses enfants en signe de reconnaissance, versant des larmes heureuses, et vous forçant d'en répandre lorsqu'ils viendront vous remercier de ce que vous aurez fait pour eux. Voyez les tendres mères lever leurs bras vers vous, afin d'exprimer les sentiments dont elles sont pénétrées, et vous crier : vous les avez adoptés, ils sont les vôtres; c'est vous, vertueux citoyens, sénat auguste, qui leur donnez la véritable existence, et qui nous procurez la douce satisfaction de penser, en mourant, que nous laissons des êtres heureux et en état de secourir ceux qui n'ont pu participer à vos bienfaits.

Je suis si persuadé de cette vérité, que je crois que quand vous m'aurez lu, vous direz comme moi, MILORDS ET MESSIEURS, qu'il n'est point d'homme d'un âge mûr, qui ne désirât aujourd'hui que son père eût été à portée de faire pour lui, ses frères ou ses sœurs, ce qu'il pourra faire pour ses enfants, ses neveux, ou ceux à qui il voudra du bien, si l'état lui ouvre cette ressource.

C'est sous les différents points de vue que je viens de vous exposer, que je vous supplie d'envisager le zèle qui m'a animé dans les différentes combinaisons de calcul qu'il m'a fallu faire, pour allier les intérêts de l'état avec ceux du citoyen considéré dans tous les états de la vie; et je me croirai le plus fortuné des hommes, si je suis assez heureux pour que vous daigniez agréer l'hommage que je vous en fais, et mériter vos suffrages.

Je suis avec un profond respect,

MILORDS ET MESSIEURS,

Votre, etc.

SYSTÈME DE FINANCES.

PREMIÈRE PARTIE.

QUESTION D'ÉCONOMIE PUBLIQUE.

« Est-il possible d'acquitter la dette nationale de » l'Angleterre (1), en se proposant pour loi les con- » ditions suivantes ?

» 1° Ne pas déranger un seul être de la place que » le sort lui a donnée.

» 2° Laisser exister les choses telles qu'elles sont, » sans rien innover ni détruire.

» 3° Être également utile à l'état et aux citoyens, » généralement à tous, sans que qui que ce soit » puisse réclamer contre.

» 4° Il faut encore que le plan que l'on donnera » soit tellement utile, qu'il doive être exécuté pour

(1) Cet état pris pour exemple, comme le plus chargé de dettes, et dont la population n'est pas forte, puisqu'on ne compte dans les trois royaumes d'Angleterre, d'Écosse et d'Irlande, que vers huit millions d'habitants, servira à prouver que, s'il est possible de réussir dans un tel pays, le succès doit aller au-delà de l'espérance dans un état moins obéré et plus nombreux.

» le bonheur public, quand bien même l'état ne de-
» vrait rien et n'aurait aucuns besoins. »

SOLUTION.

Quelque utile que puisse être le papier qui représente l'argent, la quantité n'est pas ce qu'il peut y avoir de plus avantageux pour un état. Si la multiplicité de cette nouvelle monnaie ne tendait pas à faire perdre le crédit, à augmenter la main-d'œuvre, le prix des denrées, des biens-fonds, etc. (1), il serait facile d'acquitter la dette nationale en se servant de ce moyen; mais le remède serait pire que le mal, et ne remplirait point les conditions que l'on impose; ainsi il faut abandonner cette ressource connue de toutes les nations, et jugée impraticable (2).

---

(1) L'Angleterre en fournit encore la preuve : le papier y est commun, tout y est cher. Cette manière d'exister est un état forcé qui culbutera tôt ou tard cette nation.

(2) Il est si facile d'acquitter la dette d'un état avec cette nouvelle monnaie, qu'il ne faut pas être grand calculateur pour en donner le moyen. Vingt ans pleins et révolus sont le terme de cette opération, pourvu toutefois que cet état soit certain de pouvoir payer les arrérages de ce qu'il doit, pendant le temps de vingt ans. Supposons qu'un état doive cent millions dont il paie l'intérêt à cinq pour cent, ce qui fait cinq millions d'arrérages à payer chaque année, conséquemment le vingtième; il fera, pour acquitter cette dette, autant de billets de deux, trois, quatre ou cinq cents livres qu'il le jugera à propos, et, ces billets faits, il appellera à jour fixe ceux à qui il doit, pour les rembourser. Ce jour expiré, les intérêts cesseront de courir.

S'il doit à un particulier mille livres de rente, ce qui fait vingt mille livres de fonds, l'état lui donnera pour vingt mille livres de billets qui auront cours comme l'espèce frappée au coin du prince. Il est simple que ce particulier remboursé de son capital, ne peut plus en demander l'intérêt; ainsi au bout d'un an l'état doit trouver dans ses coffres les cinq millions qui servaient annuellement à payer cet arrérage de cent millions.

La position de l'état est donc telle que, l'an expiré, il doit acquitter

Un impôt général, par tête, paraîtrait simple et facile : mais les peuples sont déjà si chargés pour payer les arrérages de ce qui est dû, qu'il n'est pas possible de penser à leur demander le fonds ; et d'ailleurs, pour trouver une juste proportion entre l'homme pauvre et le riche, il faudrait imposer des sommes énormes sur les grands.

L'idée d'un avenir plus heureux peut-elle donner de l'espérance, et doit-on se flatter jusqu'au point de croire qu'il viendra un temps qui, exigeant moins de dépenses, permettra de songer à liquider cette dette ? Ce serait s'abuser ; il est un luxe pour les états comme pour les citoyens, et malheureusement la réforme est impossible. La balance de l'Europe et le poids dont on y veut être ne le permettront pas (1).

---

le vingtième de sa dette. Si c'est par voie de loterie qu'il le fait, la loterie tirée, et les billets sortis étant payés, il ne devra plus que quatre-vingt-quinze millions. La seconde année réduira ce papier à quatre-vingt-dix millions ; et enfin la vingtième année verra l'extinction totale du papier et des dettes. Ce calcul est simple, mais il entraîne après lui la crainte de deux inconvéniens auxquels il n'est pas possible de parer.

Le premier est le renchérissement des choses, qui doit nécessairement suivre l'augmentation dans le numéraire. Le second, et le plus terrible, est l'incertitude de l'existence de ceux à qui on remboursera. Trouveront-ils à placer le capital qu'ils viennent de toucher, puisqu'il n'est pas en argent ? Si personne ne veut prendre ce papier lorsqu'il s'agira de fonds de terre ou de contrats à faire (car je suppose qu'autrement on soit forcé de l'accepter), ceux qui auront été remboursés seront obligés d'entamer leur capital pour vivre, et dans vingt ans ils seront dans la plus affreuse misère.

Ces réponses sont accablantes, et font voir la difficulté d'un plan qui puisse concilier les intérêts de l'état et du peuple.

(1) Pour économiser dans un état, il faut que les dépenses inattendues soient payées par le peuple, autrement l'économie de vingt ans s'anéantira par quelques années de guerre. Je sais qu'il n'est point de citoyen qui n incline pour sa patrie, mais je sais aussi que si l'état

Il faut cependant songer à liquider cette dette ; ou du moins à la fixer au point où elle est portée; car si elle va en augmentant, ce qui est plus que probable, le moment viendra où il faudra mettre des impôts exhorbitants et insoutenables; moment qu'il est facile de prévenir, si l'on veut ouvrir les yeux.

La vraie et peut-être la seule manière de parer à ce danger et de résoudre la question que l'on propose, en laissant à chaque particulier la liberté de faire son sort ou celui de sa famille, et cependant de forcer pour ainsi dire les hommes à faire le bonheur de l'état en faisant le leur, est d'ouvrir des caisses publiques dans les villes capitales de l'Angleterre, où chaque citoyen pourra porter son argent sous les conditions suivantes :

Qu'à compter du jour où chaque particulier aura fait le dépôt de la somme qu'il veut placer, il ne pourra demander à l'état aucun intérêt qu'après vingt ans pleinement révolus. Les vingt années expirées, l'intérêt commencera à courir, et il sera alors de *trente pour cent en rentes viagères.*

Quelque avantageux, quelque énorme que soit cet intérêt pour les citoyens, leur bonheur ne serait pas parfait, si, de même que dans les rentes viagères ordinaires, leurs fonds étaient aliénés pour jamais. Afin de parer à cet inconvénient, et de rendre ces rentes héréditaires, sans cesser d'être viagères, l'état accordera à chaque particulier la liberté

dit : pour obtenir l'avantage contre ceux avec qui on est en guerre, il faut que vous fournissiez votre part des fonds nécessaires pour armer et payer les bras qui se battront, alors on se récrie. On voudrait bien qu'il n'en coûtât rien, et être les vainqueurs ; c'est impossible : donc la réforme l'est, puisque les emprunts deviennent indispensables.

de revendre le fonds qu'il aura placé, et paiera en outre deux et demi pour cent par an, à compter du jour où l'argent aura été remis aux caisses, jusqu'au moment du transport sur une autre tête, sous les conditions :

1° Que l'état sera averti de cette mutation quarante jours avant la mort du possesseur en titre du contrat.

2° Que le nouvel acquéreur sera vingt ans à attendre pour toucher la rente de trente pour cent, puisque son devancier s'est fait payer des intérêts, et que le nouvel acquéreur peut revendre et se faire payer de même. Comme il est impossible d'être trop clair en pareille circonstance, je donnerai un exemple de ce que je viens de dire.

Je supposerai ces rentes ouvertes, et qu'un père a placé sur la tête de son fils, à l'âge de quinze ans, une somme de cinq mille livres. Il est constant que si cet enfant arrive à celui de trente-cinq, il doit jouir d'une rente viagère de quinze cents livres. Mais s'il se trouve, à l'âge de vingt-cinq, privé de l'auteur de ses jours, et avoir des besoins indispensables, il faut qu'il puisse dire à l'état : Mon père vous a donné cinq mille livres il y a dix ans ; cet argent devrait rapporter, à cinq pour cent, deux mille cinq cents livres d'intérêt pour ces dix années ; mais je ne vous demande que la moitié, qui est de douze cent cinquante livres : ainsi mon père vous aura prêté à deux et demi pour cent, et j'aurai la liberté de revendre mon fonds de cinq mille livres à celui qui voudra l'acquérir, sous la condition qu'il sera de nouveau vingt ans à attendre pour toucher sa première rente, ainsi que j'y étais soumis.

Il suffirait de l'espérance de trente pour cent après vingt ans, pour dire que la nation qui voudra ouvrir de telles rentes est sûre de trouver tous les fonds dont elle aura besoin. Mais en joignant la certitude de deux et demi pour cent par an (1), si celui qui a placé veut les recevoir, et la possibilité de revendre le fonds, si des besoins urgents l'exigent, ce n'est pas trop dire, que d'assurer qu'il est juste de compter sur la majeure partie des fonds de l'Europe.

Pour démontrer l'intérêt que l'état aurait à ouvrir de telles rentes, et se convaincre de la vérité que je propose, il faut calculer ainsi :

Cent personnes prêtent à l'état, le même jour, mille livres chacune; l'état reçoit donc cent mille livres, qui, après vingt ans et par le simple intérêt de cinq pour cent, font un capital de deux cent mille livres. Mais comme il est démontré par les calculs les plus modérés, que sur cent personnes il y en a au moins trois par an qui cessent d'exister, il est donc constant que sur cent particuliers il y en aura, après vingt ans révolus, soixante de morts (2), et que l'état n'aura plus à payer qu'à quarante personnes, qui, ayant donné mille livres chacune, formeront un capital de quarante mille livres, pour lequel l'état aura à payer, à raison de trente pour cent, douze mille livres; et ces douze mille livres sont aux deux cent mille livres que l'état a reçues tant en capital qu'en

---

(1) Les fonds de terre, ce bien si précieux et si justement désiré, rapportent-ils plus? C'est donc assimiler ce que l'état accorderait, au bien le plus heureux qui le constitue, à cette différence près qu'on ne toucherait ses revenus que tous à la fois, si on ne voulait pas les laisser à l'état, qui en offrirait un intérêt immense.

(2) Il est des personnes qui me diront : il n'y en aura peut-être pas un seul de mort. Je pourrais répondre : il n'y en aura peut-être pas un seul de vivant. Si on veut se donner la peine de me lire, on verra par la suite que je n'ai pas besoin de ce calcul pour prouver le bénéfice que l'état doit nécessairement faire par cette manière d'emprunter.

simples intérêts, six pour cent en rentes viagères. Cette nouvelle manière d'emprunter est incontestablement ce qu'il peut y avoir de plus avantageux pour l'état et pour le citoyen. Cette vérité est fondée sur deux bases immuables, la certitude de la mort et l'intérêt énorme de trente pour cent.

En examinant si j'ai rempli les conditions prescrites, les preuves nécessaires à l'intelligence de ce plan se présenteront d'elles-mêmes.

La première condition est de ne pas déranger un seul être de la place que le sort lui a donnée.

La seconde veut qu'on laisse exister les choses telles qu'elles sont, sans rien innover ni détruire. Ces deux lois sont si sévèrement remplies, que ce serait vouloir parler pour parler, que de s'attacher à le prouver.

La troisième prescrit d'être également utile à l'état et aux citoyens, généralement à tous, sans que qui que ce soit puisse réclamer contre.

Le bien-être général est tellement lié à celui du particulier, qu'il suffit de faire voir l'avantage que le citoyen peut retirer de ce plan, pour démontrer celui de l'état. Si on ne reçoit rien pendant les premières années, l'argent n'en est pas moins placé à un intérêt si considérable, qu'on peut dire qu'il n'est point de commerce, quelque heureux qu'on le suppose, qui puisse en donner un pareil. Quel est donc effectivement et réellement cet intérêt?

1° Huit pour cent par an du capital qui aura été donné.

2° Huit pour cent par an de la rente provenant de ce capital, sans perdre, pendant ces vingt ans, un seul jour, une seule heure d'intérêt.

3° Après les vingt ans révolus, l'état fait un total du

premier capital et des intérêts qui en ont résulté, et donne encore huit pour cent de ce tout, à bien peu de chose près, à quelqu'âge et sur quelque tête qu'on lui présente.

Si une chose soumise au calcul ne peut être contestée, il est facile de démontrer la vérité de cette assertion. Je prendrai pour exemple une somme de cent mille livres, parce que les calculs seront plus simples, et sujets à moins de fractions.

1° Je dis donc pour le capital.	100,000 liv.
2° Intérêts de cent mille livres à huit pour cent, 8,000 liv., et pour vingt ans.	160,000
3° Huit mille liv., à huit pour cent, font 640 liv. de rentes; ainsi la première rente de huit mille livres venant à écheoir à la fin de la première année, il faut donc compter dix-neuf ans d'intérêt à six cent quarante livres, ce qui fait.	12,160
La seconde rente de huit mille liv. n'étant échue qu'après deux ans, il faut donc compter dix-huit fois six cent quarante livres, ce qui fait.	11,520
La 3ᵉ rente fait 17 fois 640 liv. et . . .	10,880
La 4ᵉ rente fait 16 fois 640 liv. et . . .	10,240
La 5ᵉ rente fait 15 fois 640 liv. et . . .	9,600
La 6ᵉ rente fait 14 fois 640 liv. et . . .	8,960
La 7ᵉ rente fait 13 fois 640 liv. et . . .	8,320
La 8ᵉ rente fait 12 fois 640 liv. et . . .	7,680
La 9ᵉ rente fait 11 fois 640 liv. et . . .	7,040
La 10ᵉ rente fait 10 fois 640 liv. et . . .	6,400
La 11ᵉ rente fait 9 fois 640 liv. et . . .	5,760
La 12ᵉ rente fait 8 fois 640 liv. et . . .	5,120
La 13ᵉ rente fait 7 fois 640 liv. et . . .	4,480
La 14ᵉ rente fait 6 fois 640 liv. et . . .	3,840
	372,000

	Report.	372,000
La 15[e] rente fait	5 fois 640 liv. et . . .	3,200
La 16[e] rente fait	4 fois 640 liv. et . . .	2,560
La 17e rente fait	3 fois 640 liv. et . . .	1,920
La 18e rente fait	2 fois 640 liv. et . . .	1,280
La 19e rente fait	1 fois 640 liv. et . . .	640
	TOTAL.	381,600(1).

Toutes ces sommes font donc un capital de trois cent quatre-vingt-un mille six cents livres, qui, replacé à huit pour cent, donnerait trente mille cinq cent vingt-huit livres de rentes viagères ; mais l'état n'accordant que trente pour cent du premier capital, qui est cent mille livres, n'aura que trente mille livres à payer.

On peut encore dire, pour rendre ce calcul plus simple, que ces cent mille livres sont placées à treize et trois quarts pour cent par an, sans intérêt d'intérêts; ainsi elles donneront treize mille sept cent cinquante livres par an, et conséquemment deux cent

(1) Ce calcul prouve l'énorme intérêt qu'on peut retirer d'une somme quelconque, en supposant qu'on trouvera un banquier qui voudra bien la faire valoir à ce taux pendant vingt ans, et tenir compte des intérêts des intérêts. C'est à l'expiration de ce terme qu'il faut se placer, lorsque le particulier qui a donné l'argent va dire à son banquier : Enfin, Monsieur, comptons. Je vous ai donné cent mille livres il y a vingt ans, à huit pour cent, qui, suivant le bordereau que je vous présente, produisent trois cent quatre-vingt-un mille six cents livres. Je vous laisse encore cet argent sous la condition que vous me paierez maintenant, chaque année de ma vie, huit pour cent de la somme totale. Ainsi 381,600 livres donnent, à huit pour cent, trente mille cinq cent vingt-huit livres : mais je vous abandonne les cinq cent vingt-huit livres, afin que cela fasse un compte décidé de trente mille livres. Voilà exactement ce que chaque particulier fera avec l'état, qui, dans cette hypothèse, se met à la place du banquier. Ce calcul prouve aussi que, tout compté, l'état ne peut emprunter qu'à huit pour cent, puisqu'il ne paie que cela, et que toutes les mortalites sont autant de bénéfices.

soixante-quinze mille livres pour vingt ans, qui, jointes aux cent premières mille livres de capital, feront trois cent soixante-quinze mille livres, pour lesquelles l'état accorde huit pour cent, ce qui fait exactement trente mille livres de rentes viagères. Il n'est pas possible de faire valoir l'argent à un plus haut intérêt, puisqu'il se monte à deux cent soixante-quinze pour cent dans les vingt premières années (1).

Je crois avoir prouvé les avantages du citoyen, puisque, quitte de tous soins et de toute inquiétude, sans embarras pour placer et replacer chaque année, afin de faire valoir l'argent qu'il destine à son enfant, et plus encore, certain d'un revenu extraordinaire, il peut dire : j'ai placé mille louis (24,000 livres) sur la tête de mon fils, son sort ne m'inquiète plus; il jouira un jour de trois cents louis de revenu (7,200 livres); et, ce qu'il faut encore regarder comme un très-grand avantage, c'est que ce fonds n'est point aliéné comme dans les rentes viagères ordinaires.

Je crois aussi avoir prouvé, par ce que je viens de dire, que l'état y trouverait un intérêt décidé; car, en comptant les intérêts des intérêts, ce qui serait juste, il n'emprunterait, ainsi que je l'ai déjà dit, qu'à huit pour cent en rentes viagères, et sans compter sur une seule mort pendant les vingt ans, ce qui est moralement impossible.

---

(1) S'il était possible de faire valoir l'argent à ce taux, dans le commerce, tous les hommes seraient riches. Il suffirait de travailler vingt ans pour avoir une fortune; mais l'expérience démontre le contraire, ou plutôt le commerce ne donne point cela, et je laisse encore les risques à part. Il est vrai que l'on voit des fortunes extraordinaires qui se sont faites en vingt ou trente ans : on les cite, on les compte; donc le nombre en est petit, lorsqu'on ne peut calculer celles qui restent constamment au même période, ou qui se détruisent. L'esprit et les connaissances ne suffisent pas toujours pour être chéri de la folle déesse; ses faveurs sont souvent le prix du contraire.

Cette troisième condition est donc exactement remplie, puisque ceux qui sont nés sans fortune et sans espérance de pouvoir assembler un jour une somme assez forte pour placer à ces rentes, participeront au bonheur général par la diminution, et avec le temps, par la suppression totale des impôts, qui doit nécessairement suivre l'acquit de la dette nationale et l'adhésion à ce plan. Je ne présume pas qu'il y ait un seul être qui puisse s'élever contre, puisqu'il fait le bonheur général, et qu'il serait difficile, pour ne pas dire impossible, de trouver une circonstance où il serait contraire aux intérêts d'un seul homme.

Pour satisfaire à la quatrième condition, il faut que le plan que l'on donnera soit tellement utile, qu'il doive être exécuté pour le bonheur public, quand bien même l'état ne devrait rien, et n'aurait aucuns besoins.

S'il suffit qu'une chose soit utile et même nécessaire pour que le gouvernement doive l'accepter, j'en appelle alors à tous les pères de famille, à tous ceux qu'une tendre humanité attache au sort des malheureux, et à ceux enfin pour qui le mot *patrie* n'est pas encore un vain mot. C'est avec eux que je veux parcourir quelques classes de citoyens, pour voir de quelle utilité ce plan pourrait être, en l'adaptant à leurs situations. S'il est utile à ceux que l'on nomme peuple, à l'ordre mitoyen et aux grands, il n'est pas possible qu'il ne le soit au public en général. Cette utilité une fois reconnue, je laisse aux hommes à prononcer s'il doit avoir son exécution.

Mes premiers regards tombent sur un malheureux enfant qui vient de perdre celui dont il tenait l'existence. Sa succession entièrement liquidée, lui donne un fonds de cent louis (2,400 livres). Quel état donner à cet enfant? quel emploi sa famille fera-t-elle de ce fonds? (1) Si on le place en rentes, ainsi que la sagesse l'exige, cinq louis (120 livres) seront au plus son revenu, sur lequel il faut encore déduire les charges de l'état. On peut donc dire qu'il est né avec rien, et que le hasard de sa naissance l'a destiné au travail. Si c'est un homme né avec de la force et de la santé, il n'est que médiocrement à plaindre, parce qu'il n'a sans doute vu, dès le moment de sa naissance, d'autre ressource que dans ses bras. Mais si c'est une femme? le prix de son travail peut-il lui assurer une existence honnête? Je ne le puis croire d'après ce que l'on voit chaque jour : *indè mali labes* (2) !

Cette légère esquisse, qui laisse apercevoir ce que je ne veux pas dire, conduit naturellement à l'application de ce plan. Si l'on place sur la tête de cette infortunée les cent louis (2,400 livres) de son héritage, entre les mains de l'état, elle aura un jour trente louis (720 livres) de pension, qui, avec son travail,

(1) Ah! qu'il serait à désirer que l'état voulût bien faire une loi qui ordonnerait que toute succession appartenant à un mineur, et qui n'excéderait pas 2,400 livres, serait liquidée et versée dans l'année entre les mains de l'état, afin d'assurer, après vingt ans, un revenu à celui à qui elle appartient. Il est démontré par les greffes des petites juridictions de province, que pour cent pareilles successions il y a au moins quarante procès. Il est encore prouvé que, sur cent successions de cette force, il en est plus de soixante de dissipées avant que le possesseur ait atteint l'âge de trente ans. Que de malheureux soustraits à l'indigence! que de citoyens seraient rendus à la patrie et lui seraient utiles!

(2) Remédier à ces maux, voilà le moral de ce système dont on verra encore d'autres heureux effets suivant les circonstances. Le physique en est prouvé, que reste-t-il donc à faire?

lui donneront une existence bien faible, je l'avoue, mais bien différente de celle que quatre ou cinq louis peuvent lui donner. Mais, dira-t-on, que fera cette femme pendant les vingt années qu'elle a à attendre avant d'être pensionnaire de l'état? Ce qu'elle aurait fait, répondrai-je, avec ses quatre ou cinq louis, qui peuvent bien se compter pour rien.

Citerai-je ces infortunés qui ne doivent leur existence qu'à un instant de faiblesse, et que chaque nation a la barbarie de punir de la faute de leurs auteurs? Dirai-je que la tendresse paternelle se déciderait souvent à faire un sort à ces enfants, si elle le pouvait faire à peu de frais? Tels seraient les heureux fruits de ce plan, s'il avait son exécution (1).

Quand il serait démontré (ce que je n'admets pas), que sur cent il n'y en aurait que dix qui pourraient par hasard avoir un tel avantage, je dirais que c'est plus qu'il ne faut pour déterminer à ouvrir de telles rentes, et par conséquent à enlever ces dix citoyens à la misère, et peut-être à des dangers encore plus grands. Telles sont les raisons sur lesquelles je me fonde : l'état fait son propre bonheur, et n'y court aucun risque; il n'a nuls fonds à faire pour l'entreprendre; personne ne peut s'élever contre : ainsi il ne faut donc que sa simple volonté pour faire le bonheur de ses sujets. Si on est responsable du mal que l'on fait, on ne l'est pas moins du bien que l'on ne fait pas, et que l'on pourrait faire.

Je prendrai pour dernier exemple de l'utilité de ce plan pour la classe du peuple, un enfant né avec cinq cents louis (12,000 livres) de patrimoine. Son revenu

(1) Autres vertus morales, la bienfaisance et l'amour paternel, mises en action.

annuel sera donc de vingt à vingt-cinq louis. Cette fortune, trop faible pour vivre sans travail, et peut-être aussi trop forte pour s'occuper des états du peuple, met souvent un jeune homme dans une indécision pernicieuse sur celui qu'il doit prendre. Élevé pour l'ordinaire chez des parents qui en ont peu de soin, il y vit jusqu'à l'âge de majorité, c'est-à-dire jusqu'à l'âge des plus fortes passions, et alors la loi le rend à lui-même, et lui permet de disposer de son bien. Mille exemples prouvent malheureusement qu'avant l'âge de vingt-cinq ou trente ans il en est une immensité pour qui ce bien n'existe plus; heureux encore s'ils ne doivent rien au-delà.

Adaptons ce plan à cette circonstance de la vie; admettons cet enfant âgé de dix ans, et voyons s'il ne serait pas possible de lui faire une espèce de fortune qui puisse le mettre dans le cas de s'établir un jour, et de donner à l'état des citoyens qu'il pourra élever. Mais, me dira-on encore, comment vivra-t-il depuis l'âge de dix ans jusqu'au terme heureux de trente? Il faut que cette objection revienne toujours, puisqu'elle est la seule: *objection qui toutefois ne peut convenir qu'à cette seule classe de citoyens* (1).

Ou cet enfant, répondrai-je, tient à une famille

---

(1) Combien de pensions et de maisons d'éducation verrait-on s'élever dans les villes, où l'on recevrait les enfants sur qui on aurait placé à ces rentes, et pour qui le terme heureux ne serait pas encore arrivé, sous la condition qu'ils paieraient un jour une forte rétribution proportionnée aux risques qu'on aurait courus, et dont la reprise se ferait lorsqu'ils seraient en âge? L'état serait bien sûr des soins qu'on apporterait à leur éducation, et on pourrait s'en fier aux instituteurs, sur l'attention qu'ils seraient forcés d'avoir à leur existence, et ce qui est encore plus à considérer, à leurs mœurs. Ce serait, en un mot, de nouveaux parents que ces enfants trouveraient, et qui auraient un bien grand intérêt à leur conservation.

pauvre, ou il est d'une famille médiocrement aisée. En supposant le premier cas, il faut distraire une somme de cent louis (2,400 livres) de sa succession, et le mettre dans une maison où il pourra apprendre un état quelconque. Les quatre cents louis (9,600 livres) restant seront placés sur l'état, et donneront un jour cent vingt louis (2,880 livres) de revenu.

Je ne fais qu'indiquer le moyen d'approfondir la vérité que j'annonce; je laisse à chaque particulier le soin d'en faire l'application. Je ne finirais pas, si j'en voulais prouver l'avantage par la combinaison de toutes les ressources possibles dont elle peut être susceptible.

Si cet enfant est né dans une famille médiocrement aisée, il peut y trouver une retraite jusqu'à l'âge de dix-huit ou vingt ans; et alors, instruit ou préparé pour quelque état que ce puisse être, n'eût-il appris qu'à bien écrire, il trouvera facilement la vie et l'habit jusqu'au moment heureux qui le mettra en possession de sa rente. Le service de terre ou de mer est une ressource assurée, et s'il arrive au grade d'officier, il aura du moins de quoi le soutenir (1). Enfin il lui sera d'autant plus facile de se placer, que l'on saura que son état doit changer avec le temps. La certitude d'un vrai bonheur à venir est un bonheur présent; et lorsque c'est un bien-être d'intérêt, il se

(1) Il est des soldats (je parle d'après le témoignage d'un colonel au service de France), qui ont refusé le grade d'officier, parce qu'ils n'avaient pas de quoi le soutenir, et qui se sont retirés sans cette marque d'honneur, afin de pouvoir exercer tous les états qui se présenteraient à eux; ce qu'ils n'auraient pu faire s'ils eussent été décorés de ce titre. Ils n'auraient pas refusé une telle faveur, s'ils avaient été pensionnaires de l'état. Combien l'espérance d'un tel honneur en retiendrait-elle sous les drapeaux, s'ils pouvaient se dire : nous avons assez de fortune pour soutenir ce rang.

communique à ceux qui nous entourent. Cinq cents louis (12,000 livres) donneront cent cinquante louis (3,600 livres) de rentes; quelle fortune pour un homme né dans un rang qui, suivant toute apparence, ne devait pas lui procurer un avenir aussi heureux!

Depuis le bas âge jusqu'à celui de vingt-cinq et trente ans, on vit de peu, parce qu'on a peu de besoins. Ce n'est qu'après ce temps qu'on commence à sentir la nécessité de la fortune; soit parce qu'avec l'âge on date dans la société, et qu'on veut y prendre un ton de représentant; soit encore parce que dans un âge peu avancé on est plus fait pour les plaisirs, et conséqemment plus désiré : je ne chercherai pas à en trouver la cause, il me suffit qu'il soit vrai de dire que les trois quarts des enfants du peuple vivent sans pensions ou avec de très-faibles pensions, jusqu'à un certain âge, et sans trop savoir comment : cependant ces beaux jours s'écoulent avec rapidité, et le temps des besoins va lui succéder. C'est alors qu'il sera heureux de trouver cette rente, qui sera comme un port assuré où l'on vient se mettre à l'abri d'une tempête furieuse.

Je n'ai considéré, dans cet exemple, que le bien-être du citoyen relativement à l'intérêt; mais si on voulait en examiner le moral, et voir le bien que cette nouveauté pourrait produire, je dirais qu'elle arrêterait bien des hommes prêts à se livrer au crime, par la seule idée d'un avenir heureux peu éloigné et immanquable. Si on calcule quel effet doit faire sur l'esprit des hommes la force de l'espérance d'un état qui doit donner un jour une certaine considération (si on y arrive sans tache), on sera bientôt persuadé de cette vérité.

En présentant au public la manière de le rendre heureux quant à l'intérêt, j'imagine bien qu'on ne me prêtera pas la folle idée de vouloir indiquer les moyens de pensionner tous les citoyens, et de donner des rentes à ceux qui sont nés sans fortune quelconque. Mon but a été de démontrer que l'état peut faire valoir l'argent à un très-haut prix, et en retirer pour lui-même un avantage bien réel, qui provient uniquement d'une activité extraordinaire dans la circulation des biens, et qui rend le même effet que donnerait le doublement du numéraire, sans en avoir les inconvénients, en renvoyant perpétuellement l'argent de l'état au sujet, et du sujet à l'état.

Ma tâche est donc remplie, si j'ai démontré l'utilité de ce plan pour le peuple. Il est si difficile, pour ne pas dire impossible, d'enlever à la misère les hommes qui semblent lui être destinés, et de se servir du même moyen pour faire le bonheur de l'état, que je crois avoir comblé les vœux de ceux qui s'intéressent aux malheureux et à la patrie. Obligé d'être utile à tous, il faut l'être à l'ordre mitoyen et aux grands, c'est le moment du triomphe (1).

Je prendrai, pour premier terme de l'ordre mitoyen, une fortune de trois mille louis (72,000 liv.), produisant à peu près cent cinquante louis de revenu (3,600 liv.), partage d'un enfant de dix ans après la mort de son père. Ce bien met un citoyen à l'abri des premiers besoins de la vie, mais il ne lui permet

---

(1) En effet, rien n'est si facile, car les gens riches ayant toujours au-delà du nécessaire pour vivre, il leur sera aisé d'économiser pour placer sur leurs enfants. Cette économie, qui au premier coup d'œil pourrait paraître une privation, n'est cependant, à le bien prendre, qu'une certitude de vivre dans une plus grande aisance, et sans inquiétude, lorsque ces arrangements seront faits.

pas d'élever une famille nombreuse sans avoir à gémir sur le sort qui l'attend (1).

C'est ainsi que je suppose que doivent penser les parents de cet enfant, et c'est pour cela qu'ils se décident à ne lui laisser que cent louis (2,400 liv.) de rentes perpétuelles, et à placer le fonds des cinquante autres, c'est-à-dire mille louis (24,000 liv.), pour avoir un jour trois cents louis (7,200 liv.) de revenu. Quelle différence de fortune ! Né avec cent cinquante louis (3,600 liv.) de rentes, cet enfant se trouvera, à l'âge de trente ans, jouir de quatre cents louis (9,600 liv.) pour s'être privé pendant vingt ans de cinquante louis (1,200 liv.) de revenu.

En augmentant de fortune, les difficultés s'applanissent. Un père vient de payer le tribut à la nature, et laisse deux enfants avec mille louis (24,000 liv.) de rentes. Un tuteur honnête est nommé à ces enfants. Il examine avec soin tous les moyens d'enrichir ses pupilles ; il se décide à garder la moitié de la succession pour leur éducation, et à placer l'autre moitié sur l'état. Le calcul est facile ; dans vingt ans ces enfants jouiront de trois mille cinq cents louis (84,000 liv.) de revenu, ce qui fait pour chacun,

(1) Tel est le malheur de l'état. Un citoyen qui jouit d'une fortune bornée, proportionne le nombre de ses enfants à son revenu. Il en est qui le font par ce seul principe ; d'autres se servent de ce prétexte pour couvrir les écarts qu'ils se permettent : mais il n'est point d'hommes à qui cette excuse aille si bien qu'à une femme, parce qu'elle y peut encore joindre d'autres raisons. L'embarras de la grossesse, la peine de l'enfantement, etc. Que ces propos se tiennent de bonne foi ou pour surprendre, je n'en vois pas moins deux maux considérables. Une perte décidée dans la population, et l'harmonie de la société intervertie. Si ce plan ne remedie pas à tout, il faut convenir qu'il détruit le plus fort prétexte (le nombre des enfants et la difficulté de les pourvoir), prétexte qui n'est pas toujours adopté des deux parties, et qui est souvent cause de bien des desordres.

dix-sept cent cinquante louis (42,000 livres) de rentes, dont deux cent cinquante de perpétuelles (6,000 liv.).

Mais, me dira un critique, cet héritage n'est pas susceptible de division, il est substitué; ainsi il n'est pas possible d'en faire l'emploi que vous désignez.

Puisque la loi ne peut se prêter au bien que l'on voulait faire, il faut se borner à placer chaque année cinq cents louis (12,000 liv.) sur l'état. Si la tutelle dure seulement dix ans, on aura placé cinq mille louis (120,000 liv.), qui donneront quinze cents louis de revenu, ou sept cent cinquante (18,000 liv.) pour chacun des enfants; ainsi ils jouiront de douze cent cinquante louis (30,000 liv.), au lieu de dix-sept cent cinquante qu'on aurait pu leur procurer si le bien n'eût pas été substitué.

L'utilité dont ces rentes peuvent être pour les gens riches, paraît encore plus décidée. Un homme possède une fortune de dix mille louis (240,000 liv.) de revenu en fonds de terre, et est père de cinq enfants. Suivant l'ordre commun des choses, l'aîné jouira de tous les biens de cette maison, et les autres enfants d'une faible pension ou d'un revenu modique.

Si ce père, touché du sort de ses cadets, veut seulement économiser deux mille louis (48,000 liv.) par an, et les placer entre les mains de l'état, il assurera dans l'espace de quatre années, un revenu de six cents louis (14,400 liv.) à chacun de ses enfants, et les mettra dans la possibilité de porter un nom qui, sans ce secours, pourrait leur être à charge.

Si un bon père voulait, les choses existant telles qu'elles sont maintenant, faire ce même traitement à sa famille, il lui en coûterait sept mille cinq cents louis (180,000 liv.) pour chaque enfant, en supposant encore qu'il trouverait à placer à huit pour cent en rentes viagères, à tout âge, pour faire ce qu'il fera avec deux mille louis (48,000 liv.) en attendant vingt ans (1).

Quelque juste et quelque sensée que puisse être cette économie, j'entends cependant un homme difficile me dire : Mais ce père ne peut se passer de ses deux mille louis de revenu, et quoique ce ne soit que pour quatre ans seulement que vous demandiez ce sacrifice, il ne peut néanmoins avoir lieu. Si cette réponse n'est pas injuste, elle est au moins bien dure; cependant je l'admets sans perdre l'espérance d'augmenter la fortune de ces enfants.

Un emprunt de huit mille louis (192,000 liv.) remplit cet objet, et ce père n'aura que quatre cents

---

(1) Et voilà la raison pour laquelle on crie aujourd'hui dans tout le monde, que tout est égoïsme, qu'il n'est plus d'amour paternel : que ce mot, ainsi que celui de patrie, ne sont conservés que pour se rappeler l'idée des choses. Quand voyez-vous les pères, dit un cynique, penser à leurs enfants? Quand ils quittent le monde, et rarement plutôt. Quant à la patrie, comme on ne fait rien pour elle, elle use de représailles. — Je penserais différemment, et il me semble que j'excuserais l'un et l'autre en peu de mots. — Il en coûte trop cher pour faire le bien de manière à imposer silence à ceux qui se plaignent; ce serait ma réponse. Un père qui veut faire de son vivant une espèce de fortune à son fils, dit : je voudrais bien qu'il eût six mille livres de rentes, mais pour les lui faire il faut cent vingt mille livres; cela m'est impossible, il ne me resterait rien. Si je plaçais en rentes viagères, combien me faudrait-il? — à huit pour cent, soixante-quinze mille livres; je ne puis les donner, cela me gênerait trop. En un mot il finit ce soliloque par garder tout et ne rien faire. Mais s'il ne fallait que vingt mille livres pour faire ces six mille livres de rentes, j'oserais assurer qu'il se déterminerait facilement, et qu'il s'y prendrait assez à temps pour mettre son enfant à portée de jouir lorsqu'il le faudrait.

L'état ne fait rien, parce qu'il lui en coûterait trop s'il fallait qu'il secourût tous les malheureux : mais si ces rentes s'ouvrent quelque jour, qu'aura-t-on à lui reprocher?

louis (9,600 liv.) de rentes à faire, pour assurer deux mille quatre cents louis de revenu (48,000 liv.) entre ses quatre cadets. Si cette manière de pourvoir sa famille est encore à charge à un homme qui jouit de dix mille louis de revenu (240,000 liv.), je dirai alors qu'un tel père n'était pas fait pour avoir des enfants.

Il est des circonstances où l'utilité de ces rentes serait inappréciable. Elle pourrait équivaloir à la plus forte dot, et conséquemment favoriser les établissements des demoiselles, sans craindre de voir ce patrimoine se dissiper comme les autres biens. Je n'en citerai qu'un seul exemple, qui paraît assez déterminant pour ne pas laisser de doute.

Une fille née sans espérance de fortune, mais tenant à une famille honnête, est dotée par une riche parente qui place dix mille louis (240,000 liv.) sur sa tête, à l'âge de cinq ans. La certitude de trois mille louis (72,000 liv.) de revenu lorsqu'elle en aura vingt-cinq, lui fait trouver un établissement dès l'âge de seize ans. A vingt ans elle est déjà mère de deux filles. Des disgrâces inattendues anéantissent la fortune de cette famille, et font descendre au tombeau le meilleur et le plus chéri des maris.

L'extrême douleur dont cette femme est pénétrée fait craindre pour ses jours; mais la nécessité dont elle est pour ses enfants semble la retenir au monde. Nul bien, nulle autre fortune à espérer que celle que l'état doit faire à cette tendre mère lorsqu'elle aura atteint l'âge nécessaire pour en jouir. Heureuse encore que ce fonds ait été placé ainsi, et qu'il n'ait pas subi le sort du bien de son mari.

Quinze ans se sont déjà écoulés, il en est encore cinq à attendre; mais le chagrin dont elle est dévorée annonce qu'il est presque impossible qu'elle puisse fournir cette carrière. Pressée par la misère, et ne se faisant point d'illusion sur son état de dépérissement, elle se décide à profiter du bénéfice de la loi, qui lui accorde deux et demi pour cent par chaque année à compter du jour où l'argent a été placé, et qui lui permet en outre d'en replacer le fonds sur telles têtes qu'elle voudra choisir. Quel sera donc son sort en agissant ainsi?

1° Elle touche de l'état trois mille sept cent cinquante louis (90,000 liv.), produit de ses dix mille louis pendant quinze ans, à deux et demi pour cent par an.

2° Elle transporte sur ses deux filles les dix mille louis de capital qui avaient été placés sur sa tête, afin qu'elles jouissent dans vingt ans de quinze cents louis (36,000 liv.) chacune.

3° Elle place en rentes perpétuelles les trois mille sept cent cinquante louis provenant des deux et demi pour cent, pour lesquels elle aura cent quatre-vingt quelques louis (4,320 liv.) de rentes, et qui lui donneront le moyen d'exister et d'élever sa famille. Un sort brillant est donc encore assuré à ces enfants (quoique la fortune de leur père ait été anéantie), par les généreux soins de leur tendre mère, et par l'heureuse loi qui leur donne l'état pour second père. L'espérance de quinze cents louis de revenu leur assure la certitude d'un établissement ou d'une existence conforme à leur naissance, et relève enfin une famille abattue (1).

---

(1) Des rentes ainsi combinées ne pourraient-elles point devenir un commerce de spéculation de même qu'elles sont un commerce de bonheur pour les familles? Un homme qui aurait placé vingt mille livres

Tant d'exemples prouvent invinciblement que tous les hommes, de quelque rang qu'ils soient, ont un intérêt égal à ce que la chose soit, pour le bonheur de tous. En augmentant les sommes, les intérêts de l'état et du citoyen seront augmentés, et non pas changés. Les choses seront toujours les mêmes, mais les résultats seront plus ou moins grands. Les preuves d'une utilité générale me paraissent si clairement faites, qu'on en doit conclure que, quand bien même l'état n'aurait aucuns besoins, il n'en faudrait pas moins admettre ce plan, ne fût-ce que pour les malheureux; dût-on encore fixer une somme au-delà de laquelle l'état ne recevrait pas, et dont l'intérêt serait assez puissant pour parer à l'indigence.

Tous les gouvernements cherchent les moyens de prévenir la mendicité (1); il n'en est point qui n'aient fait quelques efforts, mais qui sont impuissants, parce qu'on n'a pas attaqué le mal dans son

---

sur un enfant bien constitué, se trouverait, dans l'espace de trente ans, avoir touché soixante mille livres, et avoir encore six mille livres de rentes. Où cherchera-t-on de tels bénéfices?

(1) Oui, et depuis long-temps sans en avoir trouvé un. On a proposé un prix pour cette difficulté: personne n'y a répondu. Si on croit pouvoir anéantir dans vingt-quatre heures cette insupportable épidémie, je crois qu'on se trompe. C'est une maladie invétérée, qui exige un certain temps pour la bien guérir. Comme elle ne provient que de la stagnation de l'or chez les riches, elle ne peut être guérie qu'en donnant à l'or une force de circulation si extraordinaire qu'il ne puisse être arrêté nulle part. Il n'est point de royaume, point d'état où il y ait assez de terre pour donner à chaque citoyen un champ à labourer, il en faut donc créer une générale, de laquelle chaque citoyen puisse tirer un revenu pour fournir à sa subsistance, et de laquelle encore il lui soit possible d'acheter une portion en raison de ses facultés, à très-bas prix, et qui rapporte beaucoup: voilà le seul moyen de faire disparaître la mendicité

principe. Si on voulait examiner quelles sont les ressources que chaque état présente aux pères de famille chargés d'enfants, on verrait qu'il n'est pour eux que l'intérêt de quatre ou cinq pour cent en rentes perpétuelles, ou sept ou huit pour cent en rentes viagères (1). Il est donc constant qu'il est impossible que le peuple sorte de la misère autrement que par un hasard de fortune extraordinaire, qui élève une famille pour en replonger mille dans les hôpitaux, dernier refuge de l'indigence, et pour lesquels l'état est obligé de faire des dépenses qui lui sont à charge.

Quoi! un plan qui donne trente louis pour cent après vingt ans, et qui conséquemment pare autant qu'il est possible aux événements qui conduisent à cet état de détresse; qui rendrait les dépenses qu'on est obligé de faire pour secourir l'indigence, presque inutiles, en mettant les citoyens à portée d'exister par eux-mêmes, ne devrait-il pas être adopté, quand

(1) Triste perspective. Un artisan qui, pour prix de ses sueurs, se voit mille livres dont il peut disposer, ira-t-il les porter à l'état, pour en recevoir ce faible intérêt? Non. Il compte avec lui-même, et dit: Mille livres, à cinq pour cent, font cinquante livres de revenu, sur lequel il faut deduire les retenues : il ne me reviendra donc que deux sols et demi par jour; c'est trop peu. — En rentes viagères cette somme ne me produirait pas le double, et je n'en serais pas plus riche: d'ailleurs, sera-ce sur ma tête, sur celle de ma femme ou de mon fils que je les placerai? Cette rente ne sera pas assez forte pour les mettre à l'abri de la misère. Je garderai donc mon argent; voilà la conclusion. — Deux choses sont à observer.

1° La perte de l'intérêt de cette somme, qui porte sur l'état en général.

2° Il arrive presque toujours que cet argent est dissipé: perte irréparable pour la famille: mais s'il pouvait faire un revenu assez considérable à son enfant, la chose serait bientôt décidée. Mille livres donneraient trois cents livres, ainsi près de vingt sols par jour; cela deviendrait different.

bien même le gouvernement n'y trouverait aucun bénéfice? et encore en aurait-il un dans la diminution des frais immenses qu'il est obligé de faire pour la conservation des malheureux. Mais lorsqu'à cet avantage il s'en joint un réel pour l'état, il faut convenir qu'il est difficile d'aller au-delà.

Il eut été sage de borner ce mémoire aux preuves que je viens de donner, et telle a été ma première idée lorsque la crainte de m'abuser, et de prendre l'illusion pour la vérité, est venue tourmenter mon âme. J'avouerai donc que j'ai soumis ce plan à l'examen de bien des gens éclairés dont je vais rendre les jugements, quoique je dusse peut-être les taire, puisqu'ils n'en attaquent point le fond, et qu'ils ne serviront qu'à faire voir que les hommes même les plus sensés sont rarement d'accord entre eux. La crainte de voir renaître ces difficultés, quelque captieuses qu'elles soient, et de n'être pas à portée d'y répondre, me force d'examiner si elles sont fondées.

PREMIÈRE OBJECTION.

« *Personne n'y mettra.* »

Si on veut s'en tenir à une certitude morale, je répondrai : *tout le monde y mettra*, parce que l'intérêt, qui a toujours conduit les hommes, et qui les guidera toujours, leur criera sans cesse : votre intérêt est là. Je pense l'avoir clairement établi; mais il reste encore bien des preuves qui ne donnent de peines que dans l'embarras du choix.

En prononçant aussi affirmativement sur une cause qui est pour le moins douteuse, n'est-ce pas dire que l'on renferme en soi seul l'opinion de tous les hommes? Un jugement aussi décisif est sans doute fondé sur des raisons puissantes dont il faut examiner la solidité.

1° Le temps de vingt ans est trop long, parce qu'on n'aime pas à se dire, en donnant son argent : peut-être n'en toucherai-je jamais la rente.

2° Qui peut prévoir les révolutions qui peuvent arriver dans un état pendant ce temps. Voilà les deux motifs qui ont fait faire cette objection.

Si le temps de vingt ans paraît long, l'intérêt n'est-il pas en proportion? Où trouver une manière de placer des fonds qui vous rendent le capital (après vingt ans) de quarante mois en quarante mois? Est-il de commerce, si heureux qu'il puisse être, qui présente un intérêt aussi fort, et qui d'ailleurs n'ait pas des risques qui balancent les bénéfices? ce qui n'existe pas dans cette manière de faire valoir son bien. Il n'est de perdant, en plaçant ainsi, que celui qui cesse de vivre; mais comme en fait d'intérêt on ne perd point au-delà de la vie, on pourrait, à proprement parler, dire qu'il n'y en a point.

Veut-on examiner si un père serait décidément sage, s'il agirait suivant les lois de la plus saine prudence, en plaçant une certaine somme sur la tête de son fils? Il faut alors se mettre dans la place de ce père, pour prendre un juste point de vue, et se faire toutes les objections possibles avant de se décider. Un exemple pris encore au hasard, dans une des circonstances ordinaires de la vie, peut résoudre cette question.

Un homme jouit de six cents louis (14,400 liv.) de revenu, et n'a qu'un enfant. Cette fortune, qui n'a rien de brillant, remplit cependant tous ses désirs, et c'est pour cela qu'il n'a jamais cherché les moyens de l'accroître. En réfléchissant sur le sort qu'il réserve à son fils, il fait des vœux pour qu'il soit aussi modéré que lui dans ses désirs; mais comme il n'est rien dans le monde qui puisse l'en assurer, tel doit être le raisonnement qu'il fera :

Ou mon fils sera assez sage pour se contenter de la fortune que je lui réserve, ou il ne le sera pas. S'il est sage, deux mille louis (48,000 liv.) empruntés sur son bien ne doivent pas déranger ses principes, puisque cet emprunt ne peut diminuer son reveuu que de cent louis (2,400 liv.); et ces deux mille louis placés sur l'état, donneront un jour six cents louis (14,400 liv.) de revenu en augmentation de son patrimoine.

Si, s'écartant de mes principes, il ne sait pas se borner à son revenu; ou si des circonstances inattendues, une nombreuse famille, et mille autres cas que l'on ne peut prévoir, l'obligent de former des vœux plus étendus que n'ont été les miens (1), j'aurai alors agi avec la plus grande prudence, en lui ménageant une ressource aussi considérable (2). Si j'ai le malheur de perdre cet enfant, le sacrifice que j'aurai fait pour lui ne peut m'affecter; sa perte sera le seul objet de ma douleur.

Tout homme qui me répondrait : si j'étais dans une telle circonstance je ne le ferais pas. Je lui dirais : ou vous présumez que votre fils sera trop riche et n'aura jamais des besoins au-delà de ceux que vous avez eus, ou bien vous ne pouvez souffrir la plus lé-

(1) Il les formera, n'en doutez pas; quelque grands qu'aient été vos désirs, les siens seront encore plus forts, et embrasseront plus de choses. Vous qui me lisez, consultez-vous.

(2) Si les pères de ceux qui composent la génération présente eussent pensé ainsi, et s'ils avaient pu le faire, il y aurait bien moins de malheureux; l'état serait aussi plus riche.

gère privation, et conséquemment c'est vous que vous aimez, et non pas votre fils. Votre témoignage ne prouve donc rien contre moi. La nature n'est pas encore dégradée au point de faire croire, ainsi que vous voulez l'insinuer, qu'il n'est plus d'amour paternel.

S'il est possible que ce que je viens de dire ne soit pas conforme aux lois de la plus grande sagesse, c'est alors qu'il faut avouer que personne n'y mettra : mais si les hommes prudents pensent ainsi que je viens de le dire, il faut aussi convenir que l'objection est de nulle valeur (1).

Si on réfléchit avec attention à ce que j'ai dit sur la manière de rendre ces rentes héréditaires sans cesser d'être viagères, on y trouvera un motif déterminant pour engager à y mettre, puisqu'on est libre de disposer de son fonds, et que lorsqu'on en dispose on perçoit deux et demi pour cent pour chaque année qu'on n'a rien reçu. N'est-ce pas avoir pour ainsi dire son argent entre ses mains, quand il ne dépend que de sa volonté pour le faire rentrer, ce qu'on ne peut pas dire des rentes viagères ordinaires.

Les craintes sur les révolutions qui peuvent arriver pendant cet intervalle de temps, que l'on regarde comme immense et qui coule si rapidement, me paraissent aussi peu fondées. Ne place-t-on pas tous les jours dans tous les gouvernements, où les risques sont les mêmes, tant en rentes perpétuelles qu'en

(1) S'il se trouve quelques personnes dans la société, qui, par caprice, humeur, esprit de contradiction ou mauvaise volonté, s'élèvent contre ce plan, en doit-on conclure qu'il est inutile et à rejeter? ce serait une erreur. Il faut premièrement qu'ils en donnent la raison : et secondement examiner le motif qui les détermine à penser ainsi. Quelque cachés qu'ils soient, ils ne seront pas difficiles à pénétrer.

rentes viagères ? Comment se peut-il faire que l'idée de ces révolutions n'arrête pas aujourd'hui ceux qui portent leur argent à ces rentes ? Ils devraient se dire : on me paiera peut-être pendant quelques années, mais où est la certitude que l'on continuera à le faire ? etc. etc.

Il me serait facile de suivre ce raisonnement, et d'en faire voir le peu de solidité. Il conduit à des conséquences si fâcheuses, que l'on est forcé de l'abandonner. La plus faible de ces conclusions serait que, puisqu'il n'est rien de solide, il faut garder son argent sans en retirer d'intérêt. Que l'on juge où une telle idée conduirait les hommes, et le bénéfice qu'ils y feraient.

Malgré ces craintes, qui ont probablement toujours existé dans l'esprit d'un très-petit nombre d'hommes soupçonneux, on placera tous les jours, quand il y aura des emprunts ouverts par le gouvernement, et par la seule raison que c'est la manière de placer la plus sûre et la plus lucrative (1). Voilà le principe des têtes les plus sensées, et j'en donne pour preuve la mutation des fonds publics qui se fait chaque jour. Quand on admettrait que ces craintes sont fondées, parce que rien ne fait voir qu'il est possible d'acquitter cette énorme masse dont le poids est trop grand pour l'état, ces craintes doivent cesser à l'instant où l'on démontre au public la possibilité, la certitude même de l'anéantir.

Tout citoyen qui prête aujourd'hui ignore à quel

(1) Quelle solidité plus grande peut-on donner, que celle d'un état qui prouve que ses dettes vont être acquittées, et par un moyen utile à tous les hommes, dans quelque rang et de quelque nation qu'ils soient, soit pour le temps présent ou pour l'avenir ? Je ne crois pas qu'il y ait au monde une certitude plus morale et plus physique.

usage son argent sera destiné; mais ce que je propose est différent. En confiant dans ce moment dix millions à l'état, le moment qui suivra verra pour dix millions de remboursements, et de là cette circulation immense de fonds qui double et triple le numéraire sans l'accroître, et sans augmenter la masse des dettes.

Si la majeure partie des fonds des citoyens de l'Angleterre est placée sur l'état, il est une immensité d'or dans les gouvernements qui l'entourent, renfermé dans les coffres des familles, et uniquement destiné à l'établissement des enfants, parce que ces états ne donnent point un intérêt assez considérable pour engager à s'en dessaisir. Il en faudrait un aussi fort que celui que l'on propose, pour les décider à rendre à la circulation cet argent sacré, qui ne sortira jamais que lorsqu'il sera question de faire le sort de ces familles. Ce n'est plus le peuple anglais qui contribuera seul à l'acquit de ses dettes; c'est l'Europe entière qui lui dira alors : voilà nos biens, puisque vous vous déclarez le père de nos enfants.

En méditant avec attention sur les suites que pourrait avoir l'adoption d'un tel système, l'acquit de la dette nationale en serait le moindre avantage. Je préférerais celui de la population, et plus encore, l'empire que l'on est sûr de se créer sur le cœur des hommes, quand on leur est d'une nécessité absolue, et surtout quand c'est la bienfaisance qui nous le donne (1).

On pourrait, dans cette circonstance, comparer l'Angleterre à une mère qui donne son sein à ses

(1) Cette raison déterminante, bien examinée, bien pesée, est d'une force majeure.

enfants, et qui, par cet acte de tendresse, se guérit des maux que l'abondance de nourriture propre à l'enfance pourrait occasioner, et qui tout à la fois s'attache, par la plus forte reconnaissance, les êtres qu'elle nourrit. Je crois avoir mis celui qui me lira à portée de décider si l'on peut dire que *personne n'y mettra*, quoique je n'aie pas dit tout ce qu'il serait possible de dire.

SECONDE OBJECTION.

« *Le nombre des mortalités admis à trois sur cent par an est trop fort.* »

J'ai mathématiquement démontré (*page* 68) que l'état ne pouvait emprunter qu'à huit pour cent, en comptant l'intérêt de l'intérêt, quand bien même on n'admettrait aucune mortalité pendant les vingt ans. Cependant, comme il ne faut laisser aucun doute, je dirai que c'est d'après les calculs de MM. *Halley*, *Graunt*, *Kersboom*, *Sympson*, *Parcieux*, *Dupré de Saint-Maur*, et dernièrement M. *de Buffon*, que j'ai statué sur trois pour cent. Mais ce qui confirme encore plus ces calculs, ce sont les observations judicieuses et instructives de la chambre de Suède, qui démontrent que sur trente-cinq personnes il en meurt une tous les ans; qu'à Stockholm il en périt cinq sur cent, et qu'en général on vit moins dans les villes qu'à la campagne, même dans cette classe d'hommes qui sont à la fleur de leur âge.

Il serait difficile de contredire toutes ces observations; cependant, au lieu de trois personnes, admettons qu'il n'en meurt que deux (car enfin il faut finir, c'est la loi de la nature), et voyons à quel taux l'état emprunterait.

Je reprendrai le calcul de la page 66 de ce mémoire, et je dirai : Cent personnes prêtent à l'état mille livres chaque, et si après vingt ans il n'y en a que quarante de mortes, l'état aura à payer à soixante personnes, qui font un capital de soixante mille livres. Or, trente pour cent de soixante mille livres font dix-huit mille livres, et conséquemment neuf pour cent des deux cent mille livres que l'état a reçues tant en capital qu'en intérêts. Il est donc avéré qu'en ne comptant l'argent donné à l'état qu'à cinq pour cent, et sans lui compter les intérêts des intérêts, il ne peut emprunter, au plus fort, qu'à neuf pour cent en rentes viagères, et en n'admettant encore que deux par cent chaque année sur les morts (1).

S'il était possible de trouver à reprendre, ce ne serait pas sur le nombre des mortalités qu'il fau-

(1) On pourrait être surpris de m'entendre dire maintenant que l'état empruntera à neuf pour cent, et en comptant encore sur quarante morts par an sur cent personnes, lorsque j'ai avancé que l'état n'emprunterait qu'à huit pour cent, sans compter sur une seule mortalité. Quelque apparente que soit la contradiction, elle n'est cependant rien de plus. L'état empruntera à huit pour cent, sans compter sur une mort, quand on admet que les cent mille livres qu'on lui prête doivent lui valoir pendant les vingt ans ce que j'ai fait voir qu'un particulier en pourrait retirer à huit pour cent, intérêts sur intérets compris: c'est-à-dire, pour m'expliquer encore plus clairement, que les cent mille livres qu'on lui a confiées doivent lui être comptées pour 381,600 livres après ce terme. Mais quand au contraire on ne veut admettre l'intérêt de l'argent, pour l'état, qu'à cinq pour cent sans intérêt d'intérêts, alors les cent mille livres ne font plus que deux cent mille livres après vingt ans, et donnent cette différence, qui n'existe que dans la manière d'admettre l'intérêt que l'état peut retirer de son argent.

drait se rejeter, mais bien plutôt sur le prix de huit pour cent en rentes viagères, et surtout quand ces huit pour cent portent sur les intérêts des intérêts.

Envisagé ainsi, ce plan paraîtrait prêter un côté faible, et être désavantageux à l'état, par l'énorme intérêt qu'il accorde : mais quand on examine que toutes les mortalités sont en bénéfice pour lui, la balance se retrouve. En prenant un homme qui doit vivre, tout l'avantage est pour lui, et il n'est pas même possible de l'apprécier. En considérant celui que la mort doit frapper avant le terme des vingt ans, ou dont on n'aura pas prévu la fin quarante jours d'avance, tout est bénéfice pour l'état.

Que conclure de cette incertitude ? que les proportions sont gardées autant qu'elles peuvent l'être; qu'il n'est, ainsi que je l'ai dit, de vrai perdant que celui qui cesse d'exister; que ces rentes ne sont autre chose qu'un nouveau lien pour la société, et qui lui rend l'équilibre perdu par la possession des terres, qui font toujours partie du patrimoine d'un très-petit nombre d'hommes.

C'est enfin pour les grands le moyen de soutenir leur famille et leur nom, et de réparer les dépenses qu'ils sont obligés de faire par état : c'est aussi pour le peuple le moyen de participer à la fortune et au bien-être des gens riches.

Cette objection n'est donc pas plus fondée que la première ; il n'est pas possible de se refuser à cette certitude, puisqu'elle ne dépend que du calcul.

TROISIÈME OBJECTION.

« *L'état a tout l'avantage.* »

QUATRIÈME OBJECTION.

« *Le peuple est trop bien traité.* »

Ces deux opinions, si diamétralement opposées, seraient absurdes si elles existaient dans la même tête; mais avancées par des hommes différents, elles ont un air de vraisemblance qu'il est facile de détruire.

Je dirai au premier, qui prétend que l'état est trop avantagé : Si votre opinion est jugée vraie, il est facile d'accorder quelque chose de plus aux peuples, et d'augmenter leurs avantages, afin de trouver l'équilibre nécessaire.

Je dirai de même au second, qui veut que le peuple soit trop bien traité : Il se peut faire que vous ayez raison; mais le peuple, traitant avec l'état, doit être favorisé. Toutefois s'il l'est trop, ce que je ne crois pas, il est encore possible de se corriger en accordant moins; cependant il faut réfléchir avant de le faire, et ne jamais perdre de vue que l'on traite avec l'Europe entière. Ces proportions sont peu difficiles à trouver quand le reste est connu.

CINQUIÈME ET DERNIÈRE OBJECTION.

« *La saine politique permet-elle d'admettre ce plan, et doit-on faire des efforts pour acquitter la dette de l'état?* »

Si la splendeur de l'Angleterre est fondée sur son commerce, il est constant qu'en lui présentant les moyens d'en ouvrir un nouveau, c'est accroître sa grandeur. Mais en indiquer un dont les bornes ne peuvent être fixées, dans lequel il n'est aucun risque de quelque nature qu'il puisse être, qui associe tous les hommes existants à des bénéfices certains, sans que la jalousie en puisse jamais empoisonner les sources et qu'il en coûte une larme de sang pour le défendre, je ne pense pas qu'il soit nécessaire de délibérer long-temps s'il est de la politique de l'admettre.

S'il est permis de devancer l'ordre des temps, pour voir quelles seront les suites d'une entreprise, il est impossible de se persuader qu'il puisse résulter autre chose de celle-ci, qu'un consentement unamine de toutes les nations, ou tout au moins un silence que j'oserais nommer respectueux, parce qu'il n'est rien dans ce plan qui ne soit conforme aux lois de la bienfaisance et de la justice.

Dans le premier cas tous les vœux seraient remplis, et le second laisserait au monde une preuve certaine qu'une nation se serait une fois sérieusement occupée du bonheur de l'humanité.

On demande s'il est de la politique d'admettre un tel plan! Il me paraîtrait plus juste de demander lequel on adoptera, si celui-ci est rejeté. Où trouver, il n'importe sous quel gouvernement, un projet de finances qui ait eu pour but le bonheur des peuples, et qui ai laissé apercevoir le moindre accord avec les lois politiques, le physique et le moral de l'homme?

Telles sont cependant les vues patriotiques que ce plan renferme, auxquelles il faut ajouter encore le bien-être de l'état; et on demande s'il est de la politique de l'admettre!

L'Espagne ensevelit chaque année, dans les mines

du Nouveau-Monde, pour en extraire l'or, une quantité prodigieuse d'hommes. On peut croire qu'elle donnerait jusqu'à la dernière goutte de son sang pour conserver des possessions qui sont enviées de toutes les nations; cependant on pourrait lui dire : arrêtez! cessez de donner des victimes aux anciens possesseurs de ce monde que vous avez conquis; n'ensanglantez point cette terre pour la défendre; le jugement éclairé d'une seule nation, un instant, un seul instant peut mettre plus d'or en Europe que vous n'en avez extrait de vos mines, sans toutefois én accroître la quantité, et sans en diminuer la valeur.

Ce n'est point dans ces monceaux d'or que vous trouverez un avantage réel; vous ne travaillez que pour le bonheur d'un très-petit nombre d'hommes qui ont eu l'art de s'emparer des canaux par où vous le faites couler; pensez à la circulation; voilà le vrai Pérou, et l'on pourrait ajouter, la seule manière de multiplier les hommes.

O vous qui me lirez! si vous faites une sérieuse attention à l'énorme différence qu'il y a entre extraire l'or du sein de la terre, en remplissant d'hommes malheureux, mourants et morts, les excavations qu'on est obligé de faire pour l'avoir; ou bien d'en doubler et tripler la quantité connue par une heureuse circulation qui augmentera le nombre des hommes et des heureux dans la même proportion; si, dis-je, vous voulez faire attention à cette différence, vous verrez bientôt que la possession de ces mines n'est qu'un fardeau qu'un peuple étranger porte pour vous, lorsque vous pouvez posséder la vraie richesse, l'art de faire circuler l'or, l'art enfin de faire des heureux, et de l'être.

On met en question si on doit faire quelques efforts pour acquitter les dettes de l'état. On peut répondre que la chose serait indifférente, si on ne percevait pas sur le peuple des sommes immenses pour payer les arrérages de ces dettes, ou si même on ne percevait que de légers impôts qui seraient payés avec une sorte de satisfaction. Mais quand le citoyen est grevé, chargé d'un fardeau pénible et par rapport à cette dette, la question est toute décidée, il faut faire tout au monde pour l'acquitter.

S'il est utile que l'état emprunte pour faire valoir l'argent des citoyens, il ne faut pas que ces emprunts soient à charge à ceux que leur peu de fortune met dans l'impossibilité de prêter. Il n'est point de proportion entre celui qui, jouissant de dix mille livres de revenu, paie mille livres d'impôts à l'état, et celui qui, n'ayant rien, est taxé à une livre. La plus faible réflexion suffit pour décider que celui qui n'a rien est le plus chargé.

Je conçois qu'il est utile qu'il y ait des emprunts, et conséquemment que l'état doive, afin que l'argent ne sorte pas du gouvernement où il est : mais il faut aussi que ces emprunts soient tellement vus, tellement pesés, que non-seulement ils ne puissent être à charge au peuple, mais encore que ce même peuple ait un intérêt assez fort pour les remplir, pour y porter son argent; c'est ce qui ne se voit jamais. Celui que j'indique a toutes les conditions nécessaires ; il est facile de s'en assurer.

1° Cette manière d'emprunter n'est point à charge à l'état, ainsi que le sont les rentes perpétuelles et viagères, qui, avec le temps, conduisent les gouvernements à devoir des sommes immenses.

2° Le peuple place rarement, parce que l'intérêt

qu'on lui présente n'est pas assez fort pour lui, et que, ne pouvant porter que de très-petites sommes, la rente qui en résulterait serait d'un trop faible rapport; motif qui le détermine à garder son argent, ou à en faire quelquefois un emploi pernicieux et souvent inutile. Cette raison n'existe plus, parce que l'intérêt que l'on offre est si grand, qu'il n'est point de parallèle à en faire avec celui qu'on accorde actuellement.

3° Loin de charger le peuple, cet emprunt promet la suppression des impôts nécessaires pour payer les arrérages des sommes dues depuis long-temps.

4° Il n'est pas permis de mettre en doute si l'on doit payer la dette nationale, lorsque la manière de payer cette dette produit un bien général.

Tant de raisons, et aussi fortes, décident donc irrévocablement cette question. La politique, mais la vraie politique d'un état, doit être de faire tous les efforts possibles pour rendre les hommes plus heureux sous son gouvernement, qu'ils ne le peuvent être sous les gouvernements voisins. Voilà le seul moyen d'obtenir une grandeur permanente, et je dis que c'est le but de ce système.

Qu'on l'applique à toutes les circonstances de la vie et à tous les ordres de citoyens, à partir du monarque, pour descendre au dernier de l'état, on se convaincra à chaque pas de cette vérité (1).

---

(1) On peut mettre au rang des familles nombreuses, celle du roi d'Angleterre, puisqu'il est père de treize enfants existants. Le parlement croit beaucoup faire en donnant dix mille livres sterling de pension à ses princes du sang, lorsqu'avec cent mille livres on pourrait leur faire trente mille livres sterling de revenu. Combien de princes nationaux et étrangers seraient heureux par ce système! on ne doit donc pas être étonné de m'entendre dire qu'il serait utile, même aux têtes couronnées.

Il donne une circulation immense sans accroître le numéraire ; il attire les fonds des étrangers, et les invite à fixer leurs familles sous de telles lois ; il soulage le peuple en diminuant les charges de l'état; il augmente la population, en fournissant les moyens de doter les enfants avec peu d'argent, et accroît, par ce même moyen, les revenus du gouvernement. Il donne la facilité de récompenser ceux qui le méritent, et diminue tout à la fois le nombre des récompenses, par la possibilité de s'en passer ; il pare pour l'avenir aux dépenses qu'on est obligé de faire pour secourir la classe des indigents, non en retirant les secours, mais en diminuant le nombre des malheureux, toujours prêts à se livrer aux crimes si la crainte des supplices, ou ce qu'il faut plutôt croire, l'amour d'une sorte de vertu ne les retenait; il donne la facilité de secourir la nombreuse classe des enfants illégitimes; il serait le préservatif de bien des vices. Mais enfin c'est le bonheur public, et ce mot renferme tout.

Vous avez eu, Anglais, votre période d'accroissement. Le génie du seul Newton vous a donné une gloire immortelle : vos armes ont été long-temps victorieuses : votre commerce a été plus étendu que celui d'aucune nation : au sein de tant de succès vos révolutions ont été fréquentes, et vous ont occasioné bien des maux.

Vos lois, estimées à leur juste valeur, vous donnent peut-être le droit de vous regarder comme le peuple le plus près de la plus heureuse législation ; faites-en usage pour le bonheur de l'humanité, et que la plus belle de vos prérogatives vous serve aujourd'hui à couronner tant de triomphes par le comble de la bienfaisance, et à réparer tant de pertes par de justes et légitimes bénéfices, en vous instituant les protecteurs, les pères et les héritiers des hommes.

CRITIQUES DE CE MÉMOIRE,

Insérées dans deux ouvrages périodiques qui s'impriment à Londres, sous les titres de THE LONDON MAGAZINE, et de THE MONTHLY REVIEW.

La réponse à ces critiques mettra le lecteur en état de se passer de la traduction, parce que toutes les objections y sont rapportées avec soin. L'auteur de ce Mémoire répondit dans le premier moment de vivacité, à chaque critique, et leur envoya ses réponses telles qu'elles sont ici; mais, refléchissant ensuite sur l'insuffisance de ces objections, il prit le sage parti de les oublier.

Dans le journal suivant les critiques se rétractèrent, si c'est le faire que de dire que c'était la faute de l'auteur s'ils ne l'avaient pas entendu; qu'il devait s'expliquer plus longuement et plus clairement; qu'au surplus il pouvait faire imprimer tout ce qu'il voudrait, mais qu'il ne devait pas s'attendre qu'on lui répondît.

Réponse à l'éditeur du THE LONDON MAGAZINE.

Je vous dois trop, Monsieur, pour ne pas vous remercier sur ce que vous avez bien voulu dire d'obligeant, de mon cœur et de mes sentiments, dans votre journal du premier de ce mois, au sujet d'un Mémoire que j'ai donné au parlement, sous le titre de *The Public Welfare.*

Si vous me donnez des louanges, il faut convenir que vous ne me laissez pas long-temps dans la douce illusion de les avoir méritées. Vous dites, dans la critique que vous faites de ce Mémoire, qu'il suffit de l'objection que vous formez, pour le mettre au rang de tous les vains projets de finances qui ont été donnés sur cet objet.

Si l'intérêt de l'état n'était pas compromis dans cette cause, je garderais le silence. Né sans amour-propre, je vous passerais tout ; mais comme il s'agit ici du bonheur public et de celui de l'état, il me faut (si je vous démontre physiquement que vous ne m'avez nullement entendu, et que vous vous êtes formellement trompé), une rétractation publique, puisque votre erreur l'est. Vous ne pouvez concevoir comment il est possible que l'état retire cinq pour cent de l'argent qu'on lui donnerait, si mon système était adopté, parce que, dites-vous : Ou l'état emploiera cet argent pour ses besoins, ou il le mettra à l'acquit de ses dettes : dans l'un et l'autre cas, comment pourrait-il en retirer un intérêt ?

Quelle objection ! et comment avez-vous pu la faire ? Vous voulez critiquer un système qui est d'accord avec l'intérêt de l'état et du public, la politique, la finance, le physique et le moral de l'homme ; et vous ignorez les choses qui se pratiquent chaque jour dans presque toutes les familles, et par l'état même. Un seul exemple va vous forcer de reconnaître votre erreur, et, afin qu'il vous soit plus sensible, c'est à vous-même que je l'appliquerai.

Je suppose que vous avez emprunté, il y a quelques années, une somme de vingt mille livres, pour laquelle vous payez annuellement à celui qui vous l'a prêtée, un intérêt de mille livres. Supposons encore que vous venez de toucher d'une succession, soit par héritage, soit par don, une pareille somme de vingt mille livres, et que vous l'avez employée à liquider votre ancienne dette, je vous demande alors si vous ne faites pas valoir l'argent que vous avez reçu de la succession, à cinq pour cent.

Relisez maintenant mon Mémoire; méditez-le bien, calculez avec attention; mettez l'état dans votre place, et le public dans celle de la succession, vous reconnaîtrez votre faute.

Voulez-vous une autre preuve; on prête aujourd'hui à l'état une somme de cent mille livres pour vingt ans, sans intérêts; l'état rembourse demain cette somme de cent mille livres à ceux à qui il avait emprunté autrefois, et auxquels il fait un intérêt annuel. Est-il quelque chose de plus simple que de voir qu'il place les cent mille livres qu'il vient de recevoir, au taux qu'il avait emprunté, ou même au taux qu'il emprunterait actuellement, s'il était forcé de le faire pour acquitter cette ancienne dette?

Mais, direz-vous, si cet argent est appliqué aux besoins présents de l'état, il n'y a plus d'intérêts?

Je ne m'attendais pas qu'on pût me faire une telle objection; je n'en crains heureusement aucune que je ne puisse résoudre, et c'est ainsi que je répondrai à la vôtre : Ou l'état empruntera encore pour avoir de l'argent dont il aura besoin, ou il mettra des impositions sur le peuple. S'il se détermine à emprunter, la manière que je propose étant la plus avantageuse pour le public et pour l'état, elle doit être suivie.

S'il met des impositions, je laisse au public à prononcer s'il n'en a point assez, et si le moyen que je donne n'est pas plus heureux et plus simple. Décharger le peuple, c'est faire valoir l'argent à plus de cinq pour cent, c'est le porter au plus haut intérêt possible.

Je sais, Monsieur, que tous les hommes ne sont pas familiarisés avec les calculs, c'est pour cela que j'ai rendu les miens de la manière la plus simple que j'ai pu trouver; mais puisque vous ne les conceviez point, vous ne deviez pas vous permettre d'en parler et de prononcer.

Vous faites une autre objection; mais vous la proposez avec l'honnêteté qu'il convient de mettre en pareille circonstance, ainsi je n'ai à me plaindre que de la méprise. Vous convenez que le prix de trente pour cent par an est très-considérable : je le pense comme vous; mais vous dites ensuite que cependant votre sentiment est qu'on n'y portera pas des sommes extraordinaires.

Si vous eussiez réfléchi que ces deux idées impliquent contradiction, peut-être n'eussiez-vous pas dit cela. Ou ne dites pas que le prix de trente pour cent est très-fort, ou ne dites point que l'*on n'y mettra pas*. Les hommes sont trop éclairés sur leurs intérêts, pour craindre qu'ils ne portent pas leur argent où ils 'en trouveront le plus fort intérêt avec sûreté. L'intérêt de l'argent est pour l'état ce que le levier est dans les mains des hommes. Si la puissance qui fait mouvoir le levier est assez forte, il faut que le poids à enlever lui cède. C'est la même chose pour l'intérêt; est-il assez considérable, tout le monde veut avoir part au bénéfice.

Voilà, Monsieur, mes réponses aux objections que

vous avez cru assez fortes pour anéantir mon système ; j'avoue que je suis loin de penser ainsi : et comme j'ignore celles que vous pourriez me faire, j'y réponds par avance, en vous assurant que, si vous pouvez trouver un homme qui veuille m'en faire une seule jugée juste au tribunal du bon sens, et que ce ne soit pas de ces objections de caprice dénuées de preuves, je consens de ce moment à tout ce qu'il voudra exiger de moi. Je vous jure que je tiendrai ma parole.

J'attends de vous, Monsieur, que vous voudrez bien me rendre publiquement justice, et que vous voudrez bien encore m'en assurer par une prompte réponse; autrement ne trouvez pas mauvais que je fasse insérer cette lettre dans les papiers publics. Je suis, etc.

Réponse à l'éditeur du The Monthly Review.

Relever, Monsieur, les fautes que vous venez de faire en attaquant un Mémoire qui n'a été formé que pour le bonheur de l'état et du peuple, c'est leur prouver le zèle qui m'anime pour la félicité publique. Cependant je ne cherche point à tirer vanité de cet amour du bien-être; et pour vous le prouver, je vous déclare que, si vous voulez me donner la certitude de vous rétracter, d'après la forte conviction que je vais porter au fond de votre cœur, je vous promets, dis-je, que cette lettre ne sera point rendue publique; mais si vous refusez de me satisfaire, je la remets à l'instant à l'impression.

Je vous choisis donc pour juge dans votre propre cause, avant d'en appeler au public; et s'il vous reste encore quelque doute après m'avoir lu, je suis prêt à les éclaircir, si vous daignez me consulter. Vous dites que vous m'avez ménagé, parce que vous avez aperçu dans mon Mémoire une bonté de cœur et de sentiments qui vous portent à l'indulgence.

Je suivrai, Monsieur, la même loi que vous vous êtes imposée, quoique j'en taise la raison; n'ayant à vous démontrer que des erreurs que vous avez faites, et dont il faut que je vous fasse convenir, je présume qu'il suffira de vous présenter la vérité pour vous forcer de la reconnaître. Toutes vos méprises viennent de ce que vous n'avez pas lu mon Mémoire, ou que vous n'y avez fait aucune attention.

Vous formez, contre le plan que j'ai présenté au parlement, cinq objections qui toutes portent à faux. *La première*, que ce n'est qu'après dix ans qu'on pourrait toucher les deux et demi pour cent que l'état accorderait aux particuliers qui placeraient à ces rentes, si elles étaient ouvertes.

Je n'ai jamais dit cela. Il est permis de les toucher dès la première année échue; car autrement ce serait ôter une aisance au particulier qui peut se trouver dans la nécessité de vendre dès la première année, et ce serait aussi priver l'état d'un avantage considérable, puisque, dans ce seul cas, il n'emprunterait qu'à deux et demi pour cent en rentes viagères. Persuadé qu'une plus longue discussion deviendrait pour vous-même ennuyeuse, la chose étant trop évidente, je dirai donc : *première méprise.*

Votre *seconde objection* est que vous croyez que j'ai voulu dire que l'état retirerait huit pour cent de l'argent qu'on lui donnerait, et vous en donnez pour preuve le calcul de la page 68 de mon Mémoire. Il est facile de voir la source de votre erreur.

Vous avez pris l'état qui reçoit l'argent pour le particulier qui le prête ; c'est précisément l'opposé : et, partant de cette méprise, vous dites que vous ne pouvez concevoir ce que j'ai voulu dire. En cela vous avez bien raison, car si j'avais avancé une telle chose, je n'en pourrais moi-même donner l'explication. Je ne chercherai point à rendre ce calcul plus intelligible qu'il ne l'est dans mon Mémoire, je n'y réussirais pas ; mais je vous observerai qu'il est la preuve de deux choses bien essentielles.

1° Que le public, en plaçant ainsi son argent, reçoit de l'état huit pour cent de son capital, et huit pour cent des intérêts des intérêts, sans perdre un seul instant pendant les vingt ans, ce qui est un prix extraordinaire.

2° Que, par une conséquence absolue, l'état ne peut donc emprunter qu'à huit pour cent en rentes viagères, puisque les particuliers ne recoivent que cela d'intérêt, et que conséquemment les mortalités sont en pur bénéfice pour lui.

Il ne m'est pas possible de rendre cela plus clairement sans courir les risques d'être repris par vous-même, pour m'être trop apesanti sur un objet aussi facile à concevoir, quoique, je l'avoue, je n'aie point eu et n'ai point encore la folle présomption de prétendre à faire un discours d'éloquence. Il m'est donc permis de dire : *seconde méprise*, et méprise d'autant moins pardonnable, qu'il s'agit d'une affaire importante, et qu'elle ne peut être tolérée dans un critique qui a le livre sous les yeux.

Vous voulez prouver, dans votre *troisième objection*, que j'ai eu tort de dire qu'en général il mourait trois personnes sur cent par an, quoique j'aie réduit ce calcul à deux sur cent, ce qui est trop faible. Vous citez à ce sujet quelques observations faites sur cinq ou six cents personnes, par le docteur Price; observations toujours trompeuses sur un si petit nombre, et d'autant plus que vous n'avez pris que la classe des hommes de dix à trente ans, qui est la plus heureuse.

Mais vous ne parlez pas des observations que l'on a faites en Suède sur tout l'état, et avec un soin infini, dont malheureusement le résultat est de plus de trois sur cent, mais à tout âge. Je les ai cependant citées. Comme il faut être vrai, je dirai qu'à la fin vous observez que, si on prenait tous les âges, peut-être nos calculs se rapprocheraient-ils.

Jusque-là, Monsieur, je n'aurais pas beaucoup à me plaindre, si vous n'en tiriez une conséquence qui n'est pas juste, en disant que ce calcul étant faux, tout mon système est renversé : je dis, moi, que voilà une erreur considérable.

1° Parce que vous n'avez pas prouvé que j'ai eu tort de dire que trois personnes, ou au moins deux sur cent, cessaient d'exister chaque année. J'ai eu entre les mains le dépouillement des rentes de l'hôtel-de-ville de Paris, pour vingt ans, et ce dépouillement prouve qu'elles ne s'éteignent qu'à deux et demi sur cent, et quelque chose de plus; c'est-à-dire qu'il meurt plus de cinq personnes sur cent en deux ans. Il faut observer que c'est ordinairement l'élite de la santé de ce royaume qui place à ces rentes, et que, dans mon système, j'admets tous les âges; tout cela est à considérer. J'ai eu également le dépouillement des pensions des militaires retirés; il se monte à trois sur cent : il est encore à observer que ce sont des hommes faits, et qui ont passé l'âge critique.

2° Mais à quoi bon discuter ce point? N'ai-je pas suffisamment prouvé que toutes les mortalités sont en pur bénéfice pour l'état? Ainsi, qu'il soit prouvé que ce calcul doit être réduit à une personne sur cent, ou porté à deux ou trois, ce n'est que plus ou moins de gain pour l'état, et conséquemment mon système n'en peut recevoir d'atteinte.

Je compte donc *troisième méprise*, parce que j'ai répété trop de fois, dans mon Mémoire, que l'état n'emprunterait jamais qu'à huit pour cent en rentes viagères, tous intérêts compris, sans compter sur une seule mortalité.

Si vous voulez des calculs plus précis, je suis à portée de vous démontrer mathématiquement qu'en suivant votre propre système de vingt-trois morts sur cent personnes, en vingt ans (ce que je suis loin d'admettre), l'état n'emprunterait cependant, tout calculé, qu'à six pour cent en rentes viagères. Il ne tient qu'à vous de vous en convaincre.

Votre *quatrième objection* dit que vous êtes bien éloigné de prendre mon plan dans le point de vue où je l'ai présenté; qu'il serait contraire à l'état, au commerce et aux arts. Ce sentiment ne m'étonne point, d'après la manière dont vous avez lu mon Mémoire: mais jugez, Monsieur, les preuves que je vais vous donner en opposition de votre assertion vague, qui n'en a point.

J'ai dit que ce plan était d'accord, favorable même, à tous les états de la vie où l'homme peut se trouver. Il me semblait que c'était en dire assez pour faire réfléchir avant de contredire. J'ai encore dit, page 85 de ce Mémoire, que j'avais soumis mes idées à l'examen de bien des gens éclairés, avant de le donner au public: mais rien ne vous a retenu, et vous avez pensé que vous pouviez juger, dans un quart d'heure, le produit de plus de sept ans de réflexions. Cela est fort. Vous présumez que je n'ai pas examiné avant vous s'il ne pourrait point être contraire au commerce, et vous insinuez que c'est par rapport à cela que je n'en aï point parlé. Je vais donc le faire, et vous laisse à prononcer si ce que j'ai à dire peut être le fruit du moment. Si cela était, il serait bien avantageux pour ce système, de pouvoir faire naître de telles idées aussi promptement, et vous seriez bien à plaindre de ne les avoir pas saisies.

1° Tout ce qui met l'argent en circulation est utile au commerce (1).

2° Tout ce qui tend à attirer l'argent de l'étranger dans un état, est commerce, et lui est très-favorable.

3° L'argent que l'étranger envoie, pour placer, paîe un droit au commerce.

4° Tous les fonds publics sont commerçables, dans quelques mains qu'ils soient : or, je suppose (je dis je suppose, car je ne veux rien assurer sur ce qui ne tient point à mon plan), je suppose donc que l'état a fait pour dix millions de contrats, à quatre pour cent, en 1777, et que ces contrats perdent vingt pour cent.

Si un particulier est porteur d'un contrat de dix

---

(1) Il en est du corps politique comme du corps humain. L'or et l'argent sont pour le premier ce que le sang est pour le second. On juge de la santé de celui-ci par la libre circulation du sang, et le plus haut point de vie pour l'autre sera au moment où l'or et l'argent circuleront librement et sans gêne. Voilà ce qui doit arriver infailliblement, comme un effet nécessaire du mouvement que ce plan doit imprimer à la machine de l'état.

mille livres, et qu'il veuille le vendre, il sera forcé de perdre deux mille livres; c'est-à-dire que cet effet sera réduit à huit mille livres. Mais si l'état ouvrait les rentes que j'ai proposées, et qu'il reçût ou qu'il remboursât, comme cela devrait être, les contrats dont le public est porteur sur lui, pour leur entier capital, enfin dix mille livres pour dix mille livres, alors tous les effets reprendraient leur vraie valeur, et l'état remettrait donc dans le commerce et dans le public deux millions sur les seuls dix millions pris pour exemple, puisque ces dix n'en valent que huit aujourd'hui, et vaudraient même beaucoup moins, si tout le monde voulait vendre. Direz-vous maintenant que ce système est contraire au commerce?

5° Ce plan assure au commerce une solidité que les lois ne peuvent lui donner. Supposons un homme dans cet état, et qui a en perspective une rente de trente pour cent. A-t-on besoin de preuves pour assurer que ce particulier ne voudra point courir les risques de la perdre? d'ailleurs elle répondrait de la dette aux créanciers, et pourrait même les satisfaire, pour peu que cette rente fût considérable, et établir encore une fortune à son premier propriétaire.

6° Tout ce qui augmente la richesse de l'état et assure la fortune des citoyens, assure en même temps la solidité du commerce. S'il en était autrement, il faudrait défendre aux commerçants d'acquérir des contrats et des terres, ce qui serait un peu absurde.

Je m'arrêterai là, Monsieur; j'aurais trop de choses à dire, si je voulais tout examiner.

Quant aux arts, il est démontré par l'expérience,

qu'ils ne peuvent fleurir qu'au sein de l'aisance et de la richesse. On dit depuis long-temps, *amant otia musæ;* on ne peut entendre autre chose par le mot *musæ*, que les arts; et l'artiste peut-il avoir l'*otia*, le repos, sans une existence assurée? Les chefs-d'œuvre sont bien rarement formés par des hommes dans l'indigence.

Comment avez-vous pu dire que ce système serait contraire aux arts, lorsque la plus faible réflexion suffit pour faire voir que c'est le vrai moyen de les faire fleurir? Mais, comment encore ce qui pourrait acquitter la dette de l'état tournerait-il à sa perte? c'est ce que je ne puis concevoir. Si vous n'entendez pas mon Mémoire, j'avoue de bonne foi que je n'entends pas ce que vous avez voulu dire (1). Après tant de preuves, je crois qu'il me sera permis de dire : *quatrième méprise;* celle-ci est forte.

Cinquièmement; vous n'avez pu saisir ce que j'ai dit, lorsque j'ai avancé que ce serait un nouveau commerce pour l'Angleterre, et qui ne coûterait point de sang pour le défendre. *Hic non est piscis omnium* : je viens d'en dire assez (2).

---

(1) Comment, en effet, concevoir que l'acquit de la dette nationale, par un moyen utile aux citoyens, puisse être contraire à l'état? Si cela peut être, il faut convenir qu'on ne l'aperçoit pas tout d'un coup.

(2) J'imaginais qu'il était aisé de concevoir ce que j'ai voulu dire, et que la guerre présente en donnerait l'explication. Plus avantageux que tous les commerces maritimes, d'ailleurs fort nécessaires, ce que je propose n'en a point les inconvénients. La mer absorbe, engloutit les productions de la terre et les hommes ; ce plan les multiplie. La folle espérance d'établir un empire absolu sur les eaux, ou du moins d'y avoir la supériorité, enfante les guerres et la destruction ; l'intérêt en est le seul mobile. Hélas! si la manière de faire valoir votre or vous coûte tant de sang, ouvrez les yeux, calculez, et voyez si les bénéfices

J'ajouterai seulement que, si ce plan avait son exécution, les places de ceux qui reçoivent et qui paient pour la facilité du commerce et du public, vaudraient le double de leur valeur actuelle, de même que beaucoup d'autres états y trouveraient un avantage que les choses telles qu'elles sont présentement ne peuvent leur donner.

Voilà, Monsieur, toutes les objections que vous m'avez faites; je n'imagine pas que vous en ayez d'autres; mais, ainsi que je l'ai dit à l'éditeur du *The London Magazine*, je vous dirai aussi que, si vous pouvez m'en faire une jugée juste au tribunal du bon sens, et que ce ne soit pas une objection de caprice et sans preuves, ainsi que vous m'en avez fait, je consens à perdre ma liberté pour le reste de mes jours; c'est tout ce que je peux dire de plus : je sais bien que je n'y cours aucun risque.

Non content d'avoir répondu à toutes vos objections, je vais vous en dire une qui m'a été faite, et m'aurait étonné si je n'avais pas été préparé à tout. Cette objection, diamétralement opposée à toutes les vôtres, est que ce plan, en faisant le bonheur de l'état et des citoyens, et mettant trop d'aisance dans le peuple, le rendrait nécessairement paresseux et négligent, par la facilité qu'il aurait de pourvoir ses enfants, et de leur assurer l'existence. Voilà ce que j'appelle méditer, examiner les choses sur tous les sens, quand on fait une telle

---

que je vous propose ne sont pas plus certains, plus justes, plus légitimes, plus faciles, et s'ils ne seront pas plus équitablement distribués que ceux que vous voulez vous arroger à force ouverte. N'est-ce pas là ce qu'on pourrait dire aux nations qui se déchirent et se ruinent en combattant soit sur mer, soit sur terre; et pourquoi? pour des profits incertains, tandis qu'ils en ont de réels entre leurs mains, qu'ils négligent.

objection. Mais, quelque séduitante qu'elle soit, cependant elle n'est que captieuse. Voici ma réponse :

1° Ce que vous dites, ai-je répondu, est pour le moins douteux; car, rien n'étant dérangé, tout existera toujours dans une égale proportion. Les riches seront plus riches, et les états inférieurs seront aisés.

2° Commencez par acquitter la dette de l'état; et, si ensuite ce que vous craignez arrive, vous ne permettrez de placer à ces rentes qu'autant que vous jugerez qu'il faut de revenus pour parer à l'indigence. Or, si vous pensez qu'il ne faut que trente, quarante ou cinquante livres sterling de revenus, avec le travail, pour enlever une famille à la misère, alors vous ne permettrez au peuple de mettre sur chaque tête que la somme qui pourra donner cette rente; et cette somme ne sera pas considérable, puisque cent soixante-dix livres donnent cinquante et une livres de revenus.

Par ce moyen vous parez à tout, et vous ne faites tort à personne, parce que l'état est maître d'accepter ou de refuser l'argent de ses citoyens, sans leur faire d'injustice. Enfin, je le répète encore, commencez par acquitter la dette nationale, vous verrez ensuite ce qu'il vous restera à faire (1). Je crois ma réponse plus forte que l'objection.

Il faut convenir, Monsieur, que vous m'avez mal jugé en tout. Vous avez cru que ce système, comme tant d'autres, était le produit d'une imagination exaltée, et que, sans doute, ne sachant que faire, j'avais fait un projet.

---

(1) L'auteur a oublié de parler du terme nécessaire des vingt ans, qui forcerait les hommes à travailler, au lieu de les rendre paresseux et négligents. (*Note de l'éditeur*).

Vous vous êtes trompé ; ma conduite a été différente. J'ai médité ce plan pendant sept ans, afin de bien voir s'il s'accordait avec tout, et s'il pouvait être utile à toutes les nations. J'ai ensuite consulté les hommes les plus éclairés que j'ai pu connaître, et de différents pays : il y a près de deux ans que je fais ce métier-là ; c'est pour me conformer à leurs avis que je l'ai fait imprimer.

J'ai eu l'honneur de le faire distribuer aux membres du respectable sénat de l'Angleterre, qui sera sans doute un jour trop heureux de trouver cette ressource, si quelque nation plus prévoyante ne la lui enlève pas. Je suis, etc.

---

*Lettre de M. de ***.*

Paris, le 7 décembre 1778.

J'ai reçu, Monsieur, le Mémoire que je vois, avec regret, que vous destinez pour le parlement d'Angleterre. Je suis curieux d'apprendre comment il aura été accueilli. Je l'ai lu avec attention, et avec tout l'intérêt que je voudrais pouvoir inspirer à tous ceux qui doivent le lire.

En réduisant l'intérêt de l'argent à trente pour cent, au lieu de quarante où vous l'aviez d'abord porté, on n'aura plus à vous objecter que l'état aurait à payer des sommes trop considérables. D'un autre côté, l'intérêt des particuliers est assez fort pour qu'ils se déterminent à porter leur argent au bureau des rentes viagères héréditaires, que vous seul avez su combiner dans votre système de finances. Il est donc tel de sa nature, que, s'il venait à être adopté, il ferait le bonheur de l'état et des particuliers.

Votre calcul de trois pour cent sur les morts me paraît poussé jusqu'à l'évidence, ainsi je ne crois pas qu'on vous fasse sur cet article des difficultés. Je conçois qu'il est très-possible, par votre plan, d'acquitter la dette nationale, et même qu'il est certain, si l'état entend ses vrais intérêts, qu'elle s'éteindra entièrement. L'état, une fois libéré de ces humeurs qui surchargent les corps politiques, se trouvera dans la plus heureuse constitution.

Vous avez démontré tout cela de manière à ne redouter aucune objection contre vos principes. Cependant il y a un faible dans votre système, contre lequel j'ai bien peur que ne vienne se briser toute la solidité de vos raisonnements. Quel est, me demanderez-vous, cet écueil? C'est, vous répondrai-je, votre première objection, *personne n'y mettra*; objection qui se présente sans cesse à l'esprit, et qui, quoique chassée par toutes sortes de raisons, revient au galop.

Mais, direz-vous, en faisant toucher au doigt par mille exemples sensibles, que mon plan est très-avantageux aux particuliers, comment peut-on m'objecter que *personne n'y mettra?* C'est, vous répliquerai-je, parce que vous vous objectez à vous-même que le temps de vingt ans est trop long. Vous avez dit sur cette objection tout ce qu'on peut dire pour la réfuter; mais la certitude morale est contre vous. Je suis, etc.

*Réponse à la Lettre de M. de ***.*

Londres, le 22 décembre 1778.

Je viens de recevoir, Monsieur, la lettre dont vous m'avez honoré ....

....

Votre lettre, Monsieur, ne me laisserait rien à désirer, si elle ne finissait pas par un *mais*, que je crois que vous supprimerez avec le temps. Vous m'accordez tout ce que la force de la conviction la plus décidée vous force d'accorder, c'est-à-dire ce que le calcul vous a démontré.

Celui de trois pour cent sur les morts vous paraît évident, ou plutôt inutile, parce que j'ai été assez heureux pour trouver une preuve qui démontre qu'il n'est plus question de mortalités. Celui de trente pour cent par an, de l'argent donné, vous paraît encore juste, puisque l'emprunt n'est réellement qu'à huit pour cent sur une seule tête. Enfin il n'est donc plus qu'une seule objection qui vous retienne; et puisque vous ne voulez céder qu'à l'évidence du calcul le plus juste, je vous supplie de lire celui que je vais faire, et qui, je crois, est des plus simples.

Je suppose, avec vos plus habiles calculateurs, que la France renferme à peu près vingt millions d'habitants. Je dis, d'après cette supposition, que si une personne sur cent admettait le plan que j'ai eu l'honneur de vous envoyer, cela ferait deux cent mille personnes qui, appréciées l'une dans l'autre à trois mille livres chaque (cela n'est pas extraordinaire), feraient cependant un capital de six cents millions.

Mais, Monsieur, comme vous n'admettriez peut-être pas encore le calcul d'une personne qui voudrait mettre à ces rentes, sur cent (quoiqu'il ne s'agisse que d'une somme de trois mille livres, qui, se trouvant toujours outre-passée par ceux qui y mettraient, diminuerait d'autant le nombre des titulaires, portés à deux cents mille, ou augmenterait de beaucoup la somme), je le réduirai à une personne sur mille ; car enfin, les choses même les plus absurdes trouvent, dans cette proportion, un plus grand nombre de défenseurs que je n'en mets sur un point évidemment utile ; les loteries en sont une preuve : je ne dis donc qu'une personne sur mille, et cela ferait alors vingt mille pour la France, et donnerait soixante millions.

Ce calcul ne concerne que la France : mais ce que l'Espagne, le Portugal, la Hollande, l'Angleterre même, etc. pourraient y porter, comment apprécier cela? Quand on supposerait que chaque famille un peu fortunée n'y mettrait qu'une seule fois, il y aurait assez d'argent, même à trois mille livres, pour acquitter votre dette nationale, bien moins forte que celle de l'Angleterre.

N'opposer à mon système que la trop grande durée de vingt ans, c'est ne lui opposer qu'une seule passion, l'amour de la jouissance, à laquelle je mettrai pour contre-poids l'ambition, la vanité, l'amour-propre, l'économie, etc., passions bien plus décisives, et dont il est de l'art de profiter, ne pouvant les éteindre.

L'ambition : tous les pères de famille veulent placer leurs enfants dans un rang plus élevé que celui qu'ils occupent. Tout le monde crie contre cette fureur, et tout le monde l'a. Quel moyen plus aisé pour la satisfaire, que celui que je propose ?

La vanité : où peut-elle mieux trouver son compte? Une demoiselle qui a cent mille livres de dot, est aujourd'hui, en France, un parti ordinaire ; elle s'allie avec son semblable : mais ces cent mille livres placées à ces rentes, donneraient trente mille livres de rente, et alors elle pourrait prétendre à un parti bien supérieur.

L'amour-propre : que ne fait-on pas en France, comme ailleurs, et dans tous les différents ordres de l'état ; car ce n'est pas seulement dans les familles titrées ; que ne fait-on pas, dis-je, pour soutenir son nom ? Combien de gens ne se presseraient-ils pas de pourvoir leurs cadets, et cela par deux raisons ; 1° un sentiment d'humanité et même d'économie ; 2° afin de laisser à l'aîné une fortune plus décidée, et le moyen d'illustrer son nom. Il serait trop long, Monsieur, de passer en revue toutes les passions que ce plan peut satisfaire.

Mais de quelle surprise ne doit-on pas être frappé quand on s'aperçoit, après un mûr examen, que le goût des hommes pour la jouissance présente, et que vous faites tourner contre moi, en déciderait autant ou plus pour ce système qu'il n'en pourrait éloigner. Quel est effectivement le but d'un bon ou mauvais père ? Celui de pourvoir ses enfants, ou de s'en décharger.

Le vrai père cherche tous les moyens solides et avantageux de placer sa famille : il prépare les choses de loin, pour le moment où ces établissements seront indispensables : l'a-t-il fait, il est tranquille, il a rempli le but de la nature, il ne pense plus qu'à jouir. Mon système ne peut qu'aider à la bonté d'un tel être.

Le mauvais père cherche à se défaire des siens, mais par des raisons bien différentes. Tout semble lui dire qu'il faut, pour se satisfaire et se décharger d'un fardeau qui lui pèse, prendre les moyens les plus courts et les moins dispendieux pour arriver à son but. Quel est l'homme qui ne verra pas, dans ce plan, la facilité avec laquelle il peut y arriver ; concilier tout pour son bonheur, et, ce qu'il y a de plus extraordinaire en pareille circonstance, pour celui de ses enfants?

N'est-ce pas jouir, mais réellement jouir, que de se dire : enfin mon fils est pourvu, son sort est fixé, le reste le regarde. C'est jouir, que de se dire : ma fille est dotée; que je vive ou non, elle est sûre de trouver un mari, même dans une classe au-dessus de sa naissance; elle peut choisir, j'y ai pourvu.

Voilà ce qu'on peut nommer de vraies certitudes morales, parce qu'elles sont prises dans toutes les passions bonnes ou mauvaises qui affectent l'homme. Quand il serait vrai que l'amour de la jouissance du moment ne pourrait se concilier avec ce plan, toutes les autres passions, j'y ajoute toutes les vertus, étant décidément pour lui, il n'y a pas de proportion, elles doivent l'emporter.

La classe du peuple, sur qui le terme de vingt ans devrait seul faire effet, est celle sur laquelle on doit le plus compter, parce qu'il est reconnu que c'est la classe où l'amour des siens a le plus d'empire. Mais, quand bien même ce terme de vingt ans serait trop long pour le peuple, en doit-on conclure qu'il le serait trop pour les riches?

Peut-on dire qu'une famille qui jouit de dix, vingt, trente ou quarante mille livres de rentes, etc., serait privée d'une jouissance, en plaçant depuis trois jusqu'à vingt ou ving-cinq mille livres, pour faire le bonheur de ses enfants? Je ne sais si je m'abuse, Monsieur, mais il me semble que c'est vouloir anéantir toutes les passions, et la vertu la plus naturelle à l'homme, l'amour des siens, pour bien peu d'argent.

Je n'ai compté que sur trois mille livres par famille, et je trouve beaucoup plus qu'il ne faut pour remplir l'objet de l'état; j'en conclus que votre objection n'est pas bien fondée. Faut-il enfin des preuves parlantes, et qui prouveront que les hommes abandonnent facilement la jouissance présente, quand on leur assure un avenir heureux? Il suffit de considérer le motif de ceux qui achètent des survivances. Il en est, je le sais, qui se sont vendues cent cinquante, deux cents, on en a même porté jusqu'à trois cent mille livres. Cependant il est possible d'attendre dix, quinze ou vingt ans avant d'être placé. Tel est mort sans avoir pu l'être, et qui avait renoncé à d'autres places pour courir après celle-là, ce qui est plus incroyable que l'argent donné. Puisque cela se fait à Londres, il est permis de croire qu'on le fait en France.

Comment allier l'amour de la jouissance avec de tels faits? Rien de si simple. C'est précisément parce qu'on veut se mettre à portée de jouir, qu'on achète l'espérance d'une place. Pensez-vous, Monsieur, qu'on ne jouirait pas encore plus, si on avait pour point de vue une rente de quarante-cinq mille livres, à tel jour, à telle heure, pour cent cinquante mille livres qu'on aurait données, et que l'on pourrait revendre ou transporter à volonté?

On pourrait, sans vouloir prendre le ton prophétique, dire ce qui arriverait, si ce système était suivi. Les égoïstes n'y placeraient que leur superflu, ou ce dont ils pourraient se passer sans trop de gêne. Les grands et les riches y porteraient de très-fortes sommes, en raison de leur ambition ou des alliances qu'ils auraient en vue. Le commerce et la finance, tout ce qu'ils pourraient économiser. Le peuple se saignerait jusqu'à l'eau rousse, et se contenterait d'un morceau de pain, pour faire le bonheur des siens. Il connaît tellement le poids de la misère, qu'il ferait tous les efforts imaginables pour l'écarter de ses enfants.

Le militaire et les autres ordres de l'état y gagneraient tout, parce qu'il faudrait refluer là pour attendre le terme heureux. Les familles seraient plus unies, parce qu'on aurait un motif pour se ménager les uns et les autres. La société en général serait plus heureuse. Je laisse à prononcer à ceux qui voudront calculer, ce que l'état y gagnerait.

Peut-être, Monsieur, me regardez-vous comme trop attaché à cette idée, et prenez-vous pour entêtement ce qui n'est chez moi que la force d'une conviction fondée sur le calcul le plus suivi, et auquel je pense que tout doit être soumis. Plus je compte, et plus je trouve de rapport et de vérité entre tous les objets. Si je consulte, tout le monde est d'accord sur la certitude du fond; mais les raisons pour rejeter ce système ne sont pas les mêmes chez tous les hommes, ce qui me prouverait que ces raisons ne sont que d'opinion, et qu'elles n'ont pas une assiette aussi solide que ce plan, qui force jusqu'au suffrage de ceux qui voudraient le moins l'approuver : aussi saisissent-ils cette objection avec avidité, afin de se venger du chagrin qu'ils ont de n'en pouvoir trouver une vraie.

On dit ici que, s'il était exécuté, cela donnerait trop d'énergie au caractère remuant des Anglais. En France cela compromettrait le ministère. Il est aisé de voir combien ces deux objections se contrarient.

Je ne peux m'empêcher de dire, dût la censure me mettre à l'index, que ces jugements ne sont que de caprice. Je ne suis pas plus surpris de voir un père qui a des enfants à pourvoir, être de mon parti, que je ne suis étonné d'entendre un homme âgé et sans enfants, ou qui n'en a qu'un, et des millions à lui laisser, un parfait égoïste qui ne pense qu'à lui, et s'inquiète fort peu de l'état et des malheureux, se déclarer contre moi, ou tout au plus être neutre, suivant que sa bile est plus ou moins irritée, ou qu'il est plus ou moins porté à la contradiction.

Mais daignez, Monsieur, consulter ceux qui ont des enfants ou qui peuvent en avoir, car voilà les hommes dont l'état doit prendre l'avis sur ce point, et auxquels il doit des secours, et vous serez convaincu de quelle utilité pourrait être ce nouveau système. Que l'on demande encore à tous les hommes d'un âge mûr, et dont les pères ont été d'une fortune un peu aisée : voudriez-vous que ce plan eût été adopté lorsque vous vîntes au monde? Combien en trouverait-on, combien en ai-je trouvé qui m'ont répondu : Ah! que je serais heureux si cela eût existé. Mon père était en état de placer, et certainement il l'aurait fait. Je jouirais maintenant d'un bien-être que je n'ai pas, et mille autres seraient heureux ainsi que moi. Cela seul décide la question.

Quoi! ce plan est-il donc si absurde qu'il ne puisse être mis en parallèle avec ceux que l'on a adoptés jusqu'à présent? Quand il serait aussi vrai qu'il l'est peu, qu'il n'y aurait que mille personnes qui voulussent y avoir confiance, peut-on et doit-on s'opposer à leur bonheur, dès-lors que l'état y trouve un avantage décidé, et qu'il emprunte maintenant à un taux beaucoup plus fort que célui qu'on lui demande par ce système?

Personne n'y mettra ! Je déclare connaître beaucoup de monde, et j'atteste que dans le nombre des pères de famille que j'ai consultés, je n'en ai point trouvé qui ne m'aient répondu : si ce plan était adopté, j'y mettrais de préférence, et au moment où j'aurais de l'argent à placer.

Je pourrais, Monsieur, donner encore cent preuves qui viendraient à l'appui de ce que je viens de dire, lorsqu'on n'a qu'une objection de caprice à me faire, mais cela serait trop long. Je peux même indiquer de nouveaux moyens pour encourager le public à mettre à ces rentes (1); mais comme il n'est pas question d'adopter ce système, je craindrais d'entrer dans de nouveaux détails, trop longs pour une lettre. Je suis avec respect, etc.

Lettre de M. de....

Paris, le 29 décembre 1778.

Monsieur de ***, vient de me communiquer, Monsieur, la lettre qu'il vous a écrite le 7 décembre, et votre réponse. J'avais déjà lu votre Mémoire, qu'il avait bien voulu me prêter; mais je dirai, ainsi que lui, que le terme de vingt ans me paraît long, et que votre première objection, *personne n'y mettra*, sera toujours un argument terrible contre vous.

Je sens toute la force de vos raisons; mais il y a une espèce de certitude contre votre système, que

---

(1) On trouvera, à l'article France, tous les avantages que ce gouvernement pourrait retirer de ce système; et il en est encore d'autres que l'auteur se réserve.

je vais tâcher de vous rendre sensible par une comparaison.

Vous savez que le public est intimement persuadé qu'il y a une sanction de peines et de récompenses après la mort, suivant qu'on aura bien ou mal vécu. Cependant, malgré cette forte persuasion, il y a très-peu de personnes sur qui cette sanction influe assez pour les déterminer à agir; et l'infraction des lois divines serait encore beaucoup plus fréquente, si les lois humaines ne venaient à leur secours dans bien des occasions, tant il est vrai qu'un intérêt éloigné, quoique sûr et bien prouvé, perd dans l'éloignement presque toute sa force! Quoique l'état n'ait rien à craindre en ouvrant une caisse de rentes viagères héréditaires, il peut craindre pour sa réputation, s'il venait à adopter un système qui, à la vérité, a pour lui les meilleures raisons, mais qui a contre lui un faible irrémédiable, je veux dire, le cœur humain, sur qui le futur glisse quand il est éloigné, et qui ne se laisse guère prendre que par ce qu'il peut toucher et palper.

Plus je médite cette malheureuse objection, et plus elle me fait d'impression. Si je vous la fais aujourd'hui, c'est pour vous prémunir d'avance contre le coup qui vous sera peut-être porté, afin que vous le souteniez en philosophe sage.

Je serais bien charmé de m'être trompé dans ma conjecture, et de voir couronner par un heureux succès un travail qui ne peut que faire honneur à votre cœur et à votre esprit; tels sont les vœux que je vous offre pour le premier de l'an.

Je suis, etc.

Réponse à M. de......

Londres, le 6 janvier 1779.

Je ne vous désire point encore, Monsieur l'abbé, les récompenses futures dont vous me parlez dans votre lettre, mais un bon bénéfice, qui vaudra mieux que tout ce que je vais dire, sous la condition que vous ne ferez plus de comparaisons, ou que vous les ferez justes pour votre avantage.

Vous prétendez prouver notre amour pour la jouissance présente, par le peu de crainte que nous avons des peines futures. Sans entrer avec vous dans des discussions qui nous mèneraient loin, j'espère que vous conviendrez que ceux qui dans ce monde ont une ferme, une vraie croyance, jouissent par anticipation du bonheur de l'autre, et que ceux qui ne croiront pas, seront les réprouvés. Cette morale, aussi saine qu'il en puisse être, et nécessairement déduite de vos principes, milite entièrement pour moi; en voici la preuve:

Ceux qui mettront aux rentes proposées, si elles sont jamais ouvertes, seront précisément ceux qui croiront aux récompenses futures. Ils jouiront par anticipation, du bien-être qui doit leur arriver: et quant à ceux qui ne croiront pas, ou qui n'y mettront point, si ce n'est par impuissance, ils seront véritablement, et dans toute la force du terme, les réprouvés; car ils enrageront de voir les autres jouir ou près de jouir, et de n'avoir pas la même espérance.

Il n'est, permettez-moi de vous le dire, Monsieur, nulle comparaison à faire entre notre tranquille indifférence sur les peines et les récompenses futures, et le degré de confiance que les hommes peuvent attacher à ces rentes. Nos passions, perpétuellement en opposition avec ce que nous devrions faire pour mériter ces récompenses promises, nous écartent à chaque instant du chemin qu'il faudrait tenir pour les obtenir.

Mais quelles passions, quelles vertus trouvez-vous dans l'homme, contraires à ce système? Aucunes. Je dis plus, il satisfait tout; vertus ou passions, passions ou vertus, sa bienfaisance n'a point de bornes.

Vous ne me contrarierez certainement pas, lorsque je vous dirai que des situations communes de la vie, la plus douloureuse est celle d'un père tendre, d'un époux sensible qui ne peut fournir aux besoins d'une famille qu'il chérit au-delà de l'expression. Donnez à cet époux et père malheureux l'espérance de voir sa fortune se changer, et vous lui entendrez dire : allons, mes amis, un peu de courage, nous n'avons plus que tant d'années à gémir; encore quelques moments, et nous serons heureux. En faut-il davantage pour faire supporter ses peines?

Une trompeuse espérance est souvent le soutien de notre âme; que serait-ce si elle était immanquable et à jour nommé? Je l'ai dit dans le cours de mon Mémoire, mais vous n'y avez pas fait attention; l'espérance d'un bonheur réel à venir est un bonheur présent qui se communique à tout ce qui nous entoure (1).

(1) Les jouissances de l'autre vie ne sont que pour les âmes qui en sont pénétrées. Un homme n'est point affecté du bonheur dont jouit un autre homme par les saints préceptes de la religion; il sait que la croyance et les bonnes œuvres ne peuvent servir qu'à ceux qui croient

Calculez maintenant de combien de vertus cette juste espérance serait la source, et peut-être de combien de crimes elle serait le préservatif ; crimes qui souvent ne prennent leur naissance que dans une indigence dont on ne peut entrevoir la fin. Voyons le revers de ce tableau, et écoutons ceux qui n'auront point assez de prudence pour prévoir l'avenir. Ne diront-ils pas à chaque instant : grand Dieu ! si j'avais placé à ces rentes il y a tant d'années ; si j'avais été assez sage pour y porter au moins une certaine somme, je serais près de jouir de tant de revenu ! Ah, mon Dieu ! que je suis malheureux de n'avoir pas profité de l'avantage que l'état m'offrait.

Une chose m'afflige cependant, c'est que la situation de ces malheureux ne pourra se réparer, tandis que la religion nous replace dans l'instant au nombre de ses enfants, si nous nous repentons de nos fautes.

Méditez, Monsieur, votre objection et ma réponse, et jugez qui de nous deux a raison. Je suis, etc.

Lettre de M. de.....

Paris, le 15 janvier 1778.

Je vous remercie, Monsieur, du bénéfice que vous me souhaitez pour mes étrennes de la nouvelle année...

....

---

ou qui les font. Mais il en est autrement de l'espérance d'un intérêt réel pour cette vie ; c'est une force d'attraction que vous mettez dans un de ces êtres, et qui ne manquera jamais son effet, parce que ce bonheur est de nature à se partager et se communiquer un jour.

Vos calculs démontrent très-bien que l'état gagnerait beaucoup à vos rentes viagères héréditaires, dont l'intérêt serait de trente pour cent; mais ce qui ne me paraît pas démontré, c'est de savoir si cet intérêt, tout fort qu'il est, peut être déterminant pour les différentes classes du peuple : car si personne n'y met, ou s'il n'y a qu'un petit nombre, votre système n'est plus qu'une belle idée en spéculation. Comme il y a un calcul pour l'état, il y en a un aussi pour les individus ; or, c'est ce dernier calcul qui me paraît la partie faible de votre système.

Les raisons dont vous l'étayez dans votre Mémoire et dans votre réponse à Monsieur de ***, sont infirmes (1), et n'entraînent point la conviction. Il ne s'agit point de savoir si ceux qui parviendront au terme de vingt ans, et qui vivront encore quelque temps après, auraient fait, comme l'on dit, une affaire d'or. Qui en doute? Quand vous dites aussi que vous n'avez rencontré personne qui ne souhaitât que son père eût mis, sur sa tête, une certaine somme au bureau des rentes viagères héréditaires, c'est comme si vous disiez qu'il n'y a personne qui ne voulût que son père eût tiré, pour lui, un lot à la loterie. Ce sont-là des vérités qu'on ne saurait contester (2). Mais la question est de considérer la possibilité de la chose avant l'événement.

Or, en se plaçant à ce point de vue, il y a soixante

1) Ce mot décèle l'humeur.

2) Si ce sont des vérités qu'on ne saurait contester, donc j'ai raison, du moins en ce qui concerne l'avantage des particuliers ; et m'accorder cela, c'est parler pour moi et contredire tout ce que vous venez de dire. La vérité a quelque chose de bien puissant, puisqu'on ne peut se la dissimuler, quelques efforts que l'on fasse pour le faire.

à parier contre quarante, que l'homme sur la tête duquel on mettra mourra avant le terme de vingt ans, puisque, d'après vos calculs, auxquels je souscris volontiers, sur cent personnes il en meurt pour le moins soixante dans la durée de vingt ans. C'est même ce calcul que vous pressez, pour en inférer l'avantage de l'état. Mais comme il est nécessaire qu'où l'état gagne les individus perdent, vous n'élevez une partie de votre édifice qu'en renversant l'autre (1).

(1) Cet argument ne prouve rien. Celui qui existera vous fera cette réponse : Je vis, et l'état me paie chaque année *trente pour cent* de l'argent qu'on a placé sur ma tête : voilà tout ce qu'il me faut. Il est fâcheux de penser que sur cent personnes qui existent, la probabilité est qu'il y en aura soixante de mortes dans vingt ans ; mais faut-il pour cela que tous les hommes oublient leurs intérêts et leur bien-être ? les quarante qui resteront auront des besoins après ces vingt ans ; il faut donc y pourvoir. Si vous pouviez prouver qu'il est possible de savoir si on doit vivre ou mourir, il est clair que vous détruiriez mon système ; mais, comme vous ne le pouvez faire, tout ce que vous direz ne pourra jamais persuader aux hommes qu'ils ne doivent avoir aucune prévoyance, et que l'avenir ne peut exister pour eux. Serait-il possible que vous vous fussiez imaginé qu'un intérêt de trente pour cent pourrait être le prix de deux ou de trois ans d'attente ? qu'à force de calculer et de méditer sur les différentes combinaisons des choses, il sera possible de trouver un moyen de rendre, dans un seul instant, tous les hommes heureux ? ô Dieu ! veuille ta bonté nous accorder un tel bienfait (s'il est possible qu'il ne soit point contraire à la société) ; mais ne négligeons pas, pour une telle espérance, ceux qui sont dans notre pouvoir. Vous seriez-vous encore mis dans l'esprit que tout système dont la révolution ne se fait pas dans un espace resserré, quelque bien vu, quelque bien imaginé qu'il soit d'ailleurs, n'est cependant qu'un heureux délire, parce que l'accomplissement ne s'en peut faire que dans une période de vingt ans ; qu'ainsi il est inutile de s'en occuper, parce que des millions d'êtres cesseront d'exister avant de pouvoir profiter de son heureuse influence ? Ah ! que je plaindrais l'espèce humaine, si ce principe était adopté. Les hommes n'auraient plus rien à attendre des gouvernements ; le bien se fait à pas lents ; il n'y a que le mal qui soit aussi prompt que la pensée. Si ces

Votre bureau de rentes viagères héréditaires n'est, à le bien prendre, qu'une loterie d'une nouvelle invention. Qui dit loterie, dit une banque où le banquier est sûr d'un profit infailliblement amené par la combinaison des hasards. Par la nature même de la chose, l'état, qui est le banquier, doit nécessairement gagner (1). Cette inégalité dans le sort, qui est tout à l'avantage du banquier, devrait empêcher de jouer et de mettre aux loteries. Cependant on voit arriver tout le contraire. On aime à se flatter, on veut brusquer la fortune; on se persuade qu'il arrivera un bon coup qui dédommagera des mauvais qu'on aura essuyés. En un mot, on se croit un être privilégié et né sous une heureuse étoile (2).

Eh bien ! direz-vous, l'opinion née de ces divers motifs milite en ma faveur, d'autant plus que l'in-

---

rentes étaient ouvertes, et s'il arrivait que personne n'y mît, dans la crainte de voir mourir dans les vingt ans celui sur qui on aurait placé, il n'en serait pas moins vrai que cet être existant après ces vingt ans, malgré les craintes de ses père et mère, serait en droit de leur dire : vous avez bien mal jugé de la vie que vous m'avez donnée, et vos craintes me sont bien pernicieuses. Quel risque couriez-vous? En perdant l'argent que vous auriez placé sur moi, vous en étiez dédommagés, parce que ma mort vous déchargeait du soin de mon existence et du sort que vous étiez obligés de me faire. Tout était donc compensé pour vous, en ne considérant que l'intérêt, et la perte est uniquement pour moi. Pensez-vous, de bonne foi, qu'un père veuille s'exposer a ce reproche trop bien fondé, lorsqu'il peut se l'éviter !

(1) Après m'avoir accordé que le peuple a un intéret décidé à ce que la chose soit, m'accorder ensuite que l'etat doit nécessairement y gagner beaucoup, c'est me donner tout ce que je demande, sans s'en apercevoir.

(2) Il est vrai que je pense ainsi, et c'est pour cela que je crois que tous les hommes placeront à ces rentes, au moins sur leurs enfants, dans l'espérance de les voir vivre, et dans la persuasion qu'ils sont nes sous une heureuse étoile.

térêt que je propose est plus fort que celui que l'état offre ordinairement. Ce qu'il y a de fâcheux, c'est que cette raison, où vous mettez tout le fort de votre cause, tombe malheureusement devant la comparaison que je vous ai faite dans ma dernière lettre, et dont vous ne prouvez pas le peu de justesse. Vous vous êtes plutôt joué sur elle que vous ne l'avez combattue; et loin qu'elle puisse servir à confirmer votre thèse, elle la détruit entièrement (1).

A quoi tendait-elle, sinon à vous prouver que l'intérêt le plus grand perd beaucoup dans l'éloignement? Pouvais-je vous citer l'exemple d'un plus grand intérêt que celui des peines à éviter et des récompenses à mériter dans une autre vie? Or, cet intérêt n'agit que très-faiblement sur le plus grand nombre des chrétiens, quoiqu'ils soient fermement persuadés de cette double sanction. Pour se soutenir dans l'âpre chemin de la vertu, ils sont obligés d'appeler à leur secours le sentiment moral, l'estime de leurs semblables et la force des lois humaines (2).

Je sais bien que sur ce point, comme sur bien d'autres, nous différons tous deux essentiellement (3); mais je n'ai pas à prouver contre vous la vérité de mon sentiment, mais le fait; savoir que c'est la foi

(1) Je n'en crois rien, mais c'est au public à prononcer.

(2) Et voilà le défaut de votre comparaison. Pour se soutenir dans l'âpre chemin de la vertu chrétienne, il faut perpétuellement veiller sur ses passions, et pour ainsi dire renoncer à l'homme. Où est le rapport de cette comparaison avec mon système, dans lequel il ne faut que suivre l'impulsion de ses passions ou de ses vertus, pour être heureux ou pour en faire?

(3) Encore une attaque d'humeur, je ne réponds point à cela.

du genre humain (1). Permettez-moi de vous citer ce passage d'Horace. *Quid enim? Concurritur; horæ momento aut cita mors venit, aut victoria læta.* On ne joue, on ne met aux loteries, malgré le désavantage qu'on y trouve, que parce qu'on veut dans le moment être assuré de son sort (2). Il s'en faut bien qu'il en soit ainsi dans votre système, où vingt ans paraissent une espèce d'éternité (3).

---

(1) Si jamais ce système est adopté dans quelque coin du monde, vous verrez, Monsieur, qu'il sera la foi des hommes.

(2) Il n'y a point encore de comparaison à faire entre les loteries et mon plan. On peut mettre cent fois, deux cents fois à la loterie, et ne rien gagner: mais puisqu'il vous plaît d'appeler ces rentes une loterie, je dirai qu'à la mienne on est sûr d'un lot tel qu'on voudra ou qu'on pourra se le faire. Vous regardez comme un avantage, dans les loteries, le peu de temps qu'il faut pour savoir son sort: vous n'avez donc pas vu que ce système est encore plus prompt. J'ai l'idée (je ne dis pas que je l'ai fait, je dis que je n'en ai que l'idée), de placer sur la tête de mon fils; mon sort est décidé au moment que je la forme. S'il vit, il aura tant de revenus; s'il meurt, et que je ne puisse prévoir ce moment, la somme que je placerai appartient à l'état. Cette idée n'est certainement pas compliquée, un instant suffit pour l'approfondir, et ne vous tient pas quinze jours, un mois ou un an dans l'attente. Si vous dites que l'incertitude de la mort reste toujours, et que c'est là la cause de l'inquiétude, je répondrai que, dans ce cas, c'est la maladie journalière des pères pour leurs enfants, des enfants pour leurs pères, des amis pour leurs amis, qu'en un mot ce tendre intérêt est le partage de l'homme sensible, et qu'il serait très-fâcheux qu'on le lui enlevât. Ce serait encore une vertu vraie ou simulée, qui aurait toute son énergie par ce système.

(3) Une éternité de vingt ans! le terme est fort. On place sur la tête d'un enfant de cinq ans; il jouira à vingt-cinq; c'est tout au plus s'il est établi, s'il est placé, ou s'il possède une charge: cependant vous dites qu'il a déjà vécu une espèce d'éternité; c'est beaucoup dire; je doute que toutes les femmes de cet âge pensent comme vous. Que sommes-nous donc à quarante et cinquante ans? C'est donc cette éternité de vingt ans qui vous fait prononcer irrévocablement que personne n'y mettra, parce que les hommes aiment à jouir: et c'est précisément dans l'amour de la jouissance que mon système trouve toute

A la passion si naturelle à l'homme, de jouir, vous opposez l'ambition, la vanité l'amour-propre; comme si ces passions changeaient de nature; qu'elles ne fussent pas d'elles-mêmes ardentes, impétueuses, et qu'elles ne tendissent pas nécessairement à une jouissance présente (1). Je ne connais que la paresse qui soit tranquille en elle-même, et qui jouisse par anticipation des trésors qui s'accroissent par sa parcimonie. Quant aux autres passions, elles ne savent pas jouir de cette manière. Rien n'est réel pour elles, que ce qu'elles palpent pour ainsi dire.

Je craindrais de vous parler un langage inconnu, en vous entretenant de ces âmes privilégiées (2), qui, dans ce séjour de misère, réalisent par une foi vive, une partie de leur bonheur futur. Parmi les élus, qui sont en très-petit nombre, elles sont encore fort rares; vous ne trouveriez pas là votre compte; et votre système ne remédierait à rien.

---

sa force. Quel est l'homme qui jouit, si ce n'est l'homme riche? or, quel moyen plus facile indiquerez-vous pour arriver à la fortune? Comment s'y prendre pour donner aux hommes une somme de jouissances plus grande que celle que je propose? vous n'avez pas fait attention que ce plan donne le moyen de *sextupler* son revenu après vingt ans, et conséquemment d'accroître les jouissances dans la même proportion; mais vous n'aimez pas à calculer.

(1) C'est précisément parce qu'elles sont ardentes, impétueuses (et j'ajoute impérieuses), qu'elles sont pour moi. On ne peut, à proprement parler, dire que l'ambition, la vanité, l'amour-propre, veulent une jouissance d'intérêt. C'est, je crois, tout le contraire. L'argent les met en mouvement, aussi fait-on l'impossible pour en avoir, afin de les satisfaire.

(2) Et pourquoi cela, Monsieur? toujours des attaques, des personnalités. J'ai osé vous démontrer que la comparaison que vous vous efforciez de tourner contre mon système, était entièrement à son avantage; en voilà assez pour vous mettre aux champs. De la modération, s'il vous plaît.

L'exemple de ceux qui achètent des survivances ne prouve rien ici, parce qu'on aime à se flatter que l'épreuve de l'attente ne sera pas longue (1) ; encore faut-il supposer à ces sortes de gens une aisance qui les mette au-dessus du sacrifice que la cupidité leur arrache. Les croiriez-vous raisonnables, si, dans l'espérance incertaine d'être pourvus d'une place, ils se dépouillaient de la plus grande partie de leurs biens (2)?

Le défaut qu'on peut vous reprocher, mon cher Monsieur, c'est de ne voir votre système que d'un

---

(1) Il n'est pas question de ce qu'on aime à penser; il s'agit de ce qui est ou peut être. Vous êtes toujours dans les *si*, dans les *mais* : vous avez commencé par là, vous finissez de meme. Pensez-vous que le titulaire d'une place mourra exprès pour faire plaisir à celui qui a acheté sa survivance?

(2) Eh, bon Dieu! qui vous a dit qu'il fallait *se depouiller de la plus grande partie de son bien*, pour mettre à ces rentes? plus elles donnent d'intérêt, et moins il faut d'argent; en voila le beau. Je l'ai dit assez de fois; mais vous affectez de n'avoir pas de mémoire. Un père de famille qui jouit de dix mille livres de rentes, et qui a quatre enfants, se dépouillera-t-il de la plus grande partie de son bien, en plaçant sur la tete de chacun de ses enfants, huit ou dix mille livres, afin de leur faire à chacun un revenu particulier plus considérable que ne pourra être celui qu'il leur laissera en ne plaçant pas ainsi ?

Quarante mille livres empruntées sur une fortune de dix mille livres de rentes, la réduisent à huit mille livres de revenus, et ne dépouillent pas *de la plus grande partie du bien*. Or, ces quarante mille livres donneront *douze mille livres de rentes*, qui, jointes aux huit qui resteront en fonds, feront vingt mille livres de revenus, et doubleront conséquemment les dix milles livres de rentes, *sans avoir dépouillé ce pere de la plus grande partie de ses biens*. Cela est-il clair?

On voit tous les jours un père qui jouit de dix mille livres de revenus, acheter une charge à son fils. Je ne porte cette charge qu'à quarante mille livres : il ne place qu'un enfant, et ne met pas douze mille livres de rentes dans sa famille; cependant rien de si commun. Quand il faudra pourvoir les trois autres, comment fera-t-il donc? Vous n'etes pas pere de famille, je le vois bien.

côté, et de ne l'envisager jamais sous toutes les faces (1).

Vous prouvez très-bien l'avantage de l'état, dans votre système, qui est une loterie proprement dite, parce que l'avantage est toujours du côté du banquier, et que, dans l'hypothèse présente, ce serait l'état qui serait le banquier.

Vous prouvez aussi très-bien que l'intérêt, pour les individus qui y mettront, est plus fort dans cette loterie que dans toute autre. Tout cela est à merveille. Mais le côté du système que vous vous cachez, c'est le terme de vingt ans, qui diminue tellement l'intérêt, que je doute qu'un seul homme, dans quelque classe du peuple que ce soit, y mette (2). Vous ne pouvez jamais autant le grossir qu'il ne s'évapore presque tout entier dans l'espace de vingt ans. Voilà, Monsieur, l'endroit faible de votre système (3). Vous aurez beau le calefeutrer de votre

---

(1) Le défaut que je vous reproche est de ne pas calculer; vous n'auriez pas écrit cette lettre, si vous l'eussiez fait; mais je ne vous nommerai pas.

(2) Cette assertion est de la dernière force, et cependant vous ne pouvez vous dissimuler que M. D***, qui est le premier et le seul que vous connaissiez à qui j'aie communiqué ce plan, vous a assuré qu'il placerait *trois cent mille livres* sur ses enfants, si ces rentes étaient ouvertes. Est-ce bien à moi à qui vous écrivez maintenant, *que vous doutez qu'un seul homme, dans quelque classe qu'il soit, y mette ?*

(3) Encore, simplifions les choses, Monsieur. Une famille est ordinairement composée d'un père, d'une mère et d'enfants. Un enfant de cinq, dix ou douze ans, sur la tête duquel on place, s'inquiète fort peu de ce que ses père et mère font pour lui. Voilà une vérité. Ce n'est que vers l'âge de majorité qu'il lui est en quelque sorte permis de regarder quelles doivent être ses espérances. Vous êtes convenu que cet enfant serait trop heureux qu'on eût adopté ce système. Voilà donc un être dont la classe est nombreuse, satisfait de cet arrangement. Il n'y a donc plus que les pères et mères que vous décidez ne jamais adhérer à ce plan.

mieux, vous ne pouvez tout au plus que le pallier. Plus cette difficulté sera approfondie, plus on en sentira la force.

Je ne doute point que les réflexions du *The London Magazine*, qui doit avoir parlé de votre ouvrage, ne frappent directement sur cette difficulté que vous avez cru trop tôt avoir résolue (1).

Je dis alors qu'en suivant votre opinion, les enfants ne doivent plus compter sur un établissement, du vivant de leurs père et mère, car il leur en coûtera toujours de l'argent pour le faire (effet contraire à cet amour mal entendu de la jouissance, que vous supposez chez les hommes, pour me combattre), et beaucoup plus que l'état n'en demande pour en prendre soin, et leur faire un sort plus considérable que celui qu'il est dans le pouvoir de leurs père et mère de leur accorder. Je dis encore, qu'outre l'intérêt naturel de pourvoir sa famille, et mille autres qui s'y joignent, *il y en a un direct pour ces mêmes pères et mères* devant lequel les vingt ans s'évanouiront; *je vous le démontrerai dans ma réponse.* Vous dites que je prouve très-bien l'avantage de l'état et l'intérêt des individus qui y mettront; c'est tout ce que j'ai voulu faire: mais, moi, je dis que vous voudriez bien prouver qu'il n'est plus d'amour paternel; qu'on n'a nul intérêt à pourvoir ses enfants; qu'on ne doit penser qu'à soi; que c'est une folie de croire qu'un père voudra sacrifier la plus petite portion de son bien, en proportion de celui qu'il a, pour accomplir la loi que lui imposa la nature, de veiller au bien-être de ceux qu'il prit plaisir à former; qu'en un mot, sitôt qu'il s'agit de faire le bien (que dans ce moment je place uniquement dans l'amour de sa famille), il ne faut pas compter sur les hommes. Avouez que cette manière de voir est bien lugubre, bien dégoûtante, et que si vous aviez raison, il serait bien heureux de ne point exister.

(1) Et voilà comme on se trompe! il n'en a pas parlé. Cette difficulté est encore échappée à l'éditeur du *The Monthly review.* Ce n'est pas, sans doute, qu'ils aient voulu me ménager, car ils m'en ont fait d'aussi peu fondées; mais il n'ont pas fait celle-là, parce qu'ils ont calculé, et qu'ils ont trouvé l'intérêt beaucoup au-dessus des proportions présentes; qu'enfin ils se sont assurés qu'il était impossible, à quelque particulier que ce puisse être, de faire valoir son argent à ce taux, et sans risques. Cette nation, qui sait parfaitement bien compter la valeur de l'or, aurait ri de cette critique.

Que ne diriez-vous donc pas à celui qui oserait vous assurer que,

Quand je réfléchis sur tous les écrits qui ont paru ou qui ont été présentés au ministère, pour la liquidation des dettes de l'état, le peu de succès qu'ils ont tous eu jusqu'à présent me persuade que c'est une question qu'il faut reléguer parmi les chimères de l'âge d'or (1).

---

s'il était possible d'arranger les choses de manière que l'état pût accorder trente pour cent de l'argent qu'on lui aurait remis, après un ou deux ans d'attente, il ne faudrait pas qu'il le fît? une subversion générale en serait le résultat. Où trouverait-on des mercenaires, des laboureurs, des soldats? non, non Monsieur, *laissez ces vingt ans, ils sont absolument nécessaires pour le bonheur public,* à moins que vous ne vouliez faire revivre cette idée avec laquelle on nous berça, qu'il serait heureux pour l'état de trouver le secret de faire de l'or.

(1) Vous avez dit tant de fois, dans cette lettre, que ce système était avantageux pour l'état et pour les citoyens, qu'il m'étonne de vous entendre dire maintenant que c'est une chimère de l'âge d'or. Si cette cause était portée à un tribunal quelconque, la première chose à faire serait de demander les parties, afin de les entendre. Je n'en vois que deux, l'état et le public. L'état appelé, quels motifs d'opposition présentera-t-il? Il n'en a pas. Il ne peut alléguer les dépenses à faire pour établir la chose; la difficulté dans l'exécution, les risques à courir, rien de tout cela n'existe. Il n'aura d'autre peine que celle de recevoir les fonds qu'on lui portera, et de les repasser à ceux à qui il doit. L'état ne peut donc s'y opposer; je ne dis pas assez, puisque vous avez vous-même prononcé qu'il en retirait un très-grand avantage.

Il faut maintenant entendre le public. Quelle objection peut-il faire? libre dans ses volontés, il ne peut prétexter la force. Peut-il se plaindre du peu d'intérêt qu'on lui donne? nul commerce, nul état n'en accorde un pareil. Peut-il dire que le terme de vingt-ans est trop long? encore une fois, il est libre, et l'intérêt est en proportion du temps. D'ailleurs, la France a jugé cette cause, en exigeant vingt ans et plus de service, avant d'accorder la marque de distinction qu'elle destine à ceux qui lui donnent leur sang pour la défendre, ce qui est plus que de l'argent, surtout quand on ne reçoit que l'honneur pour intérêt. Peut-on citer l'exemple d'un seul être qui ait été arrêté par cette éternité de vingt ans, dans l'idée qu'il s'était formée de mériter cette marque de distinction? Chaque jour de cette éternité voit ce-

Une sage administration dans les finances, jointe à beaucoup d'économie; un commerce florissant, soutenu par les manufactures de toutes espèces; une agriculture, encouragée par l'attention à ne pas trop la charger d'impôts; des hommes intègres, qui ne veulent pour récompense après le travail, que le travail même : quand toutes ces choses se trouvent réunies sous un roi tel que le nôtre, la lèpre de l'état se guérit insensiblement (1). Je suis, etc.

---

pendant naître de nouveaux hasards pour celui qui tend à ce but, et dont le moindre est la perte d'une partie de lui-même.

Ce n'est pas tout: comme on ne peut commencer cette carrière qu'à un certain âge, les risques de ne pas arriver à ce terme se multiplient, et rien de tout cela n'arrête.

Il n'en est pas ainsi de ce que je propose; le terme peut commencer avec le jour de la naissance, et il n'est d'autres hasards que ceux que la nature a départis à tous les hommes. Enfin, concluons que ce même public n'a aucun vrai motif d'opposition, puisque vous etes encore convenu qu'il en retirerait un très-grand intérêt.

Le jugement de ce tribunal serait donc, que cette idée ne peut être chimérique, puisqu'elle convient également à toutes les parties, et qu'il en résulterait un bonheur qui n'existe point encore; je dis plus, qui ne peut exister que par ce moyen.

(1) Je sais tout cela : je sais encore que la France a le meilleur des rois. Mais convenez qu'on peut aider à cette marche, trop lente pour le bonheur des hommes et du prince même. Je suppose enfin ces choses accomplies; vous ne vous attachez pas les nations étrangères, et vous ne les forcez pas à faire des vœux pour la France; point essentiel que vous n'avez pas combiné : vous ne parez point à la misère des peuples. Ainsi mon système a encore toute sa force, puisqu'il remplit ces objets. Convenez encore que si la France l'adoptait, ce serait bien justement et avec bien de la vérité que les nations décerneraient au prince qui la gouverne, le titre heureux de PÈRE DES PEUPLES.

Réponse à M. de....

Londres, le 22 janvier 1779.

Je pourrais répondre en deux mots à votre lettre, mon cher Monsieur, et vous dire : tu prends ton foudre, Jupiter, tu as tort; mais je préfère de vous demander pardon de m'être permis d'examiner si la comparaison que vous faites dans votre lettre du 29 décembre, est parfaitement juste. Si javais bien réfléchi, je n'aurais pas dû le faire, et la leçon que vous me donnez me servira dans toutes les autres circonstances de ma vie.

Je vois, mais trop tard, qu'on ne peut démontrer impunément à un homme d'esprit qu'il s'est trompé; c'est l'engager à faire de nouveaux efforts pour soutenir son opinion. Ainsi, pour finir cette petite dispute, je vous demande encore une fois pardon de n'avoir pas pris votre lettre comme un effort que vous vouliez bien faire pour mon propre bien-être, et afin de m'exciter à développer les raisons que je pouvais opposer à cette objection, qui véritablement n'en est pas une, et qu'il serait peut-être fâcheux de corriger, si l'on veut allier le vrai moral au physique de l'homme.

Je l'ai dit dans ma dernière à M. D***, ce temps de vingt ans, qui pourrait s'appeler un moment de détresse pour les grands ou ceux qui doivent être riches un jour, servirait à leur prouver qu'il faut faire quelque chose dans la vie, et donnerait le temps de s'en assurer. Il serait aussi un séminaire pour les petits, et dans lequel ils apprendraient par l'expérience, qu'il faut avoir un état, et que conséquemment il n'en est point à dédaigner, pourvu qu'il donne une existence honnête. Cette leçon serait utile aux hommes.

Je regarderai donc la seconde lettre que vous m'avez fait l'honneur de m'écrire, comme un nouveau témoignage de votre amitié, et un encouragement à faire de nouveaux efforts, qui ne seront pas pénibles pour moi, afin de prouver bien mieux que je n'ai fait, que cette objection n'est que de caprice.

Ne vous fâchez donc pas, mon cher Monsieur, si je prends encore toutes mes preuves dans votre réponse. Vous pouvez dire à juste titre : c'est moi qui les lui fournis, c'est à moi qu'il en doit toute l'obligation ; mes notes sur votre lettre sont la preuve de ce que je viens de vous dire.

Vous convenez donc que j'ai démontré par le calcul, que le prix de trente pour cent était avantageux au public : on pourrait le porter à quarante, sans faire tort à l'état ; mais ce n'est pas ce dont il s'agit. Vous doutez, quelque fort qu'il soit, qu'il puisse déterminer toutes les différentes classes du peuple. Vous vous fondez, pour me faire cette objection, sur un raisonnement qui ne me paraît pas essentiellement juste.

Vous venez de dire que ce plan ne serait pas adopté par toutes les différentes classes du peuple : peut-être n'entendez-vous que les classes inférieures ; alors j'aurais tous les gens riches pour moi, ce serait trop ; mais voici votre conclusion : Car *si personne n'y met*, ou *s'il n'y a qu'un petit nombre, votre système n'est plus qu'une belle idée en spéculation.*

A cela je réponds : 1° voilà deux *si* fort bien placés, qui pourraient mener loin, et auxquels je pourrais répondre par un seul. *Si* tout le monde y met, alors il y aura trop d'argent. Convenez qu'avec de telles raisons nous restons tous deux à nous regarder, parce que nous nous payons de la même monnaie. Une objection qui n'a qu'un *si* pour preuve, ne doit pas *entraîner la conviction.*

2° Pourquoi faudrait-il qu'il fût prouvé que tout le monde dût mettre à ces rentes, pour rendre ce système admissible ? Est-il donc assez dépourvu de raison pour qu'il doive être rejeté ? Ferait-il tellement honte à l'état, qu'il doive être relégué dans le pays des chimères ? Cela me semble fort, surtout quand on ne lui oppose qu'un *si*, et qu'il est démontré par le calcul le plus simple, qu'il suffirait d'une personne sur mille qui voulût y adhérer, pour faire une fortune à l'état, *si* on peut lui en faire une. Vous dites ensuite :

« Comme il y a un calcul pour l'état, il y en »a aussi un pour les individus ; or, c'est ce der»nier calcul qui me paraît la partie faible de votre »système. Vos raisons sont *infirmes*, et *n'entraînent* »*point la conviction*. Il ne s'agit pas de savoir si ceux »qui parviendront au terme de vingt ans auront »fait, comme l'on dit, une affaire d'or. Qui en »doute ? Quand vous dites que vous n'avez rencon»tré personne qui ne souhaitât que son père eût mis »sur sa tête, c'est comme si vous disiez qu'il n'y a »personne qui ne voulût que son père eût tiré, pour »lui, un lot à la loterie. Ce sont là des vérités qu'on »ne saurait contester. Votre bureau des rentes n'est, »à le bien prendre, qu'une loterie d'une nouvelle »invention, dans laquelle il y a soixante à parier »contre quarante, que l'homme sur la tête duquel »on mettra, mourra avant le terme de vingt ans ; »c'est votre calcul, et vous ne voyez pas que vous

» n'élevez une partie de votre édifice qu'en renver-
» sant l'autre. » Voilà bien vos mots recueillis çà et là ; mais les idées qu'ils représentent sont-elles bien justes ? c'est ce qu'il faut voir.

1° Il y a bien de l'art dans votre fait. Vous avez oublié de parler des deux et demi pour cent, et de la facilité de ravoir son argent ; cela ne se trouve point dans les loteries, et leur est tout-à-fait étranger. Mais il n'importe ; il faut, en habile orateur, taire les choses qui sont à l'avantage de ceux contre qui on parle, et taire encore celles qui pourraient nous nuire.

2° Une loterie où il y aurait quarante billets gagnants contre soixante perdants, et dans laquelle on recevrait en proportion de sa mise, serait, à mon avis, une loterie bien suivie. Elle n'existe point encore : cela viendra.

3° J'ai réduit le calcul des morts à cinquante, même à quarante, ce qui rendrait vos comptes de loterie un peu différents ; mais vous ne voulez pas le voir dans ce moment : j'en appelle au temps, lorsque vous aurez réfléchi.

4° Je crois que vous êtes convenu avec moi, sans cependant vouloir l'assurer, que l'on ne perd rien au-delà de la vie ; que ce n'est pas perdre, quand on ne perd qu'en mourant, etc. ; cela ne se passe pas ainsi dans les loteries. On ne s'y ruine que trop, et malheureusement on survit à sa perte.

5° Dans les loteries, le bonheur est celui du moment ; et dans mon bureau, pour parler comme vous, il sera celui de toute la vie.

6° Par la même raison que vous ne faites nul doute que chaque homme désirerait que son père eût mis à ces rentes, si elles eussent existé, je suis en droit d'en conclure, et je le fais, que tout père de famille aura vos sentiments, et qu'il fera pour ses enfants, à l'instant qu'on lui en donnera la possibilité, ce qu'il désirerait qu'on eût fait pour lui, si la chose eût été pratiquable. Penser autrement, c'est dire que tous les hommes sont absurdes dans leurs raisonnements, c'est anéantir la prévoyance et l'amour des siens, c'est enfin dire que tout dans la nature est indifférent, hors soi, car vous n'en exceptez pas même l'amour des pères pour leurs enfants. On répète tous les jours que les hommes se trompent dans leurs dires, mais il est bien rare de voir qu'ils se trompent sur leurs intérêts; or, je vous prouverai dans deux minutes qu'il est de l'intérêt des pères et des enfants que ce plan soit admis.

7° Ce que je viens de dire ne vous paraît peut-être pas prouver encore assez clairement que je ne détruis pas mon édifice d'un côté, lorsque je l'élève de l'autre? Hé bien! mon cher Monsieur, je vous défie, avec tout votre esprit, de répondre à l'objection que je vais vous faire, et qui anéantit toute difficulté. Si vous pouvez remplir autrement que par mon système les conditions que j'imposerai pour la résoudre, je conviendrai alors que mon plan est absurde, fou, impraticable, et je consens enfin à toutes les lois que vous voudrez me donner le reste de ma vie.

Objection à résoudre.

Je suppose qu'un homme s'est marié à l'âge de vingt-cinq ans, avec une femme qui lui a apporté cent mille livres pour tout bien, venu et à venir.

Cette famille n'a exactement que ce bien pour subsister. Vous le placerez, ainsi qu'il vous plaira, soit en contrats, soit en fonds de terre. Ce bien doit donner environ cinq mille livres de rentes, enfin, ce que vous voudrez encore. Deux enfants sont le fruit de ce mariage, après deux ans. Lorsque ces enfants ont, l'un dix et l'autre onze ans, c'est-à-dire que le père doit en avoir trente-six, son épouse meurt. Tout cela est bien dans les décrets de la Providence, et jusque-là je ne vois rien que de très-ordinaire.

Les lois sont formelles sur cet article ; il n'y a pas à les éluder.

A l'âge de majorité, que je porterai jusqu'à vingt-cinq ans, les enfants sont en droit de demander à leur père le compte du bien de leur mère, c'est-à-dire qu'ils seront dans la loi, en réduisant leur père à la mendicité, lorsqu'il aura cinquante et un ans.

Cet exemple posé, qui n'est que trop commun, à la honte des lois et de l'humanité, mais qu'il serait peut-être plus dangereux de réformer, peut cependant l'être : mais, pour le faire avec succès et de manière à contenter tout le monde, il faut remplir les quatre conditions suivantes :

1° Faire le bien-être de l'état, et forcer cette succession d'y contribuer sans lui imposer aucune loi pour la contraindre à y coopérer.

2° Forcer (oui forcer, il faut que je le répète), les enfants à être vertueux envers leurs pères, après avoir atteint l'âge de majorité, à lui laisser une existence que la loi lui refuse, et faire taire en eux la vile, mais impérieuse passion de l'intérêt.

3° Forcer (ce mot m'est absolument nécessaire), forcer aussi le père à être juste envers ses enfants, afin de conserver pour le reste de ses jours la succession de son épouse, sans faire tort à ceux à qui elle a donné le jour, et sans les priver de l'existence qui leur est due.

4° Forcer encore le père à doubler l'héritage de ses enfants, en sorte que ces cent mille livres, donnant cinq mille livres de rentes, ils en aient dix à la mort de leur père, et cela sans avoir couru aucun risque.

Voilà, mon cher Monsieur, ce que je vous propose à résoudre. Si vous ne le pouvez faire, comme j'en suis persuadé, je le ferai moi, sans *si* ni *mais*; sans avoir recours à l'autorité des lois pour forcer à la vertu, puisqu'on sait qu'elles sont impuissantes.

Je n'ai pas besoin de vous dire, vous vous en apercevrez aisément, que si je remplis strictement ces quatre conditions, j'aurai tout fait. La politique, l'amour paternel et filial vrai ou simulé, l'intérêt des familles, etc., tout cela sera pour moi. En grâce, dites-moi si les loteries ont ce but dans leur érection?

Pardon, mon cher Monsieur, je ne m'apercevais pas que la justice, *j'entends la chicane*, perdrait beaucoup à cela, puisqu'elle n'aurait plus, pour se nourrir, les déshonorants procès que l'on voit souvent à ce sujet dans les tribunaux; et mon *calfeutrage* irait plus loin que vous ne pensez, car il influerait sur beaucoup d'autres choses aussi utiles, et auxquelles vous n'avez pas réfléchi comme moi dans une retraite de sept ans.

Le reste de votre lettre tenant plus à la théologie qu'à la politique d'un système, et vous reconnaissant pour mon maître en tout, mais principalement sur ce point, je me retire du combat, et vous cède le champ et la victoire.

Quant au plan que vous tracez à la fin de votre lettre, pour la liquidation des dettes de l'état, et que vous voyez comme en perspective, parce que vous avez déjà la majeure partie de ce qu'il faut pour le réaliser (1), je n'y répondrai qu'en disant que je le désire comme vous : mais je crois cependant que pour que cela fût entièrement, il faudrait commencer par refondre les hommes, les rendre vertueux (car vous ne les forcez pas à l'être), sages, aimant la paix, détestant la guerre, et surtout désintéressés. Vous voyez qu'il faut que la divinité s'en mêle ; et alors ce ne sera plus le monde tel qu'il est aujourd'hui, ce sera l'âge d'or, mais l'âge d'or bien *calfeutré*, tel enfin que le vertueux et respectable abbé de Saint-Pierre l'aurait fait. Je suis, etc.

Solution de l'objection à résoudre, proposée à M. de...

Le bien de la succession admis à cent mille livres, il en sera distrait ou emprunté dessus une somme de vingt mille livres, qui sera placée entre les mains de l'état, par égale portion, sur les deux enfants.

---

(1) Un excellent roi et de bons ministres ; mais qui donnera l'argent aux peuples pour élever ces manufactures et faire fleurir le commerce? Comment concevez-vous qu'il soit possible de ne pas charger l'agriculture d'impôts, tant que la dette nationale existera? Les économies que l'on aura pu faire pendant la paix seront absorbées par quelques années de guerre ; est-il même possible d'économiser en aucun temps, vu le système actuel de l'Europe, où l'or seul rend prepondérant, et est de première nécessité dans les dépenses extraordinaires qu'on est obligé de faire pour conserver la supériorite. Enfin vous ne multipliez point les richesses ; vous ne parez pas à l'indigence ; vous ne favorisez pas la population ; vous n'attirez pas à vous l'or des nations étrangères ; vous ne les forcez pas à se ranger de votre parti, par le besoin qu'elles auront de vous. Peut-être pourriez-vous, avec le temps, relever l'état ; mais vous oubliez toujours les peuples, et vous ne faites rien pour eux.

Cette somme donnera un jour six mille livres de rentes, c'est-à-dire trois mille livres pour chacun. Les quatre-vingt mille livres restant de la succession de la mère doivent donner à peu près quatre mille livres, qui seront partagées ainsi : deux mille livres au père, et mille livres à chaque enfant, pour leur servir de pension.

Si, à leur âge de majorité, ils demandent, comme il faut s'y attendre, à entrer en jouissance du bien de leur mère, le père sera alors en droit de leur dire : Mes fils, vous n'avez plus que cinq ans à attendre pour avoir trois mille livres de rentes chacun ; si vous voulez me forcer à vous rendre le bien de votre mère, je serai contraint, pour en remplir le montant, de vendre la rente dont vous allez jouir ; ainsi vous perdrez, de compte fait, deux mille cinq cents livres de revenus chacun. Il n'est pas besoin de beaucoup de raisonnements pour prouver qu'il n'est point d'enfant qui voulût plaider avec son père à ce prix (1).

Mais quand bien même on supposerait que les enfants, n'écoutant aucune raison, voudraient rentrer dans leur bien, alors, en vendant les vingt mille livres, il resterait au père les deux et demi pour cent, qui lui feraient, pour quinze ans, sept mille cinq cents livres, qui, placées en rentes viagères ordinaires, lui donneraient encore du pain ; mais cela n'est pas présumable, et de plus, il est d'autres arrangements à faire (2).

(1) Lors qu'outre le désagrément d'un vilain procès, l'intérêt s'unit encore pour nous empêcher de l'entreprendre, on peut bien assurer qu'il ne se fera pas.

(2) Ne serait-il pas possible d'en faire un avec un particulier qui,

Par la même raison que les enfants sont contraints d'être religieux envers leur père, de gré ou par force d'intérêt, il s'ensuit que le pèie a dû voir le danger qu'il courrait à cinquante et un ans, s'il ne prenait pas le parti qu'on vient de tracer, car il n'en est pas un second. S'il ne le fait pas, ce n'est plus la faute du plan (1).

étranger à la chose, fournirait les vingt mille livres pour compléter la succession, et qui partagerait ou aurait un intérêt dans le revenu de de 6,000 liv., pour lequel il n'y aurait plus que cinq ans à attendre?

(1) Il est cependant une circonstance qui, quoique rare, demanderait un règlement; car il faut tout prévoir. On ne manquera pas de m'objecter que, si ce père venait à perdre ses enfants, il serait responsable à la famille de son épouse, des vingt mille livres qui auraient été placées, et qui, de droit, sont acquises à l'état, si on n'a pas prévu leur mort quarante jours avant qu'elle fut arrivee. Je l'ai dit, un seul règlement lèverait toutes les difficultes, s'il ordonnait que dans une telle succession les contrats qui prouveraient que cet argent a été remis à l'état, seraient reçus, quoique de nulle valeur, comme argent comptant. La cause mûrement examinée, personne n'a le droit de se plaindre;

1° Parce que la loi est égale pour toutes les familles, et que, si un particulier perd dans la succession de son parent, le hasard peut le faire jouir du bénéfice de la loi, s'il se marie.

2° N'est-il pas juste qu'un père cherche à faire le bonheur de ses enfants, et en même temps le sien, qui y est intimement joint? Il serait donc sage de lui faciliter tous les moyens d'y parvenir.

3° Ce bien ne serait placé que sur la tête de ces enfants, et ne serait-il pas simple qu'on cherchât à en tirer le meilleur parti possible, puisque c'est leur propre?

4° Des héritiers ont-ils beaucoup à se plaindre, de trouver vingt mille livres de moins dans une succession, lorsqu'ils ne doivent pas raisonnablement compter sur elle?

5° C'est l'état qui en profite, et qui les rendra peut-être quelque jour à ces mêmes héritiers, si on place sur leur tête.

6° Le véritable esprit de la loi qui defend de risquer le bien des mineurs, a été d'empêcher que l'on ne mésusât de leur bas âge pour les dépouiller; mais c'est ici tout le contraire. C'est leur bonheur qu'on cherche, il serait donc injuste d'en rendre le pere responsable, dans les deux suppositions qu'il est riche ou qu'il n'a rien.

Enfin, la quatrième condition est aussi remplie, puisque les vingt mille livres donneront six mille livres de rentes, et les quatre-vingt mille en donnant quatre mille, cela fera dix mille livres, somme double du premier revenu; et ce qu'il y a de plus fort, c'est que, s'il meurt un de ces enfants, celui qui lui succédera aura sept mille livres de rentes, lorsqu'il n'en aurait pu espérer que cinq mille de toute la succession de sa mère, quand bien même il eût été seul héritier. Il n'y a ni *si* ni *mais* en cela; il ne faut que la volonté de l'état pour corriger une loi aussi dure pour les malheureux pères qui se trouvent dans ce cas.

Mais si au lieu du père il arrive que c'est la mère qui a survécu, oserait-on demander quel prix il

---

7° Cette loi, si c'en est une, étant de convention et réciproque; elle ne peut blesser aucun être, parce que personne ne peut dire, dans cette circonstance : je suis sûr d'hériter de mon parent. Ce n'est pas ici le cas d'un vieillard dont on voit la succession comme assurée, parce qu'il ne peut plus avoir d'héritiers; ce règlement ne peut regarder que les enfants qui sont au-dessous de l'âge de majorité, et sur la succession desquels on ne peut raisonnablement compter, soit par rapport à leur grande jeunesse, ou parce qu'ils peuvent plus facilement laisser des successeurs.

8° Enfin, dans le cas où il serait décidé que ce règlement ne pourrait avoir lieu, cette circonstance peut être prévue dans les contrats de mariage, par une clause qui donnerait respectivement aux époux les sommes que l'on fixerait devoir être placées sur leurs enfants, et qui leur reviendraient après la mort des auteurs de leurs jours; alors toutes les objections sont levées.

Il est peut-être encore beaucoup d'autres raisons qui militeraient pour moi, et qu'un habile jurisconsulte pourrait développer; mais je crois en avoir assez dit pour faire voir qu'il serait injuste (quoique les contrats de mariage puissent y pourvoir), d'empêcher le bonheur des pères et mères qui se trouveraient dans ce cas, d'arrêter leur bienfaisance pour leurs enfants, et de priver en même temps l'état d'un bénéfice possible, quoique cette circonstance ne soit pas fort commune.

faudrait attacher à ce système, puisqu'il forcerait ces enfants d'être soumis et respectueux envers elle, et qu'il est démontré que les trois quarts oublient leur devoir à cet égard ?

Dans cet exemple, comme dans bien d'autres, les vingt ans sont anéantis, et ne peuvent plus servir d'épouvantail ; tout doit plier devant la vérité.

Quand on n'a que des raisons apparentes à donner, il est plus court et plus juste de garder le silence; c'est aussi le parti qu'a pris M. de...... Il m'a enfin rendu justice après avoir plus attentivement examiné cette question, qui lui était étrangère.

Le public voudra bien me dispenser de produire les lettres qui peuvent être à mon avantage ; ne pouvant nommer ceux qui m'ont fait l'honneur de me les écrire, on pourrait les révoquer en doute; mais celles que j'ai données étant entièrement contre moi (si toutefois elles pouvaient établir une vérité), je me crois bien dispensé de leur donner le sceau de l'authenticité. Je ne peux cependant garder le silence sur une question qui m'a été faite, et dont je n'ai fait nulle mention dans ce Mémoire.

Serait-il possible de réduire le terme de vingt ans à dix, et de diminuer dans la même proportion l'intérêt de trente pour cent, à quinze, ou de l'augmenter en raison des années que l'on ajouterait ?

Je ne crois ni l'un ni l'autre possible, et telles sont les raisons qui me déterminent à penser ainsi. Si c'est dans l'espérance de rendre un service au public, qu'on voudrait diminuer le nombre des années, ce serait se tromper.

1° Il y perdrait, si, ainsi que je l'ai fait voir au commencement de ce Mémoire, on admet qu'il faut que chaque particulier trouve dans ce que l'état lui accorde, l'intérêt, et l'intérêt de l'intérêt de son argent, à huit pour cent; en voilà la preuve:

En supposant qu'un particulier a donné cent mille livres à un banquier, pour dix ans, aux conditions que l'on vient de lire, tel est le compte à faire après les dix ans révolus.

Pour le capital donné.	100,000 liv.
Intérêts de dix ans, à huit mille liv. par an. .	80,000

Intérêts des intérêts.

Neuf ans d'intérêts pour la première rente de huit mille livres, échue à la fin de la première année, à six cent quarante liv. par an, intérêts de huit mille livres à huit pour cent.	5,760
Huit ans d'intérêts pour la seconde rente de 8,000 liv. à 640 liv. par an.	5,120
Sept ans d'intérêts pour la troisième rente de 8,000 liv. à 640 liv. par an.	4,480
Six ans d'intérêt pour la quatrième rente. . .	3,840
Cinq ans d'intérêts pour la cinquième rente. .	3,200
Quatre ans d'intérêts pour la sixième rente. .	2,560
Trois ans d'intérêts pour la septième rente. .	1,920
Deux ans d'intérêts pour la huitième rente. .	1,280
Un an d'intérêts pour la neuvième rente. . .	640
TOTAL.	208,800 liv.

Le total est donc de deux cent huit mille huit cents livres, qui, replacées à huit pour cent, devraient donner *seize mille sept cent quatre livres*; et comme l'état ne donnerait que *quinze* pour cent du premier capital (cent mille livres), le particulier ne recevrait que *quinze mille livres*, et perdrait donc *dix-sept cent quatre livres de rentes*, lorsque sur *trois cent quatre-vingt-un mille six cents livres*, produit de vingt ans (voyez page 68), il ne perd que *cinq cent vingt-huit livres*; ainsi la différence est de *onze cent soixante-seize livres de rentes*, ou d'un fonds placé à huit pour cent, de *quatorze mille sept cents livres.* En un mot, l'état ne diminue, après vingt ans, sur les trois cent quatre-vingt-un mille six cents livres, que six mille six cents livres; lorsqu'après dix ans il diminuerait, sur les deux cent huit mille huit cents livres, une somme de vingt-et-un mille trois cents livres.

2° La preuve que l'on vient de donner suffirait seule pour décider la question, parce que quand il s'agit d'intérêt, tout le monde sait compter; mais, outre cela, l'état ne remplirait point son but, en supposant même que tout le monde possible y mît. De ce que l'état y gagnerait beaucoup plus, je n'en conclurai pas qu'il le doit faire. Son intention doit être de secourir les malheureux, et il ne le ferait plus. Les profits illimités ne sont pas pour lui, et, à force d'en vouloir faire, peut-être n'en aurait-il aucun.

Un père ne compte pas le temps, lorsqu'avec mille livres il peut faire trois cents livres de rentes à son enfant; mais s'il fallait deux milles livres, il ne le ferait pas: peut-être même ferait-on mieux de dire, il ne pourrait pas le faire, l'intérêt ne serait plus assez puissant (1). Le temps est à tout le monde, il n'en est pas de même de l'argent.

---

(1) Les gens riches seraient seuls heureux de cette proportion de dix ans. Il leur arrive si souvent d'être embarrassés de leur argent, qu'ils seraient trop flattés de trouver un moyen de le faire valoir à un

On peut donc, me répond-on, prolonger le terme de vingt ans, à trente, en augmentant les intérêts en proportion, c'est-à-dire, en les portant à quarante-cinq ou cinquante. Non encore, cela ne se peut. Il est vrai que le temps est à tout le monde, ou, ce qui est le même, que chaque individu en a une certaine quantité dont il peut disposer. Celui d'un à vingt ans n'est pas d'une bien grande importance quant à la durée; de vingt à quarante il est très-précieux; et si vous allez un peu au-delà, il est inappréciable.

Un homme qui aurait mis à ces rentes, à vingt ans, pour jouir à quarante, et qui, arrivé à ce terme, aurait encore dix ans à attendre, serait désespéré. Ses réflexions sur la longueur du temps l'accableraient. Il n'en est pas de même dans un âge inférieur, tout s'y peint en beau. Je jouirai de tant à tel âge: l'heureuse perspective! Voilà la marche des choses. Mais quant à l'état, quel intérêt faudrait-il qu'il donnât après trente ans?

Suivant mon calcul, que j'étaierai encore d'une preuve, il doit mourir trois personnes sur cent, par an (1); or, trois fois trente font quatre-vingt-dix, donc il ne resterait plus que dix personnes sur cent, et conséquemment cent cinquante pour cent d'inté-

---

haut intérêt; mais le peuple n'est pas dans ce cas. Il lui faut donc un énorme intérêt de ses fonds, pour l'engager à économiser, et cependant n'exiger de lui que le temps nécessaire pour l'habituer au travail.

(1) M...... dans son ouvrage sur le *commerce et la législation des grains*, chap. VIII, va plus loin. Il dit que, d'après le relevé des intendants de la France, pour les années 1770, 1771 et 1772, l'année commune des morts est, dans ce pays, de 780,040, et que, comme il y en a beaucoup qui ne sont pas enregistrés dans les livres mortuaires, il croit devoir calculer sur un mort par trente et un vivants, ce qui donnerait trois morts sur quatre-vingt-treize.

ret par an ne seraient point encore une juste proportion (1).

Voilà où les calculs forcés conduisent. Il est en tout un point où il faut s'arrêter. Si vous restez au-dessous, le génie n'a pas toute son étendue; si vous allez au-delà, l'esprit se perd, et donne comme vérités, des choses qui ne sont qu'apparentes.

Je m'arrêterai donc au terme de vingt ans, puisque la moitié ne serait pas un temps assez long pour apprendre aux hommes que le travail est indispensable avant la jouissance (2). Je n'excéderai point aussi ce terme, parce que cela serait contraire à l'état, loin de lui être avantageux, en ce que les établissements en seraient sûrement retardés, et qu'il n'est qu'un temps pour produire son semblable (3).

Les sentiments de deux nations si différentes dans

---

(1) Puisque de cent personnes qui auraient ainsi placé leur argent par égale portion, il n'en resterait plus que dix après trente ans, l'état n'aurait donc à payer cent cinquante pour cent que sur dix mille livres, ce qui fait quinze mille livres. Or, après trente ans, cent mille livres font, par les simples intérêts à cinq pour cent, trois cent mille livres; et cette somme, à cinq pour cent, donne quinze mille livres de rentes. L'état, en accordant cent cinquante pour cent, n'emprunterait donc réellement qu'à cinq pour cent en rentes viagères, et encore en ne lui comptant son emprunt qu'au plus bas prix possible.

(2) Un enfant de cinq ans, sur lequel on aurait placé, jouirait à quinze ans. Me dira-t-on qu'à cet âge il est en état de sentir le bonheur qui lui arrive? Si le sort le rend maître de sa fortune, aura-t-il le temps de s'apercevoir qu'il faut s'occuper avant d'être heureux? Deux ou trois ans de travail avant la jouissance seraient souvent assez pour en faire naître l'habitude. Pour qu'un système d'état soit décidément juste, il faut allier le moral au physique.

(3) Dix ans de plus, surtout chez les femmes, où la nature a fixé un terme pour la propagation, changeraient beaucoup les choses. A trente ans on doit espérer des successeurs; mais s'il fallait attendre à quarante, le doute serait bien près de se changer en certitude de n'en point avoir.

leurs principes, et non moins opposées dans les critiques qu'elles ont faites de ce Mémoire, sans avoir pu fournir contre lui un seul reproche légitime, devraient prouver qu'il n'est point d'objection réelle à faire.

Quelque prévenu que soit un auteur, en faveur d'un système qu'il a créé, il doit, s'il est prudent, s'en défier jusqu'à ce qu'il ait consulté des hommes instruits sur la question qu'il traite. Mais si, après avoir été lu avec attention, il était honoré de leurs suffrages, peut-être ne présumerait-il pas trop de l'utilité de son travail, en le croyant propre à remplir l'objet qu'il s'est proposé.

Ce principe, qui a été scrupuleusement suivi, semble permettre de hasarder des conjectures sur le sort de ce plan, afin de tempérer les désirs des pères de famille qui pourraient se ranger de son parti, après l'avoir lu.

Peut-on désigner le temps où il sera adopté? — Cette question est trop difficile pour oser entreprendre de la résoudre. — Suffit-il de l'approbation des grands, des gens en place, de quelques savants, des désirs d'un nombre assez considérable de citoyens, de l'aveu même de quelques ministres? Non, ils existent ces témoignages qui, quoique tacites, n'en sont pas moins vrais et moins impuissants. — Que faut-il donc? — Le temps, les circonstances, l'arrivée du moment marqué par les décrets de la providence; car ce moment viendra, et peut-être le seul suffrage d'un homme vertueux, qui, aimant la patrie, et touché du sort des malheureux, voudra bien se dire: j'ai dans mes mains le destin de plusieurs millions d'êtres, il ne faut qu'un mot pour les rendre heureux, et je le prononce.

Si nous ne sommes pas assez heureux pour jouir de ce bienfait que Dieu semble avoir mis en réserve pour nous dédommager de nos maux, nous aurons au moins travaillé utilement pour la génération qui nous succédera.

Après avoir démontré la possibilité d'acquitter la dette de l'état, et de rendre les hommes heureux, autant qu'ils peuvent l'être par les richesses, que peut-on désirer encore? Si des maux qui affligent l'humanité, le plus sensible et le plus généralement répandu est la misère, le présent le plus heureux qu'il soit possible de faire aux hommes doit donc être le moyen de lui prescrire des bornes qu'elle ne puisse franchir.

Quelque grands, quelque puissants que soient les efforts que l'on fera à ce sujet, il sera toujours impossible d'aller au-delà des vœux du public, qui ne mettra jamais de terme à ses espérances. Je ne crois donc pas pouvoir terminer ce Mémoire d'une manière plus conforme à cette attente, qu'en disant que je ne me regarde que comme ayant fait le premier pas vers le but où tendent ces vœux.

Le second qui reste à faire serait de fixer une balance juste et invariable pour le prix des grains; et si alors l'indigence n'abandonnait pas à l'instant les retraites qu'elle s'est choisies, et qu'il semble qu'elle prenne plaisir à dévaster, du moins pourrait-on espérer que son joug serait moins pesant, et qu'il serait plus facile de s'y soustraire.

En fixant irrévocablement le prix de cette denrée de première nécessité, il faut aussi donner au cultivateur la certitude de vendre au prix le plus heureux possible, pour lui servir de récompense et d'encouragement à la culture des terres.

Remplir strictement ce que je viens de dire, ce serait beaucoup faire; mais il faudrait encore que l'état et le commerce y pussent trouver un avantage décidé, de manière que, sans promulguer aucune loi, et sans avertir le citoyen des besoins des provinces éloignées, il sût quand il doit exporter à l'étranger, sans blesser les droits du peuple sur cette denrée, ou s'arrêter au moment fixe où doit finir l'exportation. En un mot, supprimer toutes les entraves que l'on met au commerce sur ce point, afin qu'il se fasse désormais avec la même liberté que l'on accorde aux autres branches qui en font partie.

Cet objet, qui ne peut être bien rempli qu'après que le Mémoire que l'on présente au public aura été adopté, sera incessamment déféré à son tribunal, si celui-ci est favorablement reçu.

Annoncer un système nouveau sur une matière qui a pour ainsi dire occupé une partie de l'Europe pendant plusieurs années, sans être certain de la manière dont le public accueillera les premiers élans d'une âme qui lui est entièrement dévouée, c'est peut-être trop présumer de ses forces : mais on ose assurer d'avance que les principes seront posés sur des bases aussi immuables que celles qui ont servi de fondement à ce Mémoire.

FIN DE LA PREMIÈRE PARTIE.

EXTRAIT

DE CE SYSTÈME DE FINANCES,

IMPRIMÉ A LONDRES EN 1780, ET INTITULÉ

LE BONHEUR PUBLIC, ETC.,

CONTENANT 1° la liquidation de la dette nationale, en faisant le bonheur de la société; 2° un plan d'administration sur les grains, afin d'éviter à jamais la disette;

PRÉSENTÉ A L'ASSEMBLÉE NATIONALE, EN 1789 (1).

MESSIEURS,

APPELÉS par un roi aussi juste que bon, chargés des pouvoirs de la nation, pour refondre ses lois et en donner d'analogues au caractère d'un peuple jaloux de sa liberté naissante, votre assemblée, Messieurs, va nous retracer l'idée des anciens législateurs, dont les travaux pour leur patrie font encore aujourd'hui toute la gloire.

Cependant, quelque brillante que soit cette destinée, elle vous impose, Messieurs, tant de devoirs,

---

(1) Cet extrait mérite de fixer l'attention du lecteur, par les nouvelles preuves qu'il accumule; c'est pour cette raison que l'éditeur a jugé à propos de le faire réimprimer. (*Note de l'éditeur*).

elle exige tant de soins, qu'il semble douteux si elle doit être enviée.

La nation, éclairée sur ses intérêts, se croira fondée à vous demander compte de vos opinions et de vos suffrages : rien ne lui échappera; son bonheur est entre vos mains; son amour ou son indifférence vous attendent.

L'heureux choix qu'elle a fait nous assure de l'intérêt que vous mettrez à sa prospérité; c'est aussi sur cet espoir que j'oserai traduire à votre tribunal les nations et leurs conseils, qui, donnant des lois, ont toujours oublié de calculer le bien-être des citoyens qu'ils ont gouvernés.

Et puisqu'enfin la liberté peut se montrer, je demanderai quelle est la monarchie ou la république qui pourrait dire : c'est ici qu'une loi secourable offre à chaque citoyen la facilité de pourvoir sa famille à peu de frais, suivant sa faculté et le rang qu'elle doit tenir. On sera forcé de répondre : il n'en est point.

Les citoyens, pris en général, naissent et meurent sans que leur patrie ait jeté sur eux d'autre regard que celui de l'insouciance; et néanmoins une voix intérieure dit que nous lui devons l'hommage des lumières que le temps et l'étude peuvent donner.

Que serait-ce si une juste reconnaissance nous attachait à son sort?

Conclure de ce que les gouvernements n'ont rien fait pour leurs sujets, qu'ils ne doivent rien à la patrie qui les vit naître, c'est s'exiler de la nature, c'est renoncer à tous ses droits. La patrie est le berceau qui nous porta dans nos premiers ans; son indifférence est un bien grand défaut; mais notre ingratitude serait un crime.

Comment se peut-il faire que l'on n'ait pas encore pensé à lier les hommes à l'intérêt commun, par l'intérêt même, qui est le principe de toutes leurs actions? Deux objets suffisent pour atteindre ce but, qui sera le premier pas vers l'amélioration des mœurs.

Le premier est d'ouvrir aux générations à venir une possibilité d'existence proportionnée aux facultés de chaque famille, et qui, en établissant leur propre bonheur, les force de contribuer volontairement à celui de l'état.

Le second est de créer une balance pour les grains, dont l'utilité soit telle que les intérêts de l'état, des propriétaires, des cultivateurs, du commerce et du peuple, soient également conservés.

C'est à ces deux premières lois auxquelles la destinée de cet empire que vous avez promis, Messieurs, de régénérer, doit être attachée.

En vain le plus heureux génie s'efforcerait-il de former un plan général d'administration publique, quelque bien conçû qu'il soit, quelque admirable qu'en puisse être l'ensemble, si ces deux objets n'en sont pas la base, on peut sans craindre le déclarer nul, et même vicieux dès son principe.

La plus parfaite ordonnance civile, les lois criminelles, rédigées d'après les plus sages principes de la justice et de l'humanité, seraient certainement un bien grand présent à faire à la société. Des autels érigés au génie qui formerait ce code, ne seraient encore qu'une faible récompense ; mais quelque prix que l'on mette à ce service, de quelle utilité sera-t-il, si l'on n'établit pas un moyen de doter les enfants proportionnellement aux facultés et au rang des familles?

Que fera-t-il, ce présent, si les grains variant de prix chaque jour, compromettent par leur cherté l'existence des citoyens, ou si le prix excessif de cette denrée force l'état d'armer les bras des stipendiaires, contre des hommes affamés, pour apaiser les révoltes, en attendant le résultat des sacrifices d'argent qu'il est obligé de faire pour les nourrir?

Vous avez été, Messieurs, les témoins de l'indigence des provinces de cet empire : vous venez de l'être, Messieurs, de la cherté des grains; c'est sur ces objets que la nation demande des lois qui puissent écarter loin d'elle les deux maux qui la dévorent, l'indigence et la disette.

Il n'est pas en mon pouvoir de faire à chacun de vous, Messieurs, l'hommage du livre dont j'ai l'honneur de vous présenter l'extrait. Je ne désirerais rien avec tant d'ardeur que de vous l'offrir; mais, je le répète, il n'est pas en mon pouvoir de le faire.

Je n'ai pu remettre qu'un petit nombre d'exemplaires dans vos bureaux, afin de vous donner la connaissance des preuves multipliées qu'il renferme, et qui seraient ici déplacées.

Avant d'arrêter vos regards sur deux points aussi essentiels à la législation, je crois nécessaire de dire que je penserais n'avoir pas atteint le but que je me suis proposé, si je m'étais permis de toucher aux choses qui existent ou qu'on voudra établir.

De là résulte le droit de conclure que, s'il n'est point d'homme qui puisse légalement s'opposer à ce que je vais avoir l'honneur de soumettre à votre jugement, la chose doit exister, si on ne prouve pas qu'elle serait inutile à la société, ou qu'elle est tellement absurde qu'elle ne mérite aucune attention.

L'affreuse indigence sera, avec le temps, bannie

de la société (car il tiendrait du délire de croire que dans un court espace, cette épidémie pût cesser) ; elle sera, dis-je, bannie, si vous ordonnez, Messieurs, que des caisses seront ouvertes, au moins dans les grandes villes du royaume, où chaque individu pourra porter la somme qu'il jugera à propos de placer en rentes viagères, sur telle tête qu'il voudra désigner, de quelque âge qu'elle soit, sous la condition que si l'être sur lequel on aura placé, existe après vingt ans, l'intérêt de la somme placée sera *de trente pour cent* chaque année, aussi longtemps qu'il vivra.

Mais comme cet intérêt, quelque fort qu'il soit pour les citoyens, ne balance pas les avantages que l'état retirerait des mortalités, il sera permis à tout particulier qui aura placé, de revendre son fonds ou de le transporter sur telle tête qu'il voudra désigner, et le gouvernement lui paiera en outre deux et demi pour cent d'intérêt, par an, de la somme dont il aura joui, mais sous les conditions suivantes :

1° Que l'état sera averti quarante jours avant la mort du possesseur en titre désigné dans le contrat, de la renonciation que le bailleur de fonds fait à la rente de trente pour cent.

2° Que le nouvel acquéreur sera vingt ans à attendre pour toucher la rente de trente pour cent, puisque son devancier se sera fait payer des intérêts, et que le nouvel acquéreur peut revendre et se faire payer de même.

La nécessité d'être clair et précis, surtout dans des affaires aussi importantes, me force de donner un exemple de ce que je viens de dire.

Je supposerai les rentes ouvertes, et qu'un père a placé sur la tête de son fils, à l'âge de quinze ans, une somme de cinq mille livres; il est constant que si cet enfant arrive à celui de trente-cinq, il doit jouir d'une rente de quinze cents livres : jusque-là rien de si simple.

Mais afin de balancer les avantages de l'état, il faut (si ce père a des besoins indispensables, ou même la seule volonté de faire passer cette rente sur une autre tête), qu'il puisse dire au gouvernement : Je vous ai prêté, il y a plus ou moins d'années, supposons dix ans, une somme de cinq mille livres, qui, à cinq pour cent, devrait donner une somme de deux mille cinq cents livres pour ces dix ans; mais puisque la loi ne porte que deux et demi pour cent d'intérêt, vous n'avez à me payer que douze cent cinquante livres, parce que j'aurai la liberté de revendre mon fonds de cinq mille livres à celui qui voudra l'acquérir, sous la condition que ce nouvel acquéreur sera vingt ans à attendre pour toucher sa première rente, ainsi que j'y étais soumis.

Si vous daignez, Messieurs, faire à la nation le don de cette loi, vous en recueillerez un jour les heureux fruits; ce sera même dans vos familles que vous recevrez les premières marques de la reconnaissance publique.

Ce court exposé devrait suffire, en supposant que ceux qui voudront bien me lire, se faisant une objection, ou l'entendant faire, voudront bien s'asservir aux calculs nécessaires pour la résoudre. Mais comment se persuader que tout lecteur, quelque zélé qu'il puisse être pour le bien public, le découvrira du premier vol, dans cette simple manière d'être que je propose?

Cette crainte, qui peut-être n'est pas justement

fondée, me forcera cependant d'entrer dans la discussion de quelques objections qu'un extrait semblerait ne devoir pas traiter.

Vingt ans, me dira-t-on, avant de recueillir les fruits d'une prudente économie, paraîtront toujours trop longs pour les citoyens, surtout dans un temps où l'égoïsme semble dominer sur la majeure partie des hommes, d'où il suit que personne n'adoptera ce plan, qu'enfin *personne n'y mettra.*

S'il était permis de répondre à une objection par une objection, je dirais, comme Hermione, *qui te l'a dit?*

Quelle preuve pourrait-on donner de cette folle assertion? N'est-elle pas uniquement de caprice, et ne le prouverai-je pas, en demandant à celui qui me répondrait ainsi : Si, lorsque vous naquîtes, cette loi eût été en vigueur, trouveriez-vous bon que vos pères, ou ceux qui prirent soin de votre patrimoine dans votre enfance, n'eussent pas placé une somme quelconque entre les mains de l'état, afin de vous faire jouir aujourd'hui d'une rente de trente pour cent, correspondante à la somme que l'on aurait placée? ou bien, ce qui est exactement la même chose, ne voudriez-vous pas avoir aujourd'hui mille écus de rente pour chaque dix mille livres que vous auriez trouvées de moins dans leurs successions? Tout être qui me répondrait, *non*, je le croirais dans le délire, vu les efforts que tous les hommes font pour accroître leur fortune; et je n'en conclurais pas moins qu'il suffira d'ouvrir aux citoyens un mode, une manière d'être qui soit d'accord avec leur intérêt, pour assurer qu'ils l'adopteront en proportion de toutes les facultés qu'ils auront pour le faire.

J'avouerai bien que l'égoïsme est un vice trop commun ; mais j'ai prouvé, dans mon ouvrage, et je dis encore, que ce plan est d'accord avec les principes connus de l'égoïste, parce qu'il aura peu d'efforts à faire pour placer sa famille, et que c'est assurer ses jouissances que de se débarrasser de ce soin : l'art du gouvernement est d'asservir le vice à l'utilité publique, ne pouvant pas le supprimer.

Si je ne craignais pas d'abuser de la bonté de mon lecteur, je démontrerais les avantages que les familles fortunées trouveraient dans l'exécution de ce plan, par la facilité qu'elles auraient de placer leurs enfants, sans avoir recours aux faveurs de l'état, qui ne peut plus leur tendre une main secourable sans grever les autres citoyens.

Ce serait aussi un moyen bien facile pour parer à la dure loi des partages nobles (s'ils pouvaient être encore tolérés), qui semble dire que dans les enfants du même père, il n'est que l'aîné qui lui appartienne ; que les autres ne doivent leur naissance qu'à une concubine, et qu'enfin on ne leur accorde une légère existence que pour leur aider à traîner le nom qu'ils reçurent en naissant.

Je ne parlerai point de ces fortunes médiocres qui font le partage du peuple ; je laisserai à mon lecteur à se pénétrer, s'il le peut, de toute l'énergie d'amour que cette classe porte à ses enfants ; de la somme d'efforts qu'elle ferait pour les doter, efforts qui seraient d'autant plus grands qu'elle connaît la misère et ses dangers; qu'enfin l'exemple démontre qu'elle s'imposerait les plus grandes privations pour l'écarter de sa famille.

L'homme de peine, le journalier, sur lequel le gouvernement ne peut compter pour mettre à ces rentes, participerait cependant au bonheur que cet établissement procurerait, car le poids des subsides pourrait être allégé par ce moyen; peut-être même pourraient-ils être supprimés en partie après l'acquit de la dette nationale.

Un administrateur éclairé doit encore compter, comme ressource sûre pour l'indigence, ce que les âmes vertueuses et charitables feraient pour l'humanité souffrante, si le gouvernement leur facilitait les moyens d'exercer leur vertu. Et qui ne verrait pas tout le bien qu'une personne riche, ou même médiocrement fortunée, pourrait faire, si ce plan était adopté?

Il est à croire qu'on ne me demandera pas de donner des preuves de cette bienfaisance publique, dont cependant des hommes contrariants et atrabilaires pourront nier l'existence.

Vous avez été, Messieurs, témoins des maux qui depuis long-temps désolent vos provinces; vous le fûtes aussi de cette foule d'actes heureux qui y ont eu lieu, et qu'il faut recommencer chaque jour, si l'on ne veut pas perdre les fruits des premiers efforts.

Ce que l'indigence attend de votre bonté et de votre justice est tout autre chose. Elle ne vous demande, Messieurs, que d'ouvrir un libre cours à cette bienfaisance publique, et vous verrez alors la misère vraiment secourue, parce qu'il ne faudra qu'une modique somme pour enlever à jamais un enfant à la pauvreté.

Cette classe si intéressante, les femmes, dont les travaux ne peuvent suffire pour fournir à leur existence, ne serait-elle pas hors de tous dangers, si une seule somme de cinq cents livres une fois donnée pouvait assurer cent cinquante livres de rentes?

Ce secours, quelque faible qu'il paraisse, suffirait pour entretenir les mœurs dans leur pureté; et le nombre incroyable de femmes vertueuses qui existent, surtout dans les provinces, ferait tous les efforts possibles afin de pouvoir dire qu'elles ont sauvé un être auquel il ne restait que le vice pour ressource.

Je dirai plus : les femmes même que la fortune a pu séduire, s'empresseraient d'écarter de leur sexe le danger dont elles ont été la victime; et, avec le temps, on verrait renaître cette pureté de mœurs dont on parle tant, sans rien faire d'essentiel et de vrai pour l'établir parmi nous.

C'est, Messieurs, aux femmes vertueuses qu'est réservé le bonheur de sauver leur sexe des attaques du nôtre, et tant qu'une possibilité d'existence, pour peu d'argent, ne sera pas admise; tant et si long-temps que la bienfaisance ne verra pas que ses efforts sont sûrs, que l'intérêt qui doit donner cette vraie certitude n'en est pas la base, c'est en vain que vous ferez des lois pour la réforme des mœurs : le besoin, plus impérieux que vos lois, saura les éluder, et vous aurez la douleur de les voir impuissantes, si l'intérêt n'en est pas le premier mobile.

Cette faible esquisse de ce qui se passerait dans la société n'est qu'un aperçu des avantages qu'elle retirerait, en donnant aux pères les moyens d'exercer leur amour pour leurs enfants; de même que l'on verrait tout ce que peut la bienfaisance, s'il lui était permis de faire tout le bien qu'elle pourrait opérer.

Mais, me dira-t-on, qu'il soit prouvé que le terme de vingt ans ne peut influer en rien sur l'opinion publique, du moins est-il vrai que ce terme serait plus heureux, s'il était moins long.

Ma réponse à cette objection servira de nouvelle preuve à la première, en démontrant qu'il est de l'intérêt des familles que ce terme de vingt ans ne soit ni diminué ni prolongé.

Le travail est nécessaire et même indispensable ; c'est la loi de la nature. Il n'est point de père qui ne le recommande à ses enfants ; or, vingt ans de travail pour celui sur la tête duquel on aura placé peuvent-ils être un terme contraire aux volontés et aux intérêts des familles ? Je ne crois pas qu'il puisse être permis d'être pour la négative.

D'où je conclurai que s'il était possible d'arranger les choses de manière que l'état trouvât le même prix de ses soins, en n'exigeant des citoyens que dix ans d'attente, pour se faire une rente de trente pour cent de l'argent donné, la nation devrait-elle promulguer une telle loi ?

Non sans doute, non ; se serait contrarier les idées les plus simples de la nature et de la raison ; ce serait inviter les hommes à l'inertie et à la paresse. Tout le monde sait que l'oisiveté est la mère de tous les vices.

S'il était possible de fixer deux époques, l'une pour les hommes, l'autre pour les femmes, peut-être celle des hommes devrait-elle être fixée de vingt-cinq à trente ans, afin de leur apprendre que le travail est nécessaire avant la jouissance, et mettre l'époque du sexe au-dessous de vingt, par rapport au peu de fruit qu'il retire de ses travaux et la faiblesse de son organisation.

Cependant cela ne se peut; l'état aurait deux prix à faire, et peut-être ne placerait-on plus que sur la tête des femmes, ou peut-être encore ne placerait-on point, par le peu d'intérêt que le gouvernement pourrait donner au-dessous de vingt ans.

Il ne faut jamais perdre de vue *que c'est à l'espérance de ce puissant intérêt de trente pour cent* qu'est attachée la certitude de trouver tous les fonds dont l'état peut avoir besoin, parce qu'un intérêt licite doit déterminer toutes les actions, et tout conduire.

Je conçois bien que l'idée simple d'un emprunt ne prépare pas l'imagination à recevoir les vérités que je désirerais faire entendre. Les hommes en général se déterminent pour les grands projets; l'humble simplicité trouve peu de partisans; et cependant voit-on en tout que les choses les moins compliquées sont les meilleures.

L'état a des besoins; il doit, ce n'est plus un problème; rien de si facile que de s'élever au niveau de ses besoins et des arrérages de sa dette, en imposant les citoyens; mais leur faire acquitter volontairement cette dette, et par un moyen qui les conduise au bonheur, c'est peut-être ce qui n'a point encore été proposé.

On ne me reprochera pas d'avoir mal connu le caractère français, en assurant que tout le monde placerait à ces rentes. Ce qui se passe aujourd'hui en est la preuve la plus forte, puisque les provinces ouvrent des caisses pour recevoir les dons des citoyens. Cet acte de patriotisme sera jugé du monde entier, comme le dernier effort de l'amour de la patrie; mais que ne devrait-on pas attendre de cet énergie, si la nation, refusant des dons qu'elle ne peut accepter, disait à ses sujets : je reçois le prêt que vous me faites, et mon intention est qu'il soit employé pour ma gloire et votre bonheur ?

Je ferai en conséquence, dans vingt ans, trente pour cent d'intérêt viager, à tels êtres que vous voudrez me désigner, s'ils existent.

Ne serait-ce pas s'abuser, de croire que, voulant bien donner à la nation en pur don, on ne donnerait plus rien, si elle proposait une récompense ?

L'intérêt sera toujours le guide des hommes ; les sacrifices patriotiques ne sont que les efforts du moment, et encore ne sont-ils pas du goût de la majeure partie.

Peut-être serez-vous surpris, Messieurs, de m'entendre dire que, la France ne devant absolument rien, il n'en serait pas moins vrai que la nation devrait penser à elle-même, et ouvrir cette ressource contre une foule de maux ou de fâcheuses circonstances inséparables de la société.

J'en ai donné quelques exemples dans l'ouvrage dont j'ai l'honneur de vous présenter l'extrait, et que je rappellerais ici, si je ne craignais pas d'être diffus ; mais je ne puis me taire sur l'acte le plus intéressant de la vie, le mariage.

Cet acte, dont il est si important d'assurer la tranquillité pour les mœurs, n'est aujourd'hui que l'école des procès ou de la dissension, lorsqu'il n'est pas le supplice d'une des parties.

Difficulté d'établissement, ou alliances déplacées par faute de fortune ; dissensions après le mariage et pour le même sujet ; séparations pour lesquelles la justice est perpétuellement tourmentée ; procès pour les dots après la mort ; voilà en abrégé le résultat des mariages.

Quelles seront les lois qui pourront mettre un juste frein à ces désordres, si l'intérêt n'en est pas l'objet ?

Mettons, Messieurs, dans la place des lois, qui toutefois n'atteignent point jusqu'aux querelles et aux dissensions domestiques, le plan que j'ai l'honneur de vous proposer, et voyons s'il remplira dignement vos vues.

Supposons qu'il y a déjà dix ou quinze ans que ces rentes sont ouvertes, et qu'un père ait placé vingt mille livres sur la tête de sa fille, à l'âge de cinq ans; ou, ce qui est le même, disons qu'à vingt-cinq elle jouira de six mille livres de rentes.

Un mariage se présente lorsque cet enfant a vingt ans; quelle peut être la réponse du père, à son gendre futur, si l'homme et sa famille lui conviennent ?

Vous me demandez ma fille, je consens de vous la donner; je ne puis lui former d'autre dot que par un contrat de six mille livres de rentes sur l'état, payables dans tant d'années, à tel jour, à telle heure; ainsi voyez si vous pouvez l'alimenter jusqu'à ce moment, et si elle y consent, elle est à vous.

Je ne vous demande ni douaire ni préciput, ou si nous stipulons, ils seront si minimes que vos biens n'en seront point grevés. Si vous avez des enfants, ils seront vos héritiers par droit de nature; si vous n'en avez pas, l'état ayant pourvu à la subsistance de ma fille, elle n'aura pas de besoins.

Supposons encore que le mariage se fasse, c'est certainement, d'après les usages du moment, avoir établi son enfant avec rien ; car, dans la classe aisée, qu'est-ce que vingt mille livres? et si ce mariage ou tout autre ne se fait pas, cet enfant est hors de tous les dangers résultants des besoins.

Ce serait ici le moment de parler de la tranquillité que cette loi donnerait aux familles, toujours inquiètes sur le sort de la dot de leurs enfants; mais aussi qu'est-ce qui ne verra pas que cette dot ne craindrait plus les revers de la fortune ou la dissipation?

Les dissensions après le mariage seraient-elles évitées ou heureusement combattues par ce plan?

Un mariage formé sous les auspices d'une telle loi doit être considéré sous trois rapports.

Ou le mari ou la femme jouira de ce bien-être, ou peut-être encore l'un et l'autre en seront-ils pourvus.

Que ce soit le mari qui jouisse de cette rente, il est plus que probable que son épouse fera l'impossible pour prolonger des jours auxquels cette fortune est attachée, et qui lui procure son existence et ses plaisirs. Par la même raison, si c'est la femme qui jouisse d'un tel sort, l'intérêt forcera son mari à tempérer la fougue de ses passions, dans la crainte de perdre les douceurs que la vie de son épouse lui procure.

Si l'un et l'autre jouissent des avantages de cette heureuse constitution, leur mutuel bonheur cimentera leur union, et la tranquille paix en sera le résultat.

L'humeur, qui détruit les mariages les mieux assortis, ne peut avoir de plus puissante barrière que l'intérêt. Les disgrâces de la fortune provoquent l'humeur, et l'humeur détruit tout. De même que le sommeil et l'espérance sont les deux présents de la divinité, de même aussi l'humeur et l'ignorance sont les deux fléaux du genre humain.

L'œil vigilant de l'administration doit tout prévoir, pour n'avoir rien à punir.

Si le ciel, dans ses jours de grâce, accorde à la France une loi qui permette aux criminels de se faire entendre publiquement, ah! Messieurs, que de reproches ces malheureuses victimes de la vengeance publique ne seront-elles pas en droit de faire à ceux qui leur ont donné des lois, et de n'en avoir pas créé une seule pour les sauver de l'indigence, qui mène à tous les vices!

Combien d'hommes auraient résisté à la tentation du crime, s'ils eussent seulement eu en perspective un avenir heureux!

Quelque judicieuses que soient ces réflexions, il ne me paraît pas moins triste d'être forcé de les faire. Si quelque chose peut en adoucir l'amertume, c'est la facilité de réparer les maux que les administrations ont faits jusqu'à présent.

Dois-je encore, Messieurs, m'étayer de ce puissant moteur si chéri de la rivale de la France, le commerce, qui, outre les millions de familles qu'il alimente, est d'un tel poids dans la balance de l'Europe, que la nation qui le prendra pour appui sera tôt ou tard la nation dominante?

A quel point de grandeur la monarchie française n'a-t-elle pas le droit de prétendre, si ses soins peuvent un jour l'appeler dans ses ports?

Semblable à la fortune, par son inconstance, on l'a successivement vu caresser Venise, se fixer dans le Portugal et l'Espagne, passer en Hollande, puis en Angleterre, et la France se repentir d'avoir dédaigné ses faveurs.

Il est temps, Messieurs, de l'appeler parmi vous; son inconstance ne vous demande qu'un regard, qu'une sage prévoyance, et vous le verrez se fixer dans vos parages.

Il est aussi, Messieurs, de votre prudence d'examiner si le plan que je dénonce à la nation assemblée, peut donner au commerce ce principe de vie dont tout le monde sent la nécessité.

Qu'un être qui se destine au commerce ait seulement cent mille livres, ou même moitié moins (car il est difficile que rien produise quelque chose); si, dis-je, de ces cent mille livres on en ôte vingt mille pour placer entre les mains de la nation, n'est-ce pas dire, ou la fortune me sera favorable, ou elle me sera contraire?

Si elle m'est propice, vingt mille livres de moins sur mon capital ne peuvent m'empêcher de la tenter : si elle m'est contraire, ces vingt mille livres me préparent une ressource inespérée après les malheurs dont j'aurai été accablé.

Six mille livres de rentes seront encore mon partage, au lieu de l'indigence à laquelle j'aurais été dévoué. L'état, remplaçant un père, me tend les bras, me console des caprices du sort.

Le temps, qui détruit tout, m'a relevé; la sagesse de la nation a su maîtriser l'infortune : l'homme, sous les lois qu'elle a données, n'a plus à craindre que lui-même et son peu de prévoyance.

Le propre des heureuses lois est de conduire les citoyens, comme malgré eux, à des réflexions salutaires.

Contre des preuves aussi frappantes du besoin de cette constitution pour le repos des familles, le maintien des mœurs, le commerce, et enfin la prospérité de l'état, des hommes éclairés m'ont fait une objection à laquelle je ne puis me dispenser de répondre.

Vous prétendez, disent-ils, que la nation ne devant rien, n'ayant aucuns besoins, il faudrait néanmoins ouvrir cette ressource à la société, afin de lui donner un moyen d'existence qu'elle n'a pas. Mais, ce plan admis, le moment viendra où l'état ne devra rien, où les impôts diminués et réduits à un taux bien supportable, le gouvernement sera plutôt dans le cas de secourir le citoyen que d'être secouru; d'où suit une question bien simple : que fera-il alors des fonds que les familles placeront sur leurs enfants?

Je conviendrai que cette objection est judicieuse; mais on doit aussi m'accorder que c'est présenter la France dans une bien brillante situation, que de la montrer à l'univers étonné, sans dettes et presque sans impôts; c'est enfin convenir de l'utilité de cet établissement pour la dette nationale.

Fasse le ciel que la génération qui s'élève puisse voir cet heureux moment! qu'oubliant les souffrances de ses pères, elle ne compte sa véritable existence que de l'instant où la nation, dignement représentée, a dû son bonheur à ses lumières et à son courage.

Plus ce brillant espoir a de charmes, et moins nous devons nous dissimuler que nous sommes près du jour où la pernicieuse insouciance des administrations, le peu de cas qu'elles ont fait des citoyens jusqu'à présent, menace de renverser tous les empires de l'Europe.

Ce vice destructeur, digne associé de l'ignorance, fera cette révolution après avoir créé une immensité de dettes dans chaque gouvernement.

Demander à la géneration présente le paiement de ces sommes, ce serait être injuste, tout en préparant un heureux avenir pour nos arrière-neveux : il faut, ainsi que nous, qu'ils participent à cette liquidation.

Vos devoirs seront remplis, Messieurs, si vous leur ouvrez un moyen qui les force d'en acquitter une portion, pour leur propre bonheur et l'intérêt de leur famille. Le temps a créé ces dettes, le temps seul doit les détruire, car il est de toute impossibilité que ce soit l'ouvrage du moment.

Mais reprenons la question, dans la crainte de donner à croire que je cherche à l'éluder.

Je supposerai que l'état n'a plus de dettes, qu'il ne lui reste qu'à pourvoir à sa dépense annuelle; je n'en dirai pas moins que la nation, pour laquelle on n'a encore rien fait, pour laquelle il fallait tout faire, demande à ses représentants d'assurer la destinée des générations présentes et à venir. Cette proposition exige des calculs pour être physiquement démontrée.

Je ne vous donnerai, Messieurs, que le résultat de ceux que j'ai faits, afin de vous sauver l'aridité des discussions de chiffres : mais je suis prêt de les remettre, si vous me l'ordonnez, et dans le moment où vous voudrez vous occuper de ce grand objet.

Le premier de ces calculs est de voir ce que vingt ans pourraient donner, en n'admettant que cent mille personnes qui porteront à ces rentes, par an, et en supposant encore que chaque mise ne sera que de mille livres l'une dans l'autre.

Il faut bien, pour arriver à des calculs justes, se faire une donnée quelconque; mais il faut aussi que cette donnée soit inférieure à la réalité, lorsque l'on cherche un terme inconnu, si l'on veut s'éviter l'objection qui se présente la plus naturellement ; *votre supposition est trop forte.*

Afin de prévenir cette difficulté, s'il est possible, je m'étaierai des observations que j'ai cru les plus sûres, puisque c'est d'après le relevé des intendants, fait pour les années 1770, 1771 et 1772. M. Necker a dit dans son ouvrage *sur le commerce et la législation des grains*, chap. VIII, que la mortalité commune, pour la France, était de sept cent quatre-vingt mille quarante personnes : or, les naissances étant plus nombreuses que les mortalités, je ne crois pas que l'on puisse me taxer d'exagération, en portant les naissances à huit cent mille par an, pour toute la France.

Je supposerai que de ces huit cent mille êtres naissants, il n'y en aura que cent mille qui pourront porter à ces rentes, et je ne compterai encore que mille livres par chaque individu, ce qui est au-dessous de la vraisemblance, et qui prouve que l'état peut compter sur cent millions de recette par an. Les vingt ans donneront donc, avec les seuls intérêts des intérêts, une somme de beaucoup excédente celle de trois milliards, et qui, conséquemment, donnerait un intérêt annuel de plus de cent cinquante millions.

La preuve est incontestable, si l'on ne démontre pas la fausseté du calcul ci-contre.

Tableau des capitaux et intérêts d'un emprunt de vingt ans, à cent millions par an.

1re année.	100,000,000			
2e année.	100,000,000	5.000.000		
3e année.	100,000.000	10.000,000	250,000	
4e année.	100,000,000	15,000,000	500,000	12,500
5e année.	100,000,000	20,000.000	750,000	25,000
6e année.	100,000,000	25,000,000	1,000,000	37,500
7e année.	100,000,000	30,000,000	1,250,000	50,000
8e année.	100,000,000	35,000,000	1,500,000	62,500
9e année.	100,000,000	40,000,000	1,750,000	75,000
10e année.	100,000,000	45,000,000	2,000.000	87,500
11e année.	100,000,000	50,000,000	2,250,000	100,000
12e année.	100,000,000	55,000,000	2,500,000	112,500
13e année.	100,000,000	60,000,000	2,750,000	125.000
14e année.	100,000,000	65,000,000	3,000,000	137,500
15e année.	100,000.000	70,000,000	3,250,000	150.000
16e année.	100,000,000	75,000,000	3,500,000	162,500
17e année.	100,000,000	80,000,000	3,750,000	175,000
18e année.	100,000,000	85,000,000	4,000,000	187,500
19e année.	100,000,000	90,000.000	4,250,000	200,000
20e année.	100.000,000	95,000,000	4.500,000	212,500
		100,000,000	4.750.000	225,000
	2,000,000,000	1,050,000;000	47,500,000	2,137,500

RÉCAPITULATION.

2.000,000.000
1,050,000,000
47,500,000
2.137.500
3,099,637,500

Ces données admises, et qui sont certainement plus faibles que forcées, il faut voir ce que la nation aurait à payer après les vingt ans révolus.

Cent mille personnes ont placé, la première année, mille livres chaque. Les mortalités, pendant vingt ans, calculées au plus bas (et non pas encore à tout âge, comme je les admets), sont au moins de trois sur cent;

D'où il suit qu'après vingt ans le nombre de cent mille est réduit à quarante mille, et qu'à trente pour cent, l'état n'a plus à payer, pour les quarante millions dont les titulaires existent, que douze millions, moins encore les mortalités de la vingt et unième année.

Il ne faut pas être grand calculateur pour voir que, dès cette vingt et unième année, qui est la première des paiements, les cent millions reçus il y a vingt ans ne donneront que douze millions à emprunter, pour faire face aux arrérages dus dans cette vingt et unième année.

La vingt-deuxième année donnera vingt-quatre millions à emprunter, moins la mortalité de ces deux années; la vingt-troisième sera de trente-six millions, moins encore les mortalités de trois ans, et ainsi de suite jusqu'à la quarante et unième.

C'est à cette époque, c'est à cette quarante et unième année qu'il faut se transporter pour voir le nombre d'êtres vivants qui seront entrés dans cette seconde série de vingt ans; c'est-à-dire depuis la vingt et unième jusqu'à la quarante et unième, afin de connaître les mortalités de cette seconde vingtaine d'années.

En suivant le calcul des vivants à la vingt et unième année, porté à quarante mille, il est simple de multiplier ce nombre par vingt, et l'on aura huit cent mille vivants pour la seconde série de vingt ans. Déduisant les mortalités à trois pour cent par an, et pour vingt ans, il restera à la quarante et unième, trois cent vingt mille vivants, qui, étant appréciés à mille livres chaque, donnent trois cent vingt millions, dont la rente viagère à trente pour cent sera de quatre-vingt-seize millions à payer cette quarante et unième année, pour plus de six milliards que vous aurez reçus, Messieurs, et pour lesquels vous n'aurez pas encore déboursé un seul denier pour payer les arrérages pendant ces quarante ans.

Pour peu que l'on veuille comparer l'intérêt de six milliards, qui est de trois cents millions, avec les quatre-vingt-seize millions que l'état aurait à payer la quarante et unième année, le bénéfice pour la nation est plus que prouvé.

Du moment où les sommes reçues pendant ces quarante ans surpassent des deux tiers la somme à payer à cette époque, la difficulté est solue. On peut donc dire que l'état n'ayant aucune dette, nul impôt exhorbitant à payer, cet emprunt devrait être ouvert pour le bonheur de la société et des familles, sans exception de rang ni de fortune.

On dit que les emprunts sont contraires aux intérêts de la nation; rien de si certain. Mais quel en est le motif? Les fausses combinaisons qui les établissent, et qui les rendent pernicieux pour le gouvernement, et inutiles pour le bien être de la société.

Un intérêt de sept, huit ou dix pour cent tente les capitalistes, et sert d'aliment à l'agiotage, dont un petit nombre de particuliers font leur état lorsque la nation en général n'y prend aucune part.

Il est donc de la sagesse du gouvernement actuel de n'emprunter que pour le bonheur des sujets, et que le mode de cet emprunt soit tout à la fois aussi utile à la nation qu'aux citoyens.

La dette est immense, et plus forte qu'on ne se l'imagine ordinairement. Si vous voulez, Messieurs, régénérer la nation, et assurer les heureuses lois que vous lui préparez, daignez songer que toutes les forces que vous pourrez rassembler, Messieurs, ne feront tout au plus qu'équilibrer le poids dont vous êtes forcés de vous charger pour assurer cette félicité publique.

Si j'ai répondu, par la force du calcul, à l'objection que je viens de résoudre, de préférence au raisonnement, mon intention a été de démontrer, sous tous les points de vue possibles, la nécessité d'ériger en loi un moyen qui puisse assurer le bonheur de la patrie.

J'avouerai bien que la dette de l'état ne fut pas le premier objet de mes recherches. Le désir de contribuer au bien-être de la société eut mes premiers regards; mais comment pouvoir se flatter d'y atteindre avant d'avoir acquitté cette énorme masse de dettes dont la France est grevée, et plus encore sans anéantir cette fâcheuse partie d'impôts dont les peuples demandent la suppression?

La gabelle, la taille, les barrières, les loteries, etc., etc., objets dont l'annihilation fera le bien être de la société; mais la recette sera d'autant diminuée, et le remplacement assis d'un autre façon, la grevera d'un autre manière.

Peut-être serait-il plus sage de se taire que d'énoncer des vérités auxquelles l'oreille n'est point accoutumée : cependant peut-on se dissimuler que quelque impôt que l'on admette, de quelque nature qu'il soit, ce sera toujours, en dernière analyse, le peuple qui le paiera, et jamais le propriétaire.

L'impôt territorial, pris pour exemple, démontrera cette vérité.

Qu'un bien affermé aujourd'hui dix mille livres,

soit taxé par cet impôt à cent pistoles; à l'expiration du bail actuel le fermier sera forcé de se charger de cette redevance, ou il n'aura pas la ferme. Et comme il est plus de fermiers que de terres, moins de propriétaires que de gens sans propriété, il est incontestable que la terre sera prise à cette condition. Tous les hommes sont éclairés sur leurs intérêts.

Le fermier, pour s'indemniser du haut prix qu'il sera obligé de donner, renchérira ses denrées, et finalement le peuple paiera l'impôt du propriétaire.

La location des maisons aurait le même sort. Le propriétaire, taxé pour sa maison, ne sera que le tributaire du gouvernement; ses locataires seront forcés de l'indemniser de ce qu'il paiera pour sa propriété.

C'est ainsi que le peuple, quelque chose que l'on fasse, paiera définitivement tous les sudsides; et, ce qui est à craindre, c'est que la main-d'œuvre, en renchérissant, ne nous fasse perdre la concurrence du commerce à l'étranger.

C'est aussi, après m'être convaincu de ces vérités auxquelles il n'est point de remède, puisque c'est dans la nature des choses d'exister ainsi, que j'ai cherché le moyen de parer à ces inconvénients.

Les administrations, depuis des siècles, semblent n'avoir connu que la force et les impôts; et j'ai cru voir dans la bienfaisance toutes les ressources possibles. Si c'est une erreur, du moins a-t-elle ses charmes; la société ne peut s'en plaindre.

La facilité de doter sa famille doit arrêter le prix de la main-d'œuvre; celui du travail est en raison du besoin que l'on a.

Donner à la génération qui nous succédera une certitude d'existence pour peu d'argent, c'est en quelque sorte fixer le bas prix des services ; de même que permettre ou même fomenter le renchérissement des choses, c'est l'augmenter, c'est perdre le commerce, si nécessaire à la nation française.

J'ai démontré, par l'exemple des autres gouvernements, dans l'ouvrage que j'ai eu l'honneur de remettre au comité des Finances, les maux que le prix excessif des choses a causés à ces nations, et ceux qu'il leur occasionera. Fasse le ciel que la monarchie française, représentée par des hommes éclairés, puisse éviter ce principe dans lequel tous les gouvernements vont se perdre, et qu'une loi dictée par la sagesse et pour le bonheur de l'humanité, serve de rempart contre la misère, de même qu'elle servirait d'ôtage à la probité publique!

Je ne dirai pas que ce soit sur des fonds effectifs que vous devez compter, Messieurs, dès les premières années, en admettant ce plan. L'argent ne peut se montrer qu'après l'épuisement du papier. Il faut donc que tous les effets publics vous rentrent, si vous voulez voir circuler le numéraire dans toute sa force.

Pour exécuter ce dessein et attirer à vous cette richesse idéale, il faut la recevoir de même que si elle était effective, dans les rentes que j'ai l'honneur de vous proposer, en sorte que l'effet public pour lequel vous avez à payer cinq pour cent d'intérêt, soit pris pour le capital de ces cinq pour cent, et converti dans un contrat de trente pour cent après vingt ans.

Quatre choses bien essentielles résulteront de cette combinaison.

1° Ce sera votre caisse d'amortissement, fondée sur le bien public,

2° En gagnant les intérêts des effets que l'on vous remettra, la caisse nationale doit en être d'autant plus forte.

3° Les effets publics reprendront le taux de leur vraie valeur, et par ce moyen l'agiotage tombe de lui-même, n'ayant plus d'aliment.

4° Enfin il est tout à croire que les effets épuisés, on verra circuler la solide richesse que bien des familles tiennent aujourd'hui renfermée, dans l'espérance de profiter d'un coup heureux qui se présente tôt ou tard avec un gouvernement dans la détresse.

Vous avez, Messieurs, rétabli le crédit public, en mettant la dette de l'état sous la sauve-garde de la nation; rien ne pouvait le relever plus promptement. Ce n'est point assez; il faut, pour achever votre ouvrage, donner à l'Europe la certitude que cette dette sera acquittée par la seule volonté des citoyens, et non pas par la force des impôts ou des dons arrachés à une volonté douteuse.

C'est par ce moyen que vous verrez rentrer en France le numéraire que l'étranger vous enlève, et l'opinion publique, ramenant la confiance, vous donnera l'Europe pour tributaire.

Il ne vous suffit pas, Messieurs, de relever le crédit de la nation, il faut encore assurer celui de chaque individu, afin que la bonne foi particulière réponde à la fidélité publique.

Et quel principe plus sûr que de faire donner volontairement, à chaque être, un cautionnement de la sagesse de ses actions pour toute sa vie?

Le désir sincère que j'aurais, Messieurs, de remplir vos vues, me fera joindre à cet extrait un moyen d'asseoir les impôts, qui, par sa simplicité, donnerait aux capitalistes étrangers et nationaux une preuve décisive des ressources de la nation lorsqu'elle est représentée par de sages citoyens.

Qu'il serait flatteur, Messieurs, de pouvoir réunir vos suffrages ! Ce serait sans doute trop présumer de soi, que d'oser y prétendre; il me restera toujours la gloire de m'être présenté dans ce nouveau combat, si je ne puis satisfaire les vues de bienfaisance et de patriotisme dont vous êtes animés.

Dans la crainte de donner dans l'erreur d'un trop faible calcul sur les besoins de l'état, vu surtout le poids des impositions dont vous avez déjà essayé de décharger les citoyens, je dirai que les besoins annuels de la monarchie sont de *sept cents millions*, car les arrérages des sommes empruntées me sembleraient plus forts qu'on ne les estime ordinairement.

D'ailleurs, si ma supposition est trop forte, et je le désire bien, la nation aura d'autant moins à s'imposer; cette erreur, si c'en est une, ne peut avoir de fâcheux effets.

Les subsides qu'on lève en France peuvent se diviser en deux classes :

1° Les fermes et régies.

2° Les impôts, tels que la capitation, les vingtièmes, etc.

Les fermes sont composées de douze articles, dont il en est au moins un à supprimer; ainsi je ne compterai que sur onze.

1° La ferme générale de.	150,107,000 liv.
2° La régie générale des droits réunis.	50,220,000
3° La régie des domaines.	50,000,000
4° La ferme des postes.	12,000,000
5° La régie des revenus casuels. . . .	3,000,000
6° La régie du marc d'or.	1,500,000
7° La ferme des messageries.	1,100,000
8° L'abonnement des droits de la Flandre maritime.	823,000
9° La régie des poudres et salpêtres. .	800,000
10° La ferme de Poissy.	630,000
11° La ferme des affinages.	120,000
	270,300,000

La ferme que je n'ai point fait entrer en ligne, est composée des loteries, et rapporte quatorze millions. J'ai cru ne pas devoir la compter; j'observerai seulement que si je l'eusse fait, mon plan acquerrait un degré de force relatif à quatorze millions de revenus annuels.

Comme il est à croire que ces onze articles ne vaudront plus ce qu'ils produisaient, tant par rapport aux réductions qui ont été faites pour le bonheur des citoyens, que par la suppression tant attendue des barrières qui désolent l'intérieur de la France, et qui seront sans doute reculées aux frontières, comme étant le seul endroit où elles doivent exister : je dirai donc que des débris de ces onze fermes ou régies, montant à deux cent soixante-dix millions, on n'en peut plus à peu près espérer que cent cinquante millions.

Or, ces cent cinquante millions déduits des sept cents que j'ai dit être nécessaires aux besoins annuels de l'état, il restera cinq cent cinquante millions à prélever sur toute la France.

Cette monarchie renferme trente-deux provinces, et en divisant cinq cent cinquante millions par trente-deux, je trouve dix-sept millions cinq cent quatre-vingt-sept mille cinq cents livres pour chaque province.

Je n'ignore pas qu'il en est qui, par leur peu d'étendue, leur faible population, ne peuvent pas porter une somme de subsides aussi forte; mais il faut aussi convenir qu'il en est beaucoup sur lesquelles on prélève des contributions qui surpassent le double de celle-ci, et qui conséquemment devraient trouver un allégement dans leurs impositions, quoiqu'en venant au secours des provinces qui seraient jugées être trop imposées, si elles l'étaient à dix-sept millions.

Serais-je dans l'erreur, en disant que, comptant tout, impôts, frais de perception, droits sur les marchandises fabriquées en France, droits de timbre, papiers, cartons, draps, cuirs, etc., etc., il est peut-être peu de provinces dont il ne sorte une somme de près de dix-sept millions? Il est trop visible, pour le dire, que cette répartition admise par province, il n'est plus question de cette foule de droits inconnus qui dévastent la France et le commerce.

Les provinces divisées, ou restant dans leur entier, la perception ne sera pas changée; les hommes et les terres existeront toujours, de quelque manière qu'on veuille les classer.

Je ne me dissimulerai point la difficulté de faire une juste répartition entre les trente-deux provinces; cependant les représentants de la nation, instruits comme ils doivent l'être de ce que chaque province paie aujourd'hui, il est facile pour eux de faire ce travail, qui, si on l'entreprend, fera voir que les provinces paieront beaucoup moins qu'elles ne paient, ne fût-ce que par les bénéfices des frais de perception, qui pourraient être réduits à leur dernier terme.

Si l'on ajoute encore que la nation a décrété que tous les hommes paieraient en proportion de leurs fortunes, une telle répartition dans les subsides doit augmenter de beaucoup la somme des perceptions.

Et quelle diminution d'impôts ne devrait-on pas attendre chaque année, si le remboursement des dettes de l'état se faisait ainsi que je viens de le dire, par un prêt volontaire de vingt ans, et pour le bonheur des familles! Ah! Messieurs, daignez accorder quelques instants d'attention à des choses qui devraient applanir bien des difficultés, *en laissant à l'Église ses revenus qu'elle réclame, et dont vous n'auriez plus besoin.*

Je croirais que le choix des moyens de lever les subsides devrait être remis aux assemblées provinciales, parce qu'elles sont à portée de connaître les facultés de leurs concitoyens, les ressources de leur territoire, le site des terres, qui doit influer pour beaucoup dans les impositions, etc. : mais il ne faudrait pas qu'une province pût mettre des droits d'entrée ou de passage dans son étendue, parce que ce serait troubler le commerce des provinces intérieures, et le commerce demande, Messieurs, votre protection et votre appui.

Pour atteindre le point de perfection où l'assemblée nationale veut se rendre, il serait encore nécessaire de régler entièrement la dette courante de l'état, non-seulement pour ce qui est dû jusqu'à ce moment et en tout genre, mais il serait encore de la prudence de liquider l'année 1790, afin d'avoir un an de repos pour asseoir les impositions nouvelles, et laisser aux assemblées provinciales le temps de s'organiser.

Il est plus que probable qu'à cette proposition de régler la dette courante et arriérée, tout le monde va demander de quel moyen se servir pour le faire, surtout en y joignant ce qui sera dû pour 1790.

Je ne me déterminerais pas sans peine à rendre mon opinion, quelque fondée qu'elle soit, parce que mille voix vont s'élever pour condamner ma réponse; mais l'utilité publique l'emporte et me détermine.

Je croirais qu'il serait de l'intérêt de la France et de ceux à qui elle doit, de régler sa dette courante et les arrérages qu'elle devra pour 1790, en billets nationaux; *mais pour cela seulement*, et encore en assurant que ce papier sera pris dans les caisses publiques en paiement des impositions, puisque ces impositions ou tous autres revenus de l'état ont été jugés, par vos décrets, devoir servir à l'acquit de la dette, et conséquemment de préférence aux arrérages.

C'est par ce moyen que vous connaîtrez, Messieurs, toute l'étendue de la dette de l'état, qui jusqu'à présent n'a été qu'aperçue.

Je ne crois pas que cette liquidation pût être contraire aux droits du citoyen, qui certainement ne seront pas payés en 1790, et qui du moins auraient des effets sûrs dont ils pourraient s'aider dans leurs besoins.

C'est à vous, Messieurs, qu'ils est réservé de prononcer sur des intérêts aussi majeurs, et que je ne fais que crayonner, me réservant de les développer, si vos ordres me chargeaient de le faire.

SYSTÈME DE FINANCES.

DEUXIÈME PARTIE.

APPLICATION DE CE SYSTÈME AUX DIVERS GOUVERNEMENTS DE L'EUROPE ET DU NOUVEAU MONDE.

Plus on examine les lois qui constituent les différents gouvernements de l'Europe, et plus on doit être étonné de n'en donner aucune pour assurer le bonheur du peuple.

C'est bien d'après cette triste et douloureuse réflexion, qu'il est permis de dire, avec l'auteur de l'Histoire philosophique et politique des établissements et du commerce des Européens dans les deux Indes, *qu'il semblerait que toutes les sociétés n'ont pour principe et pour suprême loi, que la sûreté de la puissance dominante.* Tom. VII, pag. 152.

En vain chercheriez-vous un peuple qui pût dire, le gouvernement a tout fait pour nous; il n'en existe point encore parmi les hommes civilisés. Le sauvage semblerait être le seul pour qui la nature, prise comme son souverain, paraîtrait avoir rempli tous les devoirs que lui imposa le droit de commander.

Si, au sein des forêts qu'il habite, elle lui dit : pense à réparer les forces qu'un trop long exercice t'a fait perdre, elle lui offre à l'instant les animaux, les poissons, les fruits et l'eau, en échange de ses sueurs. Soit que la nature ait placé l'homme sous un climat brûlant, ou dans la région la plus froide, elle lui a partout distribué des moyens de conservation. Là, ce sont des forêts immenses pour le garantir des chaleurs du jour; au nord, les peaux des animaux le défendent contre les vives impressions du froid; enfin chaque sol fournit aux besoins de l'homme sauvage qui l'occupe, et n'exige de lui que peu ou point de soins pour sa conservation.

Depuis que les hommes se sont rassemblés pour vivre en commun, toute la nature a été changée. On a quitté le meilleur et le plus prévoyant des rois et des gouvernements, pour s'en former de nouveaux, et à force de vouloir tendre au mieux, on s'en est écarté. Heureux encore si, dans le choix que nos pères se sont fait d'une autre manière de vivre que celle que la nature leur avait donnée, ils l'eussent imitée! Prévoyante pour les êtres qu'elle a créés, elle n'exige d'eux que des soins peu étendus; lorsque les gouvernements leur ont imposé un travail continuel et assidu, sans lequel il n'est plus pour eux d'existence.

O malheureux hommes! quel choix avez-vous fait! Combien faudra-t-il de siècles pour vous conduire au bonheur par la route que vous avez choisie! La législation à laquelle vous êtes enfin arrivés à travers mille écueils, et qui; dans le lointain, vous a paru si parfaite, vous l'eussiez sans doute abandonnée, si vous aviez pu prévoir de quels maux innombrables elle est environnée. Contents des biens que la nature vous avait prodigués, vous vous seriez bornés à ses bienfaits : mais il n'est plus temps de vous éclairer après votre chute ; c'est un appui qu'il faut vous présenter, afin de vous aider à vous conduire dans les routes couvertes de précipices que vous avez à parcourir.

Loin de moi ces consolations outrageantes, qui semblent plutôt une critique amère des fautes passées, qu'un adoucissement aux maux présents. J'ai commencé par vous présenter le flambeau qui doit vous éclairer dans le dédale où vous êtes entrés, sans me permettre de vous faire voir l'excès des maux que vos pères ont choisis, en comparaison des biens qu'ils ont abandonnés; et si je le fais maintenant, ce n'est qu'afin de vous prouver l'utilité du secours que je vous ai présenté.

Puisque l'homme sauvage, sous le gouvernement de la nature, n'a besoin que d'étendre son bras pour trouver la nourriture qui lui est nécessaire, qu'une flèche lui suffit pour arrêter l'animal qui doit le nourrir et le couvrir, nos législateurs n'auraient-ils pas dû, en rassemblant nos pères sous des lois, leur assurer, ainsi qu'à la postérité, une existence que ces mêmes lois rendaient douteuse?

Qu'ont-ils donné à l'homme civilisé, en échange des biens qu'ils lui ont enlevés? Le travail, et le travail forcé, sans lequel il faut qu'il renonce à la vie. Ils se sont uniquement reposés du soin de multiplier ces hommes dont ils avaient besoin pour accroître leur puissance, sur l'amour de chaque être à sa reproduction et à sa conservation. Leurs vues n'ont pas été plus loin. Ils n'ont rien tenté pour écarter la misère qu'ils introduisaient naturellement avec l'état social. Ils n'ont enfin rien fait pour ceux qui font toute la force des différents états.

Cette nation si vantée, l'Angleterre, cette île que l'on propose comme le séjour du bonheur, de l'égalité, de la sûreté des individus, comme le modèle de la plus parfaite législation, n'est cependant, considérée avec attention, que le séjour d'un esclavage bien politique, et dont les chaînes, quoique brillantes et délicates, n'en sont pas moins fabriquées de l'airain le plus dur.

Cette vérité paraîtra, à bien des hommes enthousiasmés de ce gouvernement, le comble du délire, parce qu'ils l'ont mal vu ou mal étudié. Mille causes ont contribué à faire naître et entretenir cette illusion dans leur esprit : la manie des Anglais à vanter leur gouvernement ; la licence ouverte aux plaisirs qui se montrent sans crainte, et qu'on y goûte sans reproches ; l'amour de la nouveauté dans les hommes qui aiment à citer une nation opposée dans ses mœurs et dans ses usages, à leur propre nation qu'ils aiment à fronder dans leurs foyers ; l'apparence de la liberté sous les dehors trompeurs d'une monarchie mal tempérée par l'aristocratie qui séduit les grands et ceux qui les imitent. Quoi qu'il en soit de ces différentes causes, elles ont toutes influé plus ou moins, selon le caractère des personnes, sur les idées avantageuses qu'on s'est faites du gouvernement de l'Angleterre.

Mais, qu'a-t-il fait pour le bonheur de l'humanité? Où est la loi qui met le pauvre à l'abri de la misère? qui, là plus qu'ailleurs, indiquera au père de famille le moyen d'établir ses enfants? Dira-t-on que l'état a fait le moindre effort pour ménager au peuple une subsistance aisée? Non, l'Angleterre ressemble en tout aux autres nations (1).

Je crois qu'il faudrait, pour juger cette cause à l'avantage de ce gouvernement, commencer par établir que le peuple y jouit d'un bonheur inconnu aux autres états ; que, là, avec peu de peines et de soins, un travail modéré vous donne une existence honnête ; que le citoyen ne craint pas d'avoir une famille nombreuse, parce qu'il est toujours sûr des moyens de l'élever ; qu'enfin la certitude de la vie y est plus décidée que partout ailleurs. S'il était possible de prouver cela, il est constant que ce pays l'emporterait sur les autres : mais si au contraire on parvient à démontrer l'opposé, qu'auront à répondre les protecteurs de cette nation?

Tant que l'on verra ceux qui gouvernent un état s'occuper moins de l'intérêt public que du leur, il est permis d'en conclure que le peuple n'y peut être heureux. Telle est malheureusement l'Angleterre. Près de huit cents propriétaires qui composent les deux chambres du parlement, quoique sans autorité apparente, n'en sont pas moins les maîtres de cet état. La nation attend en silence les décisions de cette cour. Les Grecs n'eurent jamais autant de respect pour leurs oracles, que le peuple anglais montre de soumission aux décrets de ses chambres (2).

(1) Si les lois de ce gouvernement ne peuvent le sauver du juste reproche des amis de l'humanité, sur son indifférence pour les besoins du peuple, il faut aussi convenir que les autres nations ont le même vice. On ne se permet d'en parler qu'après avoir démontré la possibilité de le corriger. Quel bonheur, s'il était possible de les déterminer à le faire!

(2) La critique que l'auteur se permet de faire ici du gouvernement

Il est impossible qu'avec un dévouement aussi parfait aux ordres de ce tribunal, il n'en rejaillisse pas une sorte d'admiration respectueuse sur ceux qui les prononcent. Mais quand au beau droit de promulguer des lois, on joint encore l'autorité de la fortune, c'est alors que le peuple ne peut plus résister à l'ascendant que ces deux forces réunies prennent sur lui.

Arrêtez, me dira quelqu'un ; c'est précisément dans l'attachement du peuple au pouvoir législatif et à ses lois, que vous devez reconnaître la beauté de la législation. Consultez M. de Montesquieu ; il vous dira que les trois pouvoirs qui forment cet état,

---

anglais, de cette nation qui étend son sceptre sur toutes les mers, qui règne dans les Grandes-Indes, et qui exerce une si grande influence, par sa puissance et son commerce, sur les destinées de l'Europe, a plus de rapport à ses intérêts nationaux et à ceux de l'humanité en général dont l'auteur plaide si noblement la cause, qu'au désir déplacé qu'on pourrait lui reprocher de vouloir verser le blâme et le ridicule sur ce gouvernement; ce qu'il est aisé de voir par la manière dont il s'exprime dans sa dernière note.

Ce même auteur ne signale si énergiquement les vices de la constitution anglaise, qu'après avoir indiqué le remède, et tracé la route à suivre, pour rendre meilleur le sort des hommes et des états.

L'esprit national, ou plutôt l'orgueil qui a perdu le monde, a rejeté avec mépris les conseils utiles qu'un simple individu étranger croyait devoir donner. On n'a pas daigné ouvrir les yeux sur les vérités bienfaisantes qu'il proclamait alors, encore moins les examiner et les discuter. Cependant dans quelle position différente serait aujourd'hui l'Angleterre, qui n'avait en 1780 que *cinq milliards de dettes* (ce qui était déjà beaucoup trop pour elle en raison de sa faible population), et qui en a maintenant plus de *vingt !*

Si le gouvernement anglais avait adopté à cette époque le projet que l'auteur lui offrait, sa dette nationale se trouverait acquittée depuis long-temps ; ses citoyens et le peuple seraient heureux autant qu'on peut l'être par les richesses. Toutes les nations civilisées des deux mondes, qui se seraient sans doute empressées d'imiter son exemple, jouiraient également de ce même bonheur.

(*Note de l'Éditeur*).

sont : 1° le pouvoir législatif, qui réside dans les deux chambres du parlement; 2° le pouvoir exécutif [illegible]is entre les mains du roi; 3° le pouvoir de juger les différents des hommes et les crimes, pouvoir relevant de l'exécutif, et accordé par le roi à ceux qu'il en juge dignes.

« Cette puissance de juger est en quelque façon » nulle, parce que n'étant attachée ni à un certain » état ni à une certaine profession, elle devient pour » ainsi dire invisible; ainsi il n'en reste que deux; » et comme elles ont besoin d'une puissance ré- » glante, la partie du corps législatif, qui est composée des nobles, est très propre à produire cet effet (1). »

Le parlement, qui a seul le pouvoir législatif, est lui-même composé de deux corps. Celui des nobles, sous le nom de chambre des pairs ou chambre-haute; celui du peuple, représenté par les hommes qu'il a choisis, et qu'il envoie de chaque comté ou bourg, afin de défendre ses intérêts dans l'accord même des subsides, est appelé chambre des communes ou chambre-basse.

Si le roi, qui a le pouvoir exécutif, voulait former des entreprises sur le peuple ou contre ses volontés, le parlement s'y opposerait, en n'ordonnant aucuns subsides, nulle levée d'hommes que pour sa défense.

Si la chambre des pairs voulait rendre le gouvernement aristocratique, en s'attribuant à eux seuls l'autorité partagée, le roi et la chambre des communes se réuniraient contre elle, et la forceraient à rentrer sous les lois.

Si, enfin, la chambre des communes, qui repré-

(1) C'est la chambre haute du parlement, qu il désigne.

sente le peuple, et qui seule a le droit d'ordonner des subsides, voulait tendre à la démocratie, alors le roi et la chambre des pairs lui opposeraient la force et les lois.

« Voici donc la constitution fondamentale du » gouvernement dont nous parlons. Le corps légis- » latif y étant composé de deux parties, l'une en- » chaîne l'autre par sa faculté mutuelle d'empêcher. » Toutes les deux seront liées par la puissance exé- » cutrice, qui le sera elle-même par la législative. » Ces trois puissances devraient former un repos ou » une inaction; mais comme, par le mouvement » nécessaire des choses, elles sont contraintes d'al- » ler, elles seront forcées d'aller de concert.

» La puissance exécutrice ne faisant partie de la » législative que par la faculté d'empêcher, elle ne » saurait entrer dans le débat des affaires; il n'est » pas même nécessaire qu'elle propose, parce que, » pouvant toujours désapprouver les résolutions, elle » peut rejeter les décisions des propositions qu'elle » aurait voulu qu'on n'eût pas faites. » *Liv.* 11, *chap.* 6; et *liv.* 19, *chap.* 27.

Cet ensemble si parfait ne peut donc être troublé qu'autant qu'un des deux pouvoirs aurait l'ambition de prédominer sur les autres, ou par la corruption. Mais l'ambition serait bientôt réprimée; et la corruption ne peut être générale, par la difficulté de tout corrompre. Il est donc naturel de penser que les lois données par le pouvoir législatif doivent tendre au bien-être de la nation, et ne peuvent être dictées par le despotisme, sans blesser l'intérêt du pouvoir exécutif, qui réside dans le roi (1).

---

(1) Cette objection est certainement aussi forte qu'elle peut être,

Je reconnais toute la force de l'autorité que l'on vient de citer : quoique les choses soient bien changées depuis le moment qui a vu paraître l'*Esprit des lois*, néanmoins je prends volontiers son auteur pour juge dans ce que j'ai à répondre.

Le gouvernement d'Angleterre est effectivement formé de trois pouvoirs, comme tous les autres. Je ne compterai point celui de juger, puisqu'au sentiment même de M. de Montesquieu, il est comme nul, et pour ainsi dire invisible. Les trois puissances visibles et reconnues sont : *le roi*, *la chambre des pairs et la chambre des communes*. Je dis que, de ce conflit de puissances, dont les deux dernières sont presque toujours d'accord, naît nécessairement le despotisme.

On ne contestera pas que, si le roi est un prince ferme, hardi, entreprenant, tel qu'un Henri VIII, alors le parlement est subjugué ; il n'est plus que le chancelier du monarque, en supposant qu'il veuille bien le conserver ; et la nation est asservie. Les absurdes lois données sous ce règne, et sans doute oubliées depuis, en sont la preuve.

Si la couronne est portée par un prince dont le caractère, partagé entre la force et la faiblesse, semble autoriser encore plus que défendre les entreprises hardies, tout ce règne ne sera plus qu'une longue guerre dont le peuple sera toujours la victime, quelque parti que la victoire favorise. Charles Ier, vaincu, Cromwell, qui avait combattu au nom du parlement et du peuple, leur donna des fers. Si

---

car elle renferme toutes les idées qui ont servi de fondement à la constitution anglaise. Le reste n'est qu'accessoire ; ainsi, il s'agit d'examiner si cette base est bien solide.

Charles eût été le vainqueur, le peuple et le parlement étaient subjugués, et recevaient de nouvelles lois.

La faiblesse étant le caractère dominant du prince qui gouverne, ce n'est plus que confusion, cabales, déprédation dans les finances, et le peuple en porte toujours le poids, lorsque les grands s'enrichissent.

Il est peu de grands événements sous ce règne, s'ils ne sont produits par les affaires du dehors. L'indifférence du monarque pour un peuple sur lequel il n'a point de droits, et l'indifférence du peuple pour un monarque qu'on lui apprend à ne pas craindre, tournent au profit du parlement, auquel l'un et l'autre semblent abandonner leurs droits et leurs intérêts.

Cet état, le plus tranquille en apparence, est peut-être le plus contraire à la nation, et rend la vénalité des suffrages plus facile, parce que chaque parti semble être convenu de se ménager, et de se réunir pour partager les dépouilles du peuple. Jusque-là je ne vois rien d'heureux pour lui, puisque, quelque caractère qu'ait le prince, on trouve toujours qu'il influe trop ou trop peu dans le gouvernement.

En examinant la composition du pouvoir législatif, qui est l'apanage du parlement, on trouve le corps de la noblesse et le corps du peuple dans ses représentants.

Celui de la noblesse est riche, comme dans tous les gouvernements; cependant il en est un grand nombre qui ont besoin, pour soutenir leur rang et leur état, des faveurs de la cour qui les distribue, et à laquelle ils doivent être naturellement attachés par l'intérêt personnel et la reconnaissance. Plus il est de titres, d'honneurs, de marques de distinction, de gouvernements, de charges civiles et ecclésiastiques, d'emplois à donner, et plus la cour se gagne de suffrages : d'où il s'en suit que ce corps respectable des nobles ne voit souvent l'intérêt public que dans le bien-être des membres de sa chambre.

Celle des communes offre encore plus de facilités pour la séduction : car, outre l'intérêt, cet immanquable moteur auquel il leur est d'autant plus pardonnable de succomber, qu'ils achètent eux-mêmes fort cher les suffrages du peuple pour se faire élire, et que ce n'est que pour sept ans qu'ils ont le pouvoir de le revendre au prince, ils ont encore toutes les marques de distinction, si séduisantes, à solliciter.

Tant de motifs de corruption n'ont point manqué de produire l'effet qu'on en devait attendre; mais, quand bien même cette cause destructive de la liberté n'existerait pas, il en est une autre aussi sûre et plus secrète, qui ne se montre jamais que sous l'apparence du bien public.

L'union des deux chambres du parlement, pour ne former qu'un même esprit, est un de ces raffinements de politique, qui, dans un instant et sans éclat, a mis le prince et la nation sous la tutelle des grands. Il est du destin des peuples d'être trompés; mais celui-ci l'est, et, de plus, il s'abuse.

Les membres de la chambre des communes sont choisis entre ce qu'il y a de plus grand après les pairs, et dans la classe des citoyens les plus fortunés. Voilà les défenseurs que ce peuple se choisit, ou plutôt que les grands lui donnent; car c'est l'ascendant de l'autorité et l'or qui décident des suffrages.

Comment ces hommes, qui tiennent pour la plupart, par les liens du sang, par l'égalité de la fortune, ou par la même façon de penser, à cette chambre-haute, ne sacrifieraient-ils pas au corps toujours existant de la noblesse, les intérêts de ce peuple avec lequel ils ne peuvent socier, et qu'ils méprisent? Leur perpétuelle habitude avec les membres de cette chambre, qui ne changent jamais, leur donne le même esprit, et ferait naître en eux le désir d'asservir le peuple, s'il n'était pas naturel à tous les hommes riches. Bien des membres de la chambre des communes ont la perspective de passer à celle des pairs; ainsi il est plus que probable qu'ils ne s'opposeront jamais aux intérêts d'un corps dont ils feront un jour partie, et dont ils sont déjà censés être.

On verra dans la suite les dangers de l'union de ces deux pouvoirs, considérés comme législateurs et comme possesseurs des terres.

Ce vice, qui prend sa source dans la législation même, ne finira qu'avec les subsides et les impôts : et ce qui me fait croire que M. de Montesquieu a senti l'impossibilité de l'existence de ce gouvernement, sans le despotisme, c'est qu'il a prononcé d'un ton affirmatif le jugement de cette nation.

« Comme toutes les choses humaines ont une » fin, l'état dont nous parlons perdra sa liberté, il » périra. Rome, Lacédémone et Carthage ont bien » péri; il périra, lorsque la puissance législative sera » plus corrompue que l'exécutrice. Ce n'est point à » moi à examiner si les Anglais jouissent actuelle» ment de cette liberté ou non; il me suffit de dire » qu'elle est établie par leurs lois, et je n'en cherche » pas davantage. » *Liv.* 11. *Chap.* 7.

Quelles expressions! et peut-on en trouver de

plus fortes ? Ces mots répétés, *il périra*, prouvent bien ce qu'il pensait; et, si on consulte ces deux dernières phrases, « ce n'est point à moi à examiner si les Anglais jouissent actuellement de cette liberté ou non; il me suffit de dire qu'elle est établie par leurs lois, je n'en cherche pas davantage, » il paraîtra qu'il était intimement persuadé que les Anglais n'en jouissaient pas (1).

---

(1) Peut-être opposera-t-on à cette vérité la loi de *l'Habeas corpus*, loi unique dans l'Europe, je l'avoue, mais qui toutefois ne doit pas en imposer jusqu'au point de défendre toute réflexion.

L'exil n'est point la peine d'un homme ordinaire, c'est le partage des grands. Les châteaux, les prisons d'état, ne sont pas communément habités par le peuple; leurs hôtes sont toujours d'une classe plus élevée, soit par la naissance ou par l'esprit. Il est donc évident que cette loi, qu'il suffit de citer pour en faire l'éloge, n'existe que pour le seul bonheur des grands, ou de ceux que la célébrité en rapproche par trop: car on ne peut pas dire que le public a besoin de son influence pour être à l'abri des entreprises d'une cour qui ne pense point à lui.

Mais encore, quelle réponse pourrait-on faire à ceux qui diraient: et que m'importe la sûreté de ma personne, si le peu que j'ai est toujours sous la main du fisc?

Il est possible que je vive ignoré; mais mon bien ne peut échapper aux avides regards du despotisme.

En pensant autrement, n'est-ce pas imiter l'orgueil de ce peuple, autrefois si grand, qui, mourant de faim, se rit de ceux qui travaillent, parce qu'il croit que la grandeur consiste dans l'inaction.

L'Anglais ne semble-t-il pas dire, par le même principe; peu m'importe le despotisme qu'on peut exercer sur mon bien, pourvu que je puisse me dire libre.

Ces deux idées qui partent du même point, l'orgueil, produisent le même effet, le malheur du peuple.

Il n'est peut-être point de trait de politique aussi fin et aussi fort que celui d'être arrivé au point de persuader au public que c'est uniquement pour lui et pour son bonheur que cette loi a été obtenue, et que tout ce qui ne vit pas à son abri n'est pas libre; de même que, quelqu'art que puisse d'ailleurs employer la tyrannie, elle est nulle dès que cette loi est accordée. Est-il possible que le despotisme puisse présenter plus adroitement une demi-vérité?

Que l'Angleterre ait de très-belles lois, que les monarchies en aient d'admirables, même sur la liberté et la propriété, que s'ensuivra-t-il pour le bonheur du peuple ? En sera-t-il plus à l'abri de la misère, et l'esclavage en sera-t-il moins son partage ? Non, ces lois seront éludées ou interprétées; on les forcera de se taire, ou de se plier à la volonté de ceux qui ont l'autorité; enfin, la ruse et la politique, au défaut de forces, asserviront toujours les hommes à ceux qui les gouvernent, et qui ne leur accordent pas le plus léger bien-être en échange de la liberté qu'ils leur ôtent. C'est bien à ce sujet que le cri public devrait se faire entendre; car au moins se tairait-on sur l'oppression, si l'existence était assurée autant qu'elle peut l'être.

Il est vrai qu'il s'élève toujours quelques voix pour rappeler aux premières institutions de l'état, à l'esprit du gouvernement : mais comme tous le monde sait que ce n'est qu'un jeu pour sauver l'apparence, ou une route détournée qu'elles prennent pour fixer sur elles l'attention du public, pour arriver au ministère, on est convenu de n'y faire aucune attention. D'ailleurs, trouver tout mal, vouloir tout détruire, et ne pas donner un plan suivi et raisonné, qui puisse, sans blesser personne, arrêter les maux qu'on sait si bien voir et si peu guérir, c'est ne rien dire.

Il est des hommes qui, adoptant un système opposé, prétendent que la vénalité des suffrages est nécessaire, et qu'il est heureux que ce vice se soit introduit dans cette respectable assemblée, afin d'éviter les discussions interminables qui naîtraient à chaque pas, de l'opiniâtreté et du peu de lumières de quelques membres; que, d'ailleurs, l'esprit de cabale n'a plus de prise, puisque, le parlement une fois corrompu, tout est soumis aux discussions de la cour, qui, dans un comité plus resserré et plus instruit, juge mieux des besoins de l'état.

Cette raison, dont on veut tirer avantage, prouve au contraire le défaut du gouvernement, puisqu'il faut, pour rentrer sous les lois de l'ordre, que la corruption précède.

Rentrons maintenant dans l'examen de ce contre-poids du pouvoir monarchique tant admiré des autres nations, et qui, cependant, a peu fait pour le peuple. Les lois qu'il a données ne sont uniquement que pour son avantage. Le seul présent dont le peuple anglais pourrait se flatter, est l'apparence de la liberté dont on a su enivrer son âme. Il est des fanatismes de toute espèce.

De toutes les preuves visibles de l'esclavage où gémit le peuple en général, les plus fortes et les plus insupportables sont celles des subsides et des impôts. Je sais qu'il en est d'autres qui n'entraînent cependant pas après elles les mêmes désagréments, et les marques d'une servitude aussi réelle.

S'il était une nation dans laquelle on ne lèverait aucun subside, nul impôt, où la propriété serait intacte, et que cet état fît cependant ce que les autres font avec toutes leurs finances, quels éloges ne prodiguerait-on pas à ce gouvernement? Ne serait-il pas, à juste titre, regardé comme le plus libre et le plus heureux?

Par la raison contraire, tout état qui paie des subsides énormes, où les impôts sur toutes les espèces de marchandises sont outrés, où, conséquemment, la propriété est violée, doit être regardé comme le moins heureux, le moins libre et le plus esclave.

De tous les gouvernements de l'Europe, l'Angleterre est celui où les subsides et les impôts sont les plus forts. Le parlement assemblé en 1778, vota quinze millions sterling de subsides pour l'année 1779, et termina ses séances par l'accord d'un autre million sterling, en cas de besoin. Je ne compterai que sur les quinze millions sterling, qui font, argent de France, trois cent soixante millions (1).

La population des trois royaumes d'Angleterre, d'Ecosse et d'Irlande, n'a jamais été portée qu'entre sept à huit millions d'habitants; j'admettrai le plus fort nombre; alors je trouve que ces trois cent soixante millions font *quarante cinq livres* pour chaque tête, hommes, femmes, enfants, pauvres et riches tout compris.

Il est aisé de voir que ce subside est exhorbitant; car, si on fait le même calcul pour une autre nation, la France, par exemple, alors on trouve qu'en lui admettant une population de vingt-quatre millions d'habitants (2), les subsides, pour chaque année, calculés sur le prix de quarante-cinq livres

---

(1) La règle sur laquelle je me fonde pour compter la livre sterling à vingt-quatre livres argent de France, est celle du change, que M. de Montesquieu estime comme la plus certaine. Il est très-rare de recevoir, à Londres, trente deniers sterling pour un écu; ou plutôt, le change est toujours au-dessous. Si, de France, on veut faire passer de l'argent à Londres, on ne trouve encore qu'au-dessous de trente deniers sterling : donc la livre sterling, au change le plus heureux, vaut vingt-quatre livres de France.

(2) M...... dans son ouvrage sur le *commerce et la législation des grains*, chap. VIII, dit que le relevé des intendants de la France, pour les années 1770, 1771 et 1772, porte l'année commune des morts à 780,040. En multipliant ce nombre par trente et un, on trouve une population de vingt-quatre millions cent quatre-vingt-un mille deux cent quarante. Cette manière de compter doit être la plus sûre.

par tête, monteraient à *un milliard quatre-vingt millions*; ce qui est contre toute vérité.

Il est donc bien prouvé, par ce simple calcul, que l'ensemble des subsides et des impôts de l'Angleterre, comparé à l'ensemble de ceux de la France, est au moins dans une proportion double; qu'ainsi, si la France est à çet égard dans l'esclavage, l'Angleterre y est doublement plongée.

Peut-être dira-t-on que, vu les fortunes considérables d'un certain nombre de citoyens de cette nation, qui doivent payer en raison de leurs richesses, le peuple doit être moins chargé que cette proportion de quarante-cinq livres par tête paraît l'annoncer. Hélas! qui est-ce qui ne sait pas que dans tous les pays du monde, l'homme riche a mille moyens de se soustraire aux impositions? L'Angleterre ne se vantera pas d'être le gouvernement le moins sujet à cet abus. Qui, en effet, oserait lutter contre un membre du parlement, un des législateurs? Autant vaudrait-il prouver que sous les gouvernements monarchiques, les ministres paient dans la proportion des autres sujets.

Non, l'Angleterre n'a pas plus que les autres nations, l'avantage d'une juste répartition dans ses subsides. Le peuple y est la bête de somme comme partout ailleurs; je n'y vois de différence qu'en ce que, courbé sous le fardeau, las et exténué du poids qu'il porte, il se croit le maître de s'en décharger, et qu'on lui persuade chaque jour, dans vingt feuilles polémiques aussi fausses qu'absurdes, que c'est pour son bonheur, et qu'il y va de sa gloire de crever sous la charge, plutôt que de se plaindre, ou de penser à trouver des adoucissements à ses maux.

Est-il possible de se croire libre au sein de l'esclavage ? Est-ce affectation ou folie, erreur ou prestige ! Quoi ! s'abuser ainsi dans un siècle aussi éclairé ! c'est ce que les temps à venir ne pourront croire. Peut-être cette ivresse durera-t-elle peu, et alors le réveil sera terrible.

Tout le monde croit que l'immense commerce de cette nation, sa richesse apparente, sont des signes certains du bonheur de chaque individu qui compose ce fantôme de grandeur. Voilà de ces erreurs qui circulent, et qui sont prises pour des vérités par le peuple ; et jusque-là il n'y a rien de surprenant ; mais que des hommes sensés et réfléchis les adoptent, les écrivent, c'est le comble de l'étonnement.

Pour démontrer l'erreur de cette opinion publique, il suffit de suivre l'accroissement du commerce de cette nation, où l'on voit éclore, avec leurs richesses de convention et non de fonds, un désir brûlant de dominer et d'envahir. Il n'est pas possible, avec de telles idées, lorsqu'elles sont générales, de voir naître dans une nation l'amour de la patrie et du bien public : aussi dirai-je que c'est le gouvernement où l'on en a le plus parlé, et où on a moins fait pour ces vertus.

L'Angleterre s'est follement imaginée pouvoir envahir le commerce de toutes les nations. Ses premiers succès sur ce point, heureux en apparence, la conduiront imperceptiblement à sa perte. L'Anglais est loin de cette idée, qui ne pourrait qu'humilier son amour-propre. Enorgueilli des richesses fictives qu'il calcule dans son cabinet, il n'a pas le temps de voir que la population ne s'accroît point en proportion de son papier, et que les autres nations, exemptes en grande partie de ces dépenses d'hommes, inséparables des risques de la mer, ont été forcées de se rejeter sur l'agriculture, les manufactures, et l'apprêt des choses qui croissent sur l'immense étendue des terres qu'elles occupent.

Les hommes, multipliés dans les gouvernements qui l'avoisinent, éclairés par elle sur leurs propres intérêts, lui ont enfin disputé une partie de son commerce. Il a fallu opposer la force pour garder ces avantages envahis sur les autres nations, et le sang a coulé, et coule encore.

L'Angleterre ne s'est point aperçue, et je crois qu'elle ne le voit pas même aujourd'hui, que, si elle perd un homme lorsqu'une nation qui lui est opposée en perd trois, il ne faudra que quelques années de guerre pour l'anéantir. Loin que ses richesses qui, je le dis encore, ne sont qu'apparentes, puissent la préserver de ce danger, elles ne sont au contraire qu'un nouveau moyen de destruction et d'esclavage. Le vice d'inégalité dans la répartition des biens, qui porte immédiatement sur elle, et lui est particulier, suffira seul pour la conduire à sa perte.

Sa population, qui pourrait être doublée, restera long-temps au même point où elle est, ou diminuera, si elle ne change d'administration. Le commerce, quelque grand qu'il soit, est toujours fixé entre les mains d'un petit nombre d'hommes, en proportion de la nation. Plus étendu en Angleterre, il y a aussi occasioné de plus grandes fortunes, et, soit que les ancêtres des Anglais actuellement existants aient eu des idées plus solides sur l'intérêt, ou moins d'occasions de dépenses que dans les autres nations, ils n'ont donné tous leurs soins qu'à agrandir leurs terres, de manière que les biens-fonds sont aujourd'hui possédés par les seuls hommes que l'on nomme grands, et que le peuple ne peut jamais être que fermier.

Lorsque le vice d'intérêt s'empare d'un gouvernement, les suites en sont longues et pernicieuses. Les terres une fois fixées dans un nombre resserré de familles, il a fallu penser aux honneurs, c'est une marche naturelle; l'amour de l'indépendance suit de près, et, par un contraste choquant, il fait naître le désir de dominer sur le peuple.

On croit assez communément que l'amour de la liberté est le sentiment géneral de ce peuple : les Anglais eux-mêmes fomentent autant qu'ils peuvent cette croyance ; cependant ce peuple n'a jamais agi et n'agit jamais que par l'impulsion que les grands lui donnent, ou par les menées des émissaires qu'ils détachent pour le soulever et le faire agir. Quiconque a vu quelque temps l'Angleterre, pensera ainsi, s'il s'est trouvé à quelques-unes de ces scènes populaires qui étonnent les autres nations, et en supposant qu'il ait pu être admis dans la confiance de ceux qui font mouvoir les ressorts, ou qui les connaissent.

Les Anglais riches ont senti la nécessité de faire agir le peuple, et de se dérober, à l'abri de ce stratagème, aux regards de l'Europe, qui a cru bonnement que la nation en corps réclamait les prérogatives de la liberté, tandis que ce n'était autre chose que l'amour de l'indépendance où les grands aspiraient, à quelque prix que ce fût (1).

---

(1) La politique est une lime sourde, qui use et qui parvient lentement à sa fin, dit M. de Montesquieu, livre 14, chap. XIII.

C'est ainsi que peu à peu ils sont venus à bout de maîtriser la nation, et d'en faire un peuple d'esclaves, qui ne s'en doute pas. L'autorité remise entre les mains des riches, sous le spécieux prétexte que c'était pour le bonheur du peuple que ses prétendus représentants s'en emparaient, les a rendus réellement les despotes de la nation. Au seul nom d'un homme opulent, d'un membre du parlement, d'un milord, le peuple tremble et se courbe. Il faut se convaincre par soi-même jusqu'à quel point cette frénésie est portée, pour le croire. Un petit nombre d'exemples contraires (en proportion du gros de la nation), fournis par quelques hommes hardis et entreprenants, peut-être soutenus et engagés à les donner, n'ôtent rien à cette vérité.

Tant de respects, tant d'égards demandaient un salaire; mais comment récompenser un peuple? Le temps, les circonstances, amènent les choses; et l'intérêt, qui toujours veille, parce qu'il est l'âme de tout, ne manque jamais l'occasion quand elle se présente.

Les classes les plus nombreuses de cette nation, mues par leur bien-être, et soutenues par ceux qui en avaient besoin, s'enhardirent jusqu'au point de demander à ceux qui les avaient asservies, de fixer leur salaire. Le parlement assemblé taxa la journée du tailleur et du cordonnier à un prix exorbitant, ce qui devait nécessairement faire naître un taux proportionnel pour les autres journaliers. L'état exalta la bienfaisance du corps législatif, parce que les grands et le peuple, joints ensemble, entraînent tout. L'ordre mitoyen, toujours tranquille dans tous les gouvernements, parce qu'il a quelque chose à perdre et trop peu pour cabaler, fut partagé en raison de ses intérêts ; mais il s'aperçut bien de la politique des grands, en faisant hausser aussi considérablement la main-d'œuvre, et vit, avec connaissance de cause, que cette loi serait la perte de l'état (1).

Il paraît bien certain que le parlement, composé des opulents du royaume, ne consulta que ses intérêts, en la donnant. Possesseurs des fonds de terre, et conséquemment de tout ce qui nourrit l'homme, ils ne délibérèrent pas long-temps s'il fallait fournir au peuple le moyen de consommer beaucoup, puisqu'il était certain que le prix des denrées augmenterait en proportion, ainsi que celui des terres.

Un homme qui a des possessions, s'inquiète fort peu du renchérissement de la main-d'œuvre, lorsque ses denrées en sont mieux vendues et son bien plus recherché. Il n'était donc pas difficile de faire prononcer à ce tribunal une augmentation sur la journée des ouvriers ; mais devait-il le faire ? Ne devait-il pas craindre d'en voir dénoncer le motif ? Voilà les effets de l'union des chambres, et du pouvoir législatif remis aux possesseurs des terres.

Les monarchies, plus vigilantes sur la police des ouvriers, et plus intéressées que tous les autres gouvernements à leur assurer une existence, n'ont pas fixé le prix de leur travail. Elles ont sagement vu qu'en haussant le prix du salaire, ce n'était qu'augmenter celui des denrées, puisque rien ne vient sans soins, et qu'il faut partout la main de l'homme civilisé, pour faire naître ou créer les

---

(1) Tout est chaînes dans l'ordre politique : il faut bien prendre garde de s'y tromper ; les apparences les plus heureuses ont souvent une fin bien triste. Ce qui paraît le bien de l'état est souvent contraire à celui du public. Il n'est pas possible que dix citoyens aisés souffrent, sans que mille malheureux n'en portent le contre-coup.

choses. Elles ont encore plus sagement laissé aux citoyens le soin de l'équilibre à garder entre le travail et le produit de la terre, parce qu'il ne peut y avoir sur ce point de juge plus naturel que le besoin du moment. Les soins d'un état doivent se borner à remédier aux abus qui pourraient naître de la nécessité et du monopole.

La main-d'œuvre et les denrées montées à l'excès, portèrent au même degré les défauts et les vices qui tiennent à l'intérêt, premier mobile de toutes les actions des hommes.

Dans le nombre de ceux qui travaillent pour acquérir des richesses, il en est quelques-uns qui, instruits par les disgrâces de leur ancienne indigence, économisent lorsqu'ils se trouvent dans la situation de le pouvoir faire, afin de n'avoir plus besoin d'un travail aussi assidu lorsque la capricieuse fortune cessera de les accueillir. Mais il en est aussi, et c'est le plus grand nombre, qui jouissent du moment, et qui, par la facilité de gagner l'or, signe représentatif de toutes les jouissances, font éclore tous les vices qu'une populace effrénée couve dans son sein, et se trouvent à la fin de leur carrière, après avoir commis tous les excès, au même point de détresse d'où ils étaient partis.

Le défaut de lois, ou plutôt la facilité de les éluder, sous le spécieux prétexte d'une liberté indéfinie qui n'est reçue nulle part, vient encore à l'appui de la quantité d'or monnoyé ou fictif que l'Angleterre possède, et qu'elle attire journellement chez elle par l'étendue de son commerce, qui, très-grand chez une nation peu nombreuse, doit nécessairement y former des fortunes plus immenses et plus rapides que dans tous les autres états, et, par une suite nécessaire de l'inégalité dans la répartition des biens, y faire naître un esprit d'esclavage et d'avilissement, avec les vices qui les suivent.

Telle est l'Angleterre considérée par rapport à ses richesses, aux subsides et aux impôts qu'on prélève sur elle, et au renchérissement de sa main-d'œuvre.

Mais le sénat législateur a sans doute eu ses raisons pour laisser monter les subsides au point où ils sont; car ses soins auraient dû se fixer à la recherche de tous les moyens possibles pour préserver cette nation de la marque la plus flétrissante de l'esclavage.

Il en est effectivement beaucoup, dont les plus apparentes sont : la corruption; l'envie de dominer sur un peuple, qui n'est jamais bien asservi que par la misère; le plaisir de paraître libre dans une nation esclave; l'amour des honneurs réservés aux hommes riches; le peu de cas que l'on fait du peuple et de la patrie; la folle ambition des conquêtes; et, enfin, les arrérages à payer, des sommes empruntées pour les faire. Vices ou vertus, tout est ressort dans un état.

Pour bien concevoir un phénomène aussi étrange que celui que l'Angleterre présente dans l'énormité de ses subsides, sous un gouvernement qui se regarde comme le modèle des législations, et qui, par cette seule raison, aurait dû prévoir le précipice où une ambition mal entendue et l'amour désordonné des fausses richesses doivent plonger un état qui s'y livre sans réflexion, il faut entendre ce que dit l'historien calculateur que j'ai déja cité.

« L'Angleterre sortait d'une guerre (1) pour ainsi

---

(1) Commencée en 1756, et finie, pour la France et l'Angleterre, par le traité de Fontainebleau, le 3 novembre 1762; et pour l'Allemagne et la Prusse, par celui d'Hubertsbourg, du 15 février 1763.

»dire universelle, où ses flottes avaient arboré le pa-»villon de la victoire sur toutes les mers, où ses »conquêtes avaient grossi sa domination, d'un ter-»ritoire immense dans les deux Indes. Cet accrois-»sement subit lui donnait aux yeux des nations un »éclat qui devait exciter l'envie et l'admiration; »*mais au-dedans elle était continuellement réduite à* »*gémir de ses propres triomphes.* Écrasée sous le far-»deau *d'une dette de trois milliards trois cent trente* »*millions*, qui lui coûtaient un intérêt de cent onze »millions cinq cent soixante-dix-sept mille quatre »cent quatre-vingt-dix livres, elle ne suffisait qu'à »peine aux dépenses courantes de l'état, avec un »revenu de deux cent quarante millions; et ce re-»venu, *loin de pouvoir s'accroître, n'était pas même* »*sûr de sa consistance.*

»Les terres étaient chargées d'un impôt plus fort »qu'il ne l'avait jamais été dans un temps de paix. De »nouveaux droits sur les maisons et sur les fenêtres »*sappaient ce genre de propriété*; une augmentation »du fisc sur le contrôle des actes, pesait sur tous les »biens-fonds. On avait effrayé le luxe même, par »des taxes entassées sur l'argenterie, sur les cartes, »sur les dés à jouer, sur le vin et sur l'eau-de-vie. »On n'avait plus rien à espérer du commerce, qui »payait dans tous les ports, à toutes les portes, pour »les marchandises de l'Asie, pour les productions »de l'Amérique, pour les épiceries, pour la merce-»rie, pour toutes les matières d'exportation et d'im-»portation, en nature ou en œuvre. *Les entraves de* »*la finance* avaient heureusement arrêté l'abus des »liqueurs spiritueuses; mais il en avait coûté une »partie du revenu public. On avait cru s'en dédom-»mager *par une de ces ressources qu'il est toujours aisé*

» *de trouver*, mais dangereux de chercher dans les » objets de consommation générale et de première » nécessité : le fisc s'était jeté sur la boisson la plus » ordinaire du peuple, sur la drèche, sur le cidre » et sur la bière. *Il n'y avait point de ressort qui ne » fût forcé.* Tous les muscles du corps politique, » éprouvant à la fois une trop forte tension, étaient » sortis de leur place. *Les matières et la main-d'œuvre » avaient si prodigieusement renchéri*, que les nations » rivales ou vaincues, qui jusqu'alors n'avaient pu » soutenir la concurrence de l'Anglais, étaient par» venues à le supplanter dans tous les marchés, » jusque dans ses ports. On ne pouvait évaluer qu'à » cinquante-six millions les bénéfices que retirait la » Grande-Bretagne de son commerce avec toutes les » parties de l'univers ; et cette situation l'obligeait à » tirer de sa balance vingt-cinq millions cent mille » livres, pour payer les arrérages de onze cent soi» xante-dix millions que les étrangers avaient placés » dans ses fonds publics.

» *La crise était violente*. Il fallait laisser respirer les » peuples. On ne pouvait pas les soulager par la di» minution des dépenses. Celles qu'on faisait étaient » inévitables ; *soit pour mettre en valeur des conquêtes » achetées au prix de tant de sang, au prix de tant » d'argent ;* soit pour contenir le ressentiment de la » maison de Bourbon, aigrie par les humiliations de » la dernière guerre, et par les sacrifices de la der» nière paix. Au défaut d'autres moyens pour tenir » d'une main ferme et la sécurité du présent et la » prospérité de l'avenir, *on imagina d'appeler les colo» nies au secours de la métropole*, en leur faisant porter » une partie de son fardeau, etc. » *tom. 7, pag.* 120.

Quel tableau, et qu'il peint bien la situation où

était l'Angleterre! Mais que dirait cet inestimable auteur, s'il écrivait aujourd'hui, et d'après le moment présent? Tout était alors favorable à cette nation; cependant il était aisé de voir que ces succès n'étant pas payés des fonds appartenants au gouvernement, mais bien des emprunts faits à tous les citoyens de l'Europe, malgré les subsides énormes levés sur la nation, tout, jusqu'aux triomphes, devait tourner à la charge du vainqueur.

Un jour viendra que les idées de conquêtes estimées à leur juste valeur, c'est-à-dire comme un beau songe, parce que les limites des nations seront irrévocablement fixées, et qu'on n'estimera plus la splendeur d'un état en raison des possessions qu'il aura, mais plutôt par le plus ou le moins de bonheur dont jouiront ses sujets, c'est alors que la postérité impartiale, appréciant les choses ce qu'elles doivent l'être, ne verra plus dans le ministre dur et arrogant qui gouvernait l'Angleterre, et dont elle se glorifie, que l'ennemi le plus redoutable de cette nation, ou l'homme le plus borné, parce qu'il lui fit achèter, par dix-sept cents millions de nouvelles dettes, des colonies onéreuses.

Ce n'est pas dans le détail minutieux, et par quelques petits avantages passagers, qu'il faut juger une nation; c'est son ensemble qu'il faut voir: c'est la balance du bien et du mal qu'il faut consulter; car il n'est point de gouvernement qui n'ait quelques bonnes lois. L'Angleterre en a, mais elles sont toutes en faveur des grands ou des riches, et l'on n'en trouve pas une pour le peuple.

Quoiqu'il soit démontré par le fait, dira un Anglais, que nos subsides et nos impôts sont plus considérables et plus onéreux sous notre gouvernement que dans les autres nations, il ne s'ensuit pas pour cela qu'il soit permis de nous ranger au-dessous des monarchies, puisque ces impôts, qui ne sont en partie occasionés que par les dettes de l'état, seront supprimés lorsqu'elles seront acquittées; et la paix diminuant nos dépenses, nous rendra nos droits et la liberté.

Les monarchies ne peuvent pas se flatter d'un avenir aussi heureux; l'exemple du passé prouve que les impôts iront en augmentant, ainsi que leurs dettes. Lorsque le souverain et les ministres n'ont aucun intérêt à adoucir le sort du peuple, que leur seule volonté fait loi, il n'est pas permis de croire que l'amour de la patrie puisse l'emporter sur l'attrayant plaisir de tout entreprendre et de dépenser. Sous nos lois, au contraire, le parlement veille pour la nation, et en défend les droits.

Cette réponse, plus séduisante que vraie, est le fort où se renferment les Anglais, dans l'espérance de l'emporter sur les monarchies, ou d'obtenir au moins une heureuse capitulation. Mais comme il serait moins sage de leur laisser cette fatale illusion dont ils se nourrissent, que de les éclairer sur leurs erreurs, je dirai qu'ils s'abusent sur l'espoir d'un meilleur sort, s'ils ne changent pas de principes.

En vain s'imagineraient-ils pouvoir acquitter leurs dettes dans l'intérim des guerres; c'est bien eux que l'exemple devrait instruire, et qui devrait leur prouver que leurs impôts doivent aller en augmentant, ainsi que leurs dettes. Il est des circonstances où, avec le temps, les probabilités deviennent des certitudes; l'Angleterre va nous en donner une preuve.

L'Amérique, découverte à la fin du quinzième siècle, n'influa que très-peu dans les discussions de l'autre partie du globe, jusqu'au dix-septième; mais elle se venge bien de l'oubli dans lequel elle a été, par les disputes interminables dont elle est et sera probablement la cause. Son Archipel, qui semblait vouloir la défendre contre les incursions des habitants de l'Europe, a été long-temps le théâtre des jeux sanglants des peuples civilisés, lorsque l'Angleterre, ennuyée pour quelque temps de combattre pour sa nouvelle religion et son parlement, voulut prendre part aux découvertes qui s'étaient faites dans ce Nouveau-Monde. Les cent cinquante premières années de l'histoire de cet hémisphère, depuis sa découverte, n'offrent guère que le récit de terres envahies et abandonnées aussitôt, pour être occupées de nouveau par une autre nation qui les laisse à son tour à une nouvelle colonie, oubliée dans peu par sa métropole.

C'est après ce temps, c'est-à-dire au commencement du dix-septième siècle, qu'on voit cet état, qui n'avait fait parler de lui que par ses guerres intestines et ses démêlés avec la France, venir fondre sur les possessions encore mal assurées de l'Espagne, de la France et de la Hollande. Il est vrai que ces guerres étaient moins l'expression du sentiment national, que celui de quelques particuliers à qui on avait donné le commerce exclusif de cette contrée, et que le gouvernement n'y prit pas toujours part. Mais enfin, en 1713, à la paix d'Utrecht, la reine qui gouvernait alors l'Angleterre, força Louis XIV de lui abandonner les droits acquis par ses sujets, sur la baie d'Hudson, Terre-Neuve et l'Acadie.

Jusque-là ces possessions ne coûtant pas beaucoup à l'Angleterre, et agrandissant le commerce de la nation de celui des pelleteries et de la pêche, ne leur servirent que d'appas pour des colonies plus étendues. Cette cession fut confirmée à Aix-la-Chapelle : mais comme ni l'un ni l'autre traité n'avait fixé les limites entre les puissances, et que les Français du Canada attiraient à eux le commerce du nord de l'Amérique, l'Angleterre voyant la France sans défense, ouvrit inopinément les hostilités en 1756, par la prise d'un nombre considérable de vaisseaux marchands que cette manière de faire la guerre mit dans leurs mains.

L'Angleterre ne devait, à cette époque, qu'entre seize à dix-sept cents millions ; et c'était déjà trop pour une nation peu nombreuse, et qui croit que ses représentants veillent à ses intérêts. L'étendue de leurs colonies étaient aussi, à cette même époque, beaucoup plus considérable qu'elle n'aurait dû l'être relativement à la base qui leur servait de soutien, et qui faisait un composé difforme, en présentant une masse d'une énorme grandeur sur un petit support.

Telle était cependant l'Angleterre, qui, renfermée dans un petit espace peu peuplé en proportion de ce qu'il pouvait être, avait des colonies vingt fois plus étendues que la métropole, et qui va encore en conquérir de nouvelles au prix de son sang, et de dix-sept cents millions que lui coûta cette guerre.

Que l'on dise maintenant que la sagesse réside au sein des nombreuses assemblées ; que les intérêts d'un état s'y pèsent, s'y discutent ; que du choc des différentes idées naît enfin la lumière qui doit éclairer. Cet exemple du contraire n'est pas le seul que cette nation donne à citer.

La paix venait de se conclure en 1763, et ce

traité semblait devoir combler son ambition avec sa gloire, lorsqu'un cri émané du parlement s'éleva contre le ministère qui l'avait accordée, et lui fit un crime de n'avoir retenu qu'une partie des possessions envahies sur ses ennemis peu prévoyants, et de n'avoir pas prolongé les pirateries de cette guerre. Le souverain fut obligé de renvoyer le judicieux ministre qui avait présidé à ce conseil; si toutefois son avis fut fondé sur le trop grand accroissement de la nation, qui n'avait pu se faire qu'en sacrifiant ses richesses; si encore ce ministre vit qu'une dépopulation serait le résultat nécessaire de ces immenses colonies dévastées ou désertes; et, ce qui serait le comble de la sagesse, si, prévoyant l'avenir, cet avis fut donné dans la crainte qu'une plus grande étendue de possessions ne précipitât le moment qui devait annoncer leur indépendance à la métropole.

L'événement a prouvé que ce ministre, pensant ainsi, méritait plutôt des autels, que d'être renvoyé du ministère.

Insatiables Anglais, n'auriez-vous pas dû voir, qu'en appauvrissant l'état par l'achat d'une partie du monde connu, et donnant votre propre pays déjà cultivé, pour hypothèque des sommes que vous emprunticz, et dont vous aviez besoin pour payer et mettre en valeur des terres incultes, c'était réduire votre nation à l'état de fermier, et la condamner à un travail continuel et accablant, pour payer les seuls arrérages des sommes empruntées.

Que diriez-vous d'un homme qui aurait formé le projet d'acquérir toutes les terres de l'Angleterre, et de les mettre en valeur? N'avoueriez-vous pas que, quelque riche qu'il pût être, sa perte serait décidée? C'est votre état présent; car, soit que vous deviez aux nations étrangères ou à vos sujets, tout est égal. Le gouvernement étant pauvre, les sujets le sont nécessairement, ou esclaves; de même que les sujets n'ayant rien, ne possédant rien, l'état est sans force.

Heureux encore si, tombés dans des erreurs de gouvernements aussi considérables, vos fautes vous servaient de leçon pour n'en plus commettre, ou pour les réparer : mais il faut croire, d'après votre conduite, que la première impulsion que vous avez reçue est trop considérable pour vous permettre de vous arrêter.

A peine sortis d'une guerre terminée contre vos vœux, vous vous déterminez, sans consulter, à en soutenir une nouvelle, contraire en tout aux principes qui vous avaient conduits dans la précédente. Vous aviez tout sacrifié, tout abandonné dans la dernière; sang, fortune, repos, bonheur, estime des autres nations, rien ne vous a coûté pour le seul plaisir d'accroître vos domaines : et dans celle-ci, par un principe diamétralement opposé, vous faites tout ce qu'il faut faire pour les perdre; peines, soins, inquiétudes, prodigalités, opiniâtretés, fureurs, tout est porté à l'excès.

Quel contraste! qu'il prouve bien que votre gouvernement porte avec lui un vice irrémédiable, et qu'il n'est guère possible de croire que vous puissiez jamais vous réformer.

La guerre présente (plus ruineuse que la précédente, non qu'elle vous coûte encore ce que la dernière vous a coûté en argent, mais parce qu'elle porte uniquement sur vous et sur vos sujets, que les triomphes ne sont plus votre partage), a cependant augmenté vos dettes de huit cents millions, et peut-être plus, sans compter sur les dépenses à faire avant d'arriver à la paix.

Dites maintenant, si vous l'osez, que vos impôts seront diminués, que vos subsides n'ont qu'un terme, et que la paix vous rendra vos droits avec la liberté. Expliquez maintenant aux nations, qui ont les yeux sur vous, comment il se peut faire que le sénat qui vous gouverne ait pu permettre que, dans un espace de temps fort resserré, vous vous soyez endettés de près de quatre milliards, sans y comprendre les billets de votre banque, qui circulent parmi vous, et qui n'en sont pas moins, quoique n'en payant pas l'intérêt, la portion de vos dettes la plus considérable et la plus onéreuse, puisqu'elle est exigible à l'instant. Expliquez encore comment on peut être libre sous un tel fardeau, et vous direz le mot de l'énigme.

Si vos représentants n'avaient eu pour but que le bonheur des sujets, n'auraient-ils pas dû dire aux colonies qui voulaient se séparer de vous : « Citoyens, nous ne chercherons point à vous faire » rentrer, par les fureurs de la guerre, sous les lois » qui vous ont vu naître. Vous nous aviez donné le » droit de vous commander, nous ne nous en sommes servis que pour votre bonheur; mais puisque vous voulez rompre la société qui nous lie, » nous vous rendons, non la liberté, parce que vous » en avez toujours joui, mais les pouvoirs que vous » nous aviez confiés. Nous ne regrettons point les » dépenses que nous avons faites pour vos établissements; nous avons créé des heureux, c'était notre » seule envie. Nous avons fortifié vos villes et vos » ports, non pour vous asservir, mais pour vous dé-

» fendre contre l'ennemi commun; puissiez-vous ne » jamais porter de chaînes, et que le choix que vous » ferez de vos chefs ne vous fasse pas regretter un » jour la douceur du gouvernement que vous quit- » tez. Voilà les derniers vœux que nous vous offrons » au nom de votre ancienne patrie. »

C'est à ces traits que je reconnaîtrais l'équité naturelle : mais il est vrai que, pour agir et parler ainsi, il ne faudrait pas que l'Angleterre offrît, au sein de l'Europe, le contraste étonnant de sa liberté avec la servitude d'une nation confédérée (l'Irlande), qu'elle tient enchaînée sous de tyraniques lois.

Il ne faudrait pas aussi que les colonies pussent répondre : « Quoi! vous parlez de liberté à des » hommes que, depuis plus d'un siècle, vous rete- » nez dans l'esclavage, en nous forçant de vous li- » vrer le produit de nos propriétés. Vous avez même » poussé la violence jusqu'au point de nous défendre » d'en disposer en faveur de nos plus proches voi- » sins, de nos frères; et vous avez prononcé des » peines contre les infracteurs de ces injustes lois. » Vous nous vendez les productions de la métropole » chargées d'impôts, et au prix qu'il vous plaît d'y » fixer; vous demandez encore des subsides, et pour » réponse à nos justes représentations, vous lancez » la foudre et le tonnerre, vous dévastez nos cam- » pagnes, vous aiguisez le scalpel de l'Indien, votre » rage effrénée se lit sur le sein des femmes qui vous » résistent, et, pour comble d'horreurs, vous ense- » velissez les vieillards et les enfants sous les dé- » combres de nos villes embrasées. Cessez, hommes » injustes et barbares, de nous parler de liberté, ou » changez de maximes, si vous prétendez à nous » persuader. »

Que pourrait répondre l'Angleterre? Qu'il faut des colonies; qu'il n'est plus possible de se passer des productions de ces fertiles contrées; qu'enfin les autres gouvernements en agissent ainsi, et que, s'ils suivaient le principe opposé, qui serait la liberté du commerce, il se pourrait bien faire qu'avec des possessions immenses, ils fussent comme s'ils n'en avaient pas.

Voilà donc enfin le mot prononcé. Un intérêt avilissant, mal entendu, funeste avant-coureur de la chute des états, va vous faire passer, dans un instant, d'un état de splendeur à un état secondaire. Puisque la prospérité de votre gouvernement exigeait de vos soins l'établissement de quelques possessions dans ces terres étrangères, la prévoyance devait donc vous dire que le renchérissement dans la main-d'œuvre vous ferait perdre la concurrence avec les autres nations, et que son effet serait de faire naître dans l'esprit de vos colons le désir de se lier avec elle. Première faute. Pour la couvrir vous avez cherché les moyens d'envahir toutes les terres qui environnaient ces colonies; seconde erreur qui vous a jetés dans des dépenses extraordinaires, et que vous avez cru réparer par une troisième, en établissant des impôts onéreux à toute la société.

Ces causes réunies font déserter vos propres provinces par vos plus riches familles, pour aller chercher une terre moins dévorante; et vos plus belles possessions s'échappent insensiblement de vos mains.

Il est donc incontestable que le gouvernement anglais, porté au point de dégradation où il est maintenant, ne peut demander la préférence sur les autres, et que s'il en était une à donner, peut-être ne serait-elle pas pour lui. Les monarchies savent au moins apprécier leur état; l'illusion n'est pas leur partage, et elles ne cherchent pas à imposer aux hommes. Si elles jouent avec leurs chaînes, c'est sans doute qu'elles ne les trouvent pas trop pesantes; lorsque l'Anglais, qui se dit libre, traîne ses fers, présente un front triste et inquiet, en prononçant le mot *liberté*, qui naît et qui expire sur ses lèvres.

Hommes investis du pouvoir, ne verrez-vous jamais d'autres moyens de satisfaire aux besoins de l'état, que par des impôts et des subsides? Comment ne voyez-vous pas qu'en multipliant ces instruments destructeurs, la population dépérit, lorsqu'elle devrait s'accroître en raison des temps et du bonheur? Les exemples les plus frappants ne font nulle impression sur vous.

Cependant l'Amérique se peuple sous vos yeux, et se régénère tous les quinze ou seize ans, malgré toutes vos exactions, parce qu'il lui reste encore une ressource dans les terres incultes, qui n'est plus chez vous. Combien faudra-t-il de siècles pour vous prouver que c'est par le nombre des têtes que l'on doit calculer la richesse et la grandeur d'un état?

Quelles douleurs amères ne devriez-vous pas ressentir en voyant se peupler, à deux mille lieues de vous, une terre qui vous fera un jour la loi, et qui s'augmente de vos propres pertes, parce qu'elle a en elle un principe régénérateur que vous n'avez plus! Ce n'est pas à l'air, au climat, qu'il faut attribuer la cause de la reproduction des hommes, c'est à la terre qui les nourrit: or, puisque vous n'en avez plus à donner dans celle qui vous vit naître, et à laquelle vous devez des soins de préférence, pourquoi ne pas chercher à remplacer ce manque de possessions, par une possession représentative, qui donnerait à la génération qui vous succédera, une certitude d'existence qu'elle n'a point, et assurerait à l'état une population plus étendue, dont la majeure partie restera dans le néant, faute de présenter aux hommes cette certitude que la terre donne.

Appliquez aux maux dont je viens de vous tracer l'esquisse, le remède que je vous ai présenté, et vous verrez s'évanouir insensiblement toutes les maladies qui affligent l'état. Vos chaînes dont le poids vous écrasera, se briseront d'elles-mêmes, et vous serez alors ce que vous n'avez jamais été, véritablement libres.

Le principe, l'origine de vos désastres, vient de ce que vous n'avez pas su fixer par des bienfaits les hommes que vous vouliez opprimer par la force. Si vos colonies, qui ne tiennent plus à vous que par le désir qu'elles ont d'en être détachées, eussent été enchaînées par ce moyen, elles feraient encore la plus sûre partie de vos forces.

Pour vous convaincre de cette vérité, considérez l'Amérique comme ayant reçu de vous, il y a quinze ou vingt ans, le plan que je vous ai présenté. Adaptez-le aux hommes qui la composent, à la nature de leurs biens, à leur population, et vous en verrez naître la plus parfaite harmonie pour vos intérêts et les leurs.

Les hommes qui peuplent cette vaste contrée doivent être rangés dans deux classes. Dans la première sont les propriétaires; la seconde est formée de ceux qui n'y doivent passer qu'un certain temps, et que les emplois ou l'envie de faire fortune ont expatriés.

Il en est cependant encore une troisième, qui semble appartenir aux deux hémisphères; ce sont les marins, pour qui l'Amérique et l'Europe paraissent se toucher par un point.

Les hommes qui habitent l'Amérique, envisagés comme propriétaires, ont formé leurs habitations, ou les ont mises en valeur. Leur fortune, établie sur une base solide, en détermine une grande partie à rentrer en Europe, pour y jouir des douceurs de la société ou des agréments du climat. Si on eût proposé, il y a quinze ou vingt ans, à ces hommes, de leur donner trente pour cent de leur argent après vingt ans, il est certain qu'un intérêt aussi fort les aurait engagés à placer une certaine somme avant leur retour, afin de pouvoir s'assurer dans la métropole une existence indépendante de la longueur des retours, de l'incertitude des récoltes, des événements de la guerre, et des hasards qui influent sur tout ce qui tient à une distance de deux mille lieues.

Ceux, au contraire, qui restent en Amérique, soit par goût, par attachement à ce pays, ou par amour pour leur famille, envoient leurs enfants en Europe, pour y recevoir une éducation qu'ils ne peuvent trouver dans des habitations éloignées les unes des autres.

Ces sages colons n'auraient-ils pas dit : on m'offre trente pour cent de l'argent que je placerai sur la tête de mes enfants; je peux les élever chez moi jusqu'à l'âge de quinze ou vingt ans; ils seront, dans ce moment, près de toucher leurs rentes, ainsi je n'aurai donc que quelques années d'entretien à leur fournir dans la capitale. Cet heureux moment arrivé, toutes mes dépenses d'éducation et d'établissement sont faites, leur bonheur et le mien sont fixés.

Il aurait donc résulté de ce traitement accordé à cette classe d'hommes, 1° un bien-être décidé pour eux; 2° l'Angleterre, en y trouvant son intérêt, se serait fait donner des ôtages de la fidélité de ses colonies, ôtages dont elle n'aurait pas eu besoin, car comment abandonner une mère aussi prévoyante et aussi utile?

La classe qui suit les propriétaires étant composée de ceux qui n'y doivent rester qu'un certain temps, ne s'occupe que de la fortune, afin de rentrer dans la patrie, et y jouir des prérogatives que donne la richesse. N'est-il pas juste de penser que ce moyen étant le plus prompt et le plus sûr, ils auraient versé dans les coffres de l'état, les premiers produits de leurs soins, pour s'assurer une retraite dans leur patrie: et, laissant leurs places et leurs exemples à suivre à ceux qui leur auraient succédé, ils auraient ouvert un nouveau débouché aux hommes assez sages pour les imiter.

La troisième classe, qui tient aux colonies, sans être pour ainsi dire d'aucun pays, est la marine. Comme il n'est qu'une courte portion de la vie pour faire un métier aussi pénible, les profits sont aussi plus considérables que dans tout autre état; et, si on ne voit pas dans ce corps des fortunes encore plus promptes, c'est la faute du gouvernement. Le marin pris en général, se prépare à la vue des terres, à dépenser l'argent qu'il vient de gagner. Sa santé s'altère souvent dans celles où il aborde, loin de s'y rétablir; et ses bénéfices dissipés, il remonte son vaisseau, moins riche et moins en état de faire le voyage qu'il entreprend, que lorsqu'il en est descendu.

Si ces rentes étaient ouvertes, le prix de trentepour cent ne les tenterait-il pas? Combien d'entre eux confieraient au gouvernement l'argent qu'ils viennent de gagner à son service, afin de se faire un sort pour le moment où les forces nécessaires pour continuer cet état seront remplacées par la faiblesse de l'âge? l'intérêt éclaire toujours les hommes : mais quand il est trop petit, alors sa lumière n'a plus de force, il est dédaigné.

Qu'un marin, à l'âge de dix-huit ou vingt ans, ait gagné, dans un voyage, cinquante ou cent guinées, il en achète des plaisirs, dans l'idée qu'un autre embarquement lui rendra les dépenses qu'il va faire. D'ailleurs que lui rapporterait cet argent? trois ou quatre guinées ne peuvent le tenter; mais si l'état lui en offrait quinze ou trente, on peut assurer que les trois quarts seraient entraînés par l'appât d'un intérêt aussi fort. De quel avantage cette loi ne serait-elle pas? l'état, les mœurs, la marine et la population en recevraient un accroissement : l'indigence se verrait pour la première fois combattue avec succès.

Voilà le subside qui devait asservir les colonies à la métropole : cet heureux impôt, cent fois plus profitable que tous les autres ensemble, vous aurait empêchés d'en proposer d'insupportables, et aurait enchaîné à jamais ses habitants à votre destinée. C'est ainsi qu'un seul bienfait, heureusement dispensé par de sages législateurs, aurait décidé du sort des hommes et d'un empire.

Voyons maintenant de quelle utilité serait cette loi à la nature des biens qui constituent ces colonies. Pour bien exposer la question dans tout son jour, je la rendrai telle que l'auteur de l'Histoire philosophique et politique la propose, *tome* V, *p.* 150.

« Qui le croirait ? une loi qui semble dictée par » la nature même, qui se présente la première au » cœur de l'homme juste et bon, qui ne laisse » d'abord aucun doute à l'esprit sur sa rectitude et » son utilité, cette loi cependant est quelquefois » contraire au maintien de nos sociétés ; elle arrête » le progrès des colonies, les écarte du but de leur » destination ; et de loin elle prépare leur chute et » leur ruine. Qui le croirait ? C'est l'égalité de par- » tage entre les enfants ou les cohéritiers. Cette loi » si naturelle veut être abolie en Amérique.

» Ce partage fut nécessaire dans la formation des » colonies. On avait à défricher des contrées immen- » ses. Le pouvait-on sans population ? et comment, » sans propriété, fixer dans ces régions éloignées » et désertes, des hommes qui la plupart n'avaient » quitté leur patrie que faute de propriété ? Si le » gouvernement leur eût refusé des terres, ces aven- » turiers en auraient cherché de climat en climat, » avec le désespoir de commencer des établissements » sans nombre, dont aucun n'aurait pris cette con- » sistance qui les rend utiles à la métropole.

» Mais depuis que les héritages, d'abord trop » étendus, ont été réduits par une suite de succes- » sions et de partages sous-divisés à la juste me- » sure que demandent les facilités de la culture ; » depuis qu'ils sont assez limités pour ne pas rester » en friche, par le défaut d'une population équi- » valente à leur étendue, une division ultérieure » des terrains les ferait rentrer dans leur premier » néant. En Europe, un citoyen obscur, qui n'a » que quelques arpents de terre, tire souvent un » meilleur parti de ce petit fonds, qu'un homme » opulent, des domaines immenses que le hasard

» de la naissance ou de la fortune a mis entre ses » mains. En Amérique, la nature des denrées, qui » sont d'un grand prix; l'incertitude des récoltes, » peu variées dans leurs espèces; la quantité d'es- » claves, de bestiaux, d'ustensiles nécessaires pour » une habitation, tout cela suppose des richesses » considérables qu'on n'a point dans quelques co- » lonies, et que bientôt on n'aura plus dans aucune, » si le partage des successions continue à morceler, » à diviser de plus en plus les terres.

» Qu'un père, en mourant, laisse une succession » de trente mille livres de rentes, sa succession se » partage également entre trois enfants. Ils seront » tous ruinés, si l'on fait trois habitations; l'un, » parce qu'on lui aura fait payer cher les bâtiments, » et qu'à proportion il aura moins de nègres et de » terres; les deux autres, parce qu'ils ne pourront » pas exploiter leur héritage sans faire bâtir. Ils se- » ront encore tous ruinés, si l'habitation entière » reste à l'un des trois. Dans un pays où la condi- » tion de créancier est la plus mauvaise de toutes » les conditions, les biens se sont élevés à une va- » leur immodérée. Celui qui restera possesseur de » tout sera trop heureux, s'il n'est obligé de donner » en intérêts que le revenu de l'habitation. Or, » comme la première loi est celle de vivre, il com- » mencera par vivre et ne pas payer. Ses dettes s'ac- » cumuleront. Bientôt il sera insolvable, et du dé- » sordre qui naîtra de cette situation, on verra sortir » la ruine de tous les cohéritiers.

» L'abolition de l'égalité des partages est le seul » remède à ce désordre. Il est temps que la législa- » tion, aujourd'hui plus éclairée, voie dans ses co- » lonies plutôt des établissements de choses que de

»personnes. Sa sagesse lui inspirera des dédommagements convenables pour ceux qu'elle aura dépouillés et sacrifiés en quelque manière à la fortune publique. Elle leur doit des moyens de subsister par le seul travail possible à cette espèce d'hommes, en les plaçant sur de nouveaux terrains; et elle se doit à elle-même d'acquérir de nouvelles richesses par leur industrie. »

Cet estimable patriote voudrait encore, qu'outre le don des terres incultes, on distribuât à ceux que l'intérêt de la patrie aurait dépouillés de leurs espérances naturelles, l'argent qu'on est dans l'usage de jeter sans fruit pour les établissements des nouvelles colonies.

Il n'est pas possible de se refuser à l'évidence de cette objection ; mais je crois aussi que les moyens que l'on donne pour remédier au mal, sont insuffisants. Les hommes sacrifiés par la révocation de la loi des partages, se croiront toujours trop peu indemnisés par les dons de l'état; et le gouvernement croira toujours en avoir trop fait, lors même qu'il sera au-dessous de ce qu'il devait faire : ainsi les colonies languiront.

Voyons maintenant si les rentes qu'on propose pourront parer à tout, et si, sans révoquer la loi des partages, sans rien demander aux gouvernements, qui n'aiment pas à donner; sans forcer les hommes d'abandonner la terre qui les a vu naître, pour aller former de nouvelles habitations ; voyons, dis-je, s'il ne sera pas possible de laisser la possession entière du bien du père à l'aîné de sa maison; si l'état n'y trouvera pas son avantage, et si encore ces hommes qu'on veut éloigner presque par force, n'iront pas volontairement et librement fertiliser et peupler les nouvelles terres qu'on voudra bien leur donner *ou leur vendre.*

En supposant, pour suivre l'objection qu'on vient de lire, qu'un père possède une habitation dont le produit annuel est de trente mille livres, et que trois enfants composent sa famille, comment pourra-t-il faire pour assurer la totalité de cette terre à l'aîné, sans priver les deux autres de leur légitime; disons plus, en l'augmentant d'une moitié?

Comme il est à présumer que ce père ne peut ignorer la loi des partages, et que son désir est que son bien n'y soit pas soumis, il doit emprunter ou économiser, dès le bas âge de ses enfants, une somme de cent mille livres, qu'il placera par égale portion sur les deux plus jeunes. En supposant qu'il ait été dix années à faire cette économie, ces enfants jouiront, à l'âge de trente ans, de quinze mille livres de rentes chacun.

Les dispositions de ce père, car il faut tout prévoir, doivent porter que, si la mort vient le surprendre, sa maison, quoique n'existant plus, sera toujours l'asile des deux cadets jusqu'au moment qui les mettra en possession de leur revenu, sans qu'ils puissent prétendre autre chose que la pension et le vêtement.

L'aîné, par cet arrangement, se trouve donc déchargé de la rente de vingt mille livres qu'il aurait été obligé de faire à ses deux frères, pour accomplir la loi des partages : et, dans le cas où le père n'aurait pas acquitté l'emprunt des cent mille livres, il ne se trouvera chargé que d'une rente de cinq ou six mille livres, au lieu de vingt qu'il serait contraint de faire, s'il voulait conserver la terre en son entier.

Cette acquisition des deux tiers du bien de son

père pour le prix de cent mille livres ne doit pas lui paraître onéreuse; car, en n'estimant le fonds entier de l'habitation qu'à six cent mille livres, il est constant qu'il achète, avec cent mille livres, la vraie valeur de quatre cent mille. Enfin, que l'on calcule comme l'on voudra, on trouvera toujours que l'aîné aura, outre son partage, au moins la moitié de la succession de son père en pur bénéfice.

Les frères puînés ne peuvent néanmoins se plaindre, puisque leur succession est agrandie de cinq mille livres de rentes pour chacun, et qu'au lieu de dix ils jouiront de quinze mille livres.

L'état, heureux de cet arrangement, jouira encore du bonheur de voir défricher ses terres par des colons au-dessus du besoin, et en état d'y verser chaque année, pour les améliorer, le produit d'un revenu considérable. L'idée de posséder, l'habitude de commander, leur fera désirer ce genre de possession sans contraindre leur volonté.

Je dirai encore que, pour donner à cette loi toute la force et la beauté dont elle est susceptible, il faudrait décharger les colonies de toute redevance quelconque, parce que les sommes qu'elles verseraient volontairement dans les coffres du gouvernement, excéderaient tellement celles des subsides qu'on peut leur demander, qu'il n'est nulle proportion entr'elles, et que, par ce double moyen, le commerce serait porté à un point où il n'a jamais été.

Quoique j'aie dit que la population s'accroîtrait sous les yeux de cette loi, je ne pense pas cependant qu'il soit nécessaire d'en donner des preuves. Le plan qui compose la première partie de ce Mémoire, en renferme tant, qu'il n'est pas possible que cette proposition soit contestée. Je crois donc, Anglais, vous avoir prouvé que vos colonies feraient encore la plus sûre partie de vos forces, si vous aviez su quitter la route du despotisme, pour prendre celle de la bienfaisance.

Je crois vous avoir aussi prouvé que vos dettes se trouveraient insensiblement acquittées par ce moyen, parce que c'est un effet naturel qui dériverait de la cause première, le bien public. Ces dettes, dont vous ne sentirez bien le poids qu'après la guerre, lorsque le temps vous en présentera l'énormité, et vous rendra insupportables les impôts que vous serez obligés de prélever pour en payer les arrérages, s'anéantiraient donc un jour!

Si les premières années ne produisaient pas un soulagement aussi prompt qu'il serait désirable, la certitude de les voir finir, et le calme qui doit en être la récompense, feraient supporter les charges onéreuses qu'elles occasioneront. Le retard, dans une telle circonstance, est un crime national dont on ne peut apprécier la grandeur qu'après de mûres et longues réflexions, et par les suites désastreuses dont il sera la cause.

Vos dettes acquittées, les impôts doivent cesser; et par une gradation de causes et de faits, on dira alors de votre nation, que n'y ayant plus de subsides et d'impôts, il est impossible qu'il y ait les moindres traces de l'esclavage.

On ne cherche à asservir les hommes que par rapport au besoin que l'on a des choses dont ils sont en possession : or, les besoins de l'état étant cessés, la cause toujours renaissante des divisions n'existant plus, c'est-à-dire les subsides et les impôts, l'état jouira d'une tranquillité qu'il n'a jamais eue, parce qu'ils ne fourniront plus de prétextes aux grands pour asservir le peuple.

Donner aux hommes les moyens de s'enrichir, c'est, me dira-t-on, leur rendre l'envie de dominer que ce système semblait vouloir éteindre. Il n'est que la simple possession des besoins de première nécessité qui puisse les sauver des entraves du despotisme. Mais comme nous ne sommes plus dans ces heureux temps des républiques naissantes, où chacun était riche de sa pauvreté; que désormais un état qui a goûté le poison des richesses ne peut plus y être ramené, parce qu'il s'est fait des besoins factices qui lui sont devenus naturels, l'opulence est donc aujourd'hui un besoin décidé pour l'Angleterre.

Cette vive objection peut surprendre, mais elle ne servira qu'à prouver la liaison de ce système avec l'intérêt réciproque du gouvernement et des hommes. Elle présente deux difficultés qu'il faut examiner, savoir : si ce plan peut remédier au despotisme, et donner cette opulence dont l'Angleterre ne peut plus se passer.

Les subsides et les impôts sur lesquels le parlement prononce, servent d'aliment perpétuel à cette fermentation qui divise les esprits et nourrit le despotisme. Mais, s'ils étaient remplacés par l'établissement de ces rentes, le parlement n'ayant plus à discuter cet intérêt de l'état qui rétrécit l'esprit de ses membres, ce corps se donnerait tout entier à l'examen des grandes choses et au moyen de les produire. Ce ne serait plus un sénat riche dans un état pauvre; il serait législateur dans une nation opulente, ce qui entraîne absolument la nécessité de s'élever par le génie, et écarte le despotisme, qui se trouverait surveillé par des hommes éclairés et heureux du bonheur public.

Je n'entends pas par le mot *opulence*, les richesses fictives, l'or et les effets précieux. Rome trouva sa perte dans la possession de ces choses. On ne doit admettre l'opulence d'un état, que lorsque tous les citoyens y ont un droit, que la richesse du gouvernement est en quelque sorte un don du peuple, et que la richesse du peuple vient d'une juste répartition des fonds de l'état sur la nation (1).

La véritable opulence telle qu'on vient de la définir, se trouve parfaitement, en adoptant ce système. Si les membres de ce parlement trouvaient dans leurs propres richesses une ressource suffisante pour faire un sort à leurs enfants, relatif aux vues qu'ils ont sur eux; si, par le moyen d'une somme quelconque (d'autant moins forte qu'elle rapporterait trente pour cent après vingt ans), ils pouvaient leur former des rentes indépendantes de toute révolution, qui ne voit que dès-lors ils seraient d'autant plus à l'abri de la séduction, que ce serait au maintien de la prospérité de la patrie qu'ils devraient leur existence et leur richesse?

Quinze ou vingt ans révolus à dater du moment qui verrait paraître cette loi, rendraient l'état et la nation véritablement opulents, parce qu'ils le seraient l'un par l'autre. C'est donc par cette heu-

---

(1) Le plus beau moment de la république Romaine, est celui où elle veille au bonheur de ses citoyens, par une juste répartition des terres. Cette répartition n'est plus praticable, mais elle peut être remplacée par les rentes proposées; et les effets en seront plus heureux. Rome, affaissée sous les précieuses dépouilles des nations, ne pense plus à ses citoyens, s'enrichit et tombe. Quelle leçon pour ceux qui gouvernent!

reuse loi qu'il serait possible d'arriver au but où les hommes tendent, et dont ils sont encore si éloignés.

Le renchérissement de la main-d'œuvre a occasioné les désastres de la Grande-Bretagne. Forcée de diminuer ses denrées, le prix de ses terres et de ses manufactures, si elle veut rentrer en concurrence de commerce avec les autres nations, cette perte apparente se trouverait remplacée par un bien réel, si elle donnait à ses citoyens la faculté d'assurer une fortune à leurs enfants, en proportion de leur naissance et du bien qu'ils ont à espérer.

Le peuple, inutile dans sa paresse, deviendrait laborieux, en voyant le peu qu'il lui faudrait pour faire un sort aux siens; et j'ose prédire qu'il viendrait un temps où il serait honteux pour les pères de famille, de n'avoir pas mis une somme en dépôt entre les mains de l'état, pour subvenir aux besoins de leurs enfants.

Il n'est plus qu'un moment pour se décider; cet instant est précieux, si l'Angleterre veut conserver les restes de cette grandeur qui lui fut chère, et qui va s'évanouir.

Qu'elle abjure les erreurs de son ancien empire, dont les fondements n'ont été élevés que par les bras des faibles opprimés par les forts. Que les bienfaits soient désormais le lien qui doit unir l'Amérique à son gouvernement : que cette loi, que la nature et son état présent demandent, soit la première époque qui précède l'heureux traité que la prudence exige d'elle, et elle verra s'élever sur ses débris son bonheur et celui des autres nations, qui, en lui portant leurs fonds, commenceront par établir le sien.

Le moment est pressant, je le dis encore; ainsi,

qu'elle s'efforce seulement d'engager l'Amérique à conserver ses lois, sa religion et sa langue; qu'elle sacrifie tout pour conserver l'Irlande, le temps peut lui ramener des frères, des amis qu'elle a aliénés par le despotisme, par les fureurs, et qui lui seront rendus par les bienfaits et l'espérance de participer au même bonheur dont on verra jouir ses citoyens.

MONARCHIES.

LA FRANCE.

Après avoir lu tous les livres qui ont paru sur la législation, la politique et les intérêts des peuples, on sent qu'il manque quelque chose qui laisse dans l'âme je ne sais quoi de triste, dont on est pas maître. On attend, mais en vain, un remède aux maux dont ces auteurs éclairés viennent de vous tracer le fidèle tableau; on se jette avec avidité sur la production la plus nouvelle, dans l'espérance qu'elle va enfin tracer la route qu'il faut suivre pour bannir de la société les maux qu'une législation imparfaite y a introduits : la peine redouble quand, à la fin, on ne trouve que des conseils inutiles ou des efforts impuissants.

Quoi! serait-il décidé que la malheureuse condition de l'homme ne peut être changée? Est-il donc impossible d'allier les intérêts de l'état avec ceux du citoyen, car tout dépend de ce seul point; et ne peut-on tirer de cette union un avantage capable d'assurer le bonheur des peuples. Pour marcher dans cette route avec sûreté, et pour se convaincre ou se dépersuader, il n'est qu'un moyen : c'est de ne s'avancer, s'il est permis de parler ainsi, que la comparaison à la main. C'est aussi en suivant ce principe, que j'examinerai de quelle utilité pourrait être, aux lois politiques des monarchies, le système que l'on propose.

Le défaut capital de tous les gouvernements, le premier de leurs vices, et qu'on peut regarder comme le principe d'une dissolution plus ou moins éloignée, c'est que les hommes en général ne sont attachés par aucun bienfait à la patrie dans laquelle ils ont reçu le jour.

Voilà le fond du procès interminable qui existe depuis si long-temps entre ces deux parties. Si la patrie pense que ses bienfaits seraient versés sur des ingrats, qui ne chercheraient que les moyens de la détruire si elle s'occupait d'eux, elle doit s'attendre qu'on lui dira que c'est à elle de faire les premiers pas, si elle veut trouver des citoyens reconnaissants.

Les colonies de l'Amérique se détachent de l'Angleterre, parce qu'elles n'ont aucun intérêt à vivre sous ses lois; qu'au contraire, leur commerce et les revenus de leurs terres seront doublés lorsqu'elles seront indépendantes. La liberté ne leur sert que de prétexte; c'est l'intérêt qui est le vrai mobile de la guerre qu'elles soutiennent. Il en arriverait autant aux autres nations, s'il se présentait des circonstances aussi favorables, et si elles étaient jointes à un intérêt aussi décidé.

Le tort est en entier du côté de la métropole. Les colonies trouvent des défenseurs parmi les hommes qui raisonnent; l'Angleterre est seule contre tous. Quel moyen présenterait-elle pour se disculper de n'avoir rien fait pour elles? Mais quelle est aussi la monarchie qui pourrait dire à l'Angleterre: Que ne m'imitiez-vous? pourquoi chercher à accroître le domaine que le sort vous avait donné? vos soins auraient dû se borner à rendre les hommes heureux.

N'aurait-elle pas à répondre : Ainsi que moi, vous avez été tourmentée de la folle ambition des conquêtes; mais les peuples qui vous entouraient vous ont heureusement forcée à reconnaître des limites. Placée au milieu des eaux, rejetée du continent, j'ai cru pouvoir m'étendre dans le Nouveau-Monde; mes espérances ont été trompées. Le reproche de n'avoir pas fait le bonheur des hommes vous convient autant qu'à moi; et si je suis la première à être punie de ce défaut, tremblez qu'un pareil sort ne vous soit réservé ?

En effet on trouve peu de traces de bienfaisance patriotique dans les monarchies. Les lois politiques n'ont pas même cette empreinte de bonté qu'elles pourraient avoir, parce que n'offrant pas aux peuples une loi qui pût les mettre au-dessus du besoin, les législateurs ont été contraints de suppléer à la bienfaisance, par la force.

LES DOUAIRES.

Les lois de l'acte le plus commun parmi les hommes, le mariage, portent en France un ton de sévérité qui prouve que l'on n'a point vu d'autre moyen d'assurer ce que l'on nomme *douaire* et *préciput* (1), qu'en asservissant les biens aux clauses du contrat, ce qui occasione une foule de procès aussi ruineux que désagréables. Que l'on examine

(1) On a tellement démontré l'utilité de ce plan pour les dots, dans la première partie de ce mémoire, qu'il ne reste à parler que des douaires.

maintenant si les rentes dont on vient de tracer le plan ne pourraient pas rendre ces lois plus douces, ou si elles n'offriraient pas un moyen d'éviter leur rigorisme, en donnant la facilité d'économiser et de parer en même temps aux désastres dont les fortunes les plus sûres ne sont point à l'abri.

Quelque peu considérable que l'on suppose le douaire d'une épouse, qu'il soit fixé à deux ou trois mille livres; si le mari vient à mourir, il faut un fonds représentatif, qui, dans ces deux hypothèses, sera au moins de quarante ou soixante mille livres, afin d'assurer le paiement de cette rente. Je demande alors quelle est la famille qui ne consentirait pas, ou plutôt qui n'ordonnerait pas, soit par économie ou par crainte, qu'il fût prélévé sur la dot, une somme de sept ou dix mille livres (1), pour être placée entre les mains de l'état, et pour servir de douaire, afin de décharger les biens d'une rente onéreuse souvent très-longue à servir, et toujours payée avec regret? Il est bien des circonstances dans la vie, où l'argent est prodigué; mais c'est au moment des établissements qu'il semble être de nulle valeur. N'est-ce pas la faute du gouvernement, qui ne fait pas voir de quelle utilité il pourrait être, en le remettant entre ses mains.

Qui est-ce qui ne verra pas que ce faible fonds, ainsi placé, pourrait être une ressource contre les disgrâces de la fortune, ou que, si elle est toujours propice, ce revenu servira d'encouragement à la population? Voilà la loi qu'il faudrait présenter aux hommes pour les enchaîner à la patrie.

---

(1) Sept mille livres, à trente pour cent, donnent une rente de deux mille cent livres; et dix mille livres donneraient trois mille livres.

Mais cette loi sera-t-elle du goût dominant? La majeure partie des familles adopteront-elles cette économie dans la proportion respective de leurs fortunes? On pourrait s'en rapporter sur ce point à l'intérêt public, trop bien établi par ce moyen, pour qu'il soit permis de douter. Mais s'il faut des preuves, elles se trouvent dans les actions mêmes de la nation.

Lorsqu'en 1778, la France ouvrit un emprunt de quarante millions dont les intérêts furent fixés à huit et demi pour cent sur deux têtes, et à dix sur une seule, tous les pères de famille qui voulurent placer à ces rentes sur leurs enfants, cherchèrent le moyen de se lier avec ceux qui, décidés à prendre dix pour cent, allaient porter leur argent afin de s'assurer un revenu aussi fort, et pour les engager à se nommer un successeur, en leur payant la différence de huit et demi pour cent, à dix.

Je supposerai, pour m'expliquer encore plus clairement, qu'un célibataire eût le dessein de placer quarante mille livres pour se faire quatre mille livres de revenu, et que le père d'un jeune enfant est instruit de ses intentions. Alors ce père se présente, et lui dit : si vous voulez, je joindrai aux quarante mille livres que vous allez donner, dix autres mille livres, ce qui fera cinquante que vous placerez à huit et demi pour cent, et qui vous rapporteront *quatre mille deux cent cinquante livres*, au lieu de *quatre mille* que vos quarante vous vaudraient à dix pour cent, *et vous nommerez mon fils pour votre successeur*, puisque la loi permet de s'en choisir un, *en ne prenant que huit et demi pour cent d'intérêt.*

Cette combinaison n'échappa pas à bien des

pères de famille; et si elle ne fut pas généralement suivie, si on a placé quelques sommes à dix pour cent, c'est qu'on a eu trop peu de temps pour chercher ceux avec qui il était possible de faire cet arrangement, et qu'on s'est pressé de porter son argent, dans la crainte de manquer une occasion de placer ses fonds aussi favorablement.

Si l'état ouvrait un second emprunt, aux mêmes conditions, et qu'il voulût bien l'annoncer au public quelques mois d'avance, j'assurerais qu'il n'y aurait pas un écu de placé à dix pour cent, si ce n'est dans les petites sommes, qui ne présentent pas un intérêt assez grand pour être combiné. S'il était possible que je me trompasse dans cette assertion, l'erreur ne viendrait que d'une raison qui en prouve davantage la vérité. C'est que ceux qui n'auraient point de successeurs à désigner autres que ceux que le hasard ou l'intérêt leur donneraient, voudraient vendre cette faveur trop cher; et à force d'y mettre un prix trop considérable, ne trouveraient personne qui voulût se prêter à leurs propositions. Où rencontrer effectivement un homme assez borné pour préférer un revenu moins fort que celui qu'il se pourrait faire avec la même somme qu'il voulait donner, lorsqu'on ne lui demande que de se nommer un successeur pour jouir quand il ne sera plus.

Je n'examinerai point s'il était de l'intérêt de l'état d'ouvrir de telles rentes; il me suffit d'avoir prouvé que dès l'instant qu'il donne au public le moindre avantage, il sait en profiter, et qu'aussitôt qu'on ouvrira les moyens de se faire des rentes considérables avec un fonds modique, le temps sera compté, pour les enfants, à peu de chose, et n'arrêtera pas le désir naturel aux pères, de les mettre à l'abri de l'indigence. Cet exemple prouve encore que le goût dominant est d'assurer à ceux qui existent, un bonheur indépendant des événements : qu'ainsi les douaires et les établissements des femmes, qui sont les plus assujettis aux revers de la fortune, pouvant être mis à l'abri de ses vicissitudes par un moyen peu coûteux, il serait généralement adopté et suivi, puisqu'il établirait la sûreté et la tranquillité de la société.

Je ne doute point qu'il ne se trouve quelques calculateurs qui m'objecteront qu'il ne faut pas conclure de l'exemple que je viens de citer, que le public adopterait avec avidité les rentes de trente pour cent, parce qu'elles ne donneraient pas le même avantage que l'on vient de voir, puisque les dix mille livres que le père a ajoutées aux quarante, peuvent faire un jour quatre mille deux cent cinquante livres de revenu à son fils, ce qui est bien plus que trente pour cent, et qu'en outre il est possible que cet enfant en hérite sous deux ou trois ans. Il faut, au contraire, attendre vingt ans pour jouir de celle de trente pour cent.

Il est beaucoup de réponses à faire à cette objection, et que je crois sans réplique.

1° S'il est possible de n'être que quelques années à attendre pour jouir, par la mort du premier titulaire, de la rente de quatre mille deux cent cinquante livres, il est aussi possible d'être trente ou quarante ans avant d'entrer en possession, et les vingt ans expirés, dans les rentes à trente pour cent, la jouissance est décidée.

2° Si l'intérêt excède trente pour cent dans l'exemple que j'ai donné, il n'en faut pas conclure qu'il serait possible de trouver à ce prix le moyen de former une rente à son enfant, si le même emprunt se faisait une seconde fois. J'ai pris cet exemple au hasard, mais je suis intimement convaincu qu'on demanderait plutôt quinze mille livres que dix : et que sais-je? peut-être le célibataire ne voudrait-il donner que vingt-cinq mille livres, qui, avec les quinze, feraient quarante, et ne formeraient plus, à huit et demi, que *trois mille quatre cents livres de revenus*, parce que, dirait-il, vous êtes trop heureux de pouvoir faire trois mille quatre cents livres de rentes à votre fils, après ma mort, avec quinze mille livres. Cette proposition changerait beaucoup les choses, et les rentes à trente pour cent auraient un bien autre avantage, puisqu'elles donneraient *quatre mille cinq cents livres* pour quinze mille livres, et cela à jour fixe.

3° Les dix mille livres, une fois données, ne peuvent plus se retrouver; le sort en est jeté, il faut que les choses restent dans cet état : au contraire, dans les rentes de trente pour cent, il est possible de revendre, et de toucher deux et demi pour cent d'intérêt.

4° Si cet enfant meurt, tout est perdu; il n'est pas possible de prévoir cet événement : dans l'autre manière de placer, au contraire, on peut se relever de cette perte, si on prévient la mort du titulaire quarante jours avant son décès.

5° L'état ne peut tenir de telles rentes, à huit et demi pour cent sur deux têtes, perpétuellement ouvertes; il serait surchargé de dettes avant peu d'années. Quelque riche que soit la France, elle y trouverait sa perte. Ainsi cet avantage fait au public ne peut être que celui du moment, et ne peut faire loi; il y aura trop peu de particuliers à en profiter, pour pouvoir dire que c'est un bien être national. Il faut, par une opposition marquée en tout, que les rentes de trente pour cent soient perpétuellement ouvertes; et leur plus grand avantage pour l'état sera quand la nation en aura bien connu l'utilité.

L'emprunt fait en novembre 1779 décide bien autrement cette question. L'état l'ouvrit sous les conditions de dix pour cent sur une tête, neuf pour cent sur deux, huit et demi sur trois, et enfin huit pour cent sur quatre. Cet édit prouve beaucoup de choses.

1° L'état était donc persuadé que le terme de vingt ans n'est pas un terme assez long pour empêcher le public de placer son argent sous cette condition, puisqu'il l'excède de moitié. Si, en effet, on veut se restreindre à ne compter, comme je l'ai fait, que deux morts par an, sur cent vivants, on trouvera qu'après vingt-cinq ans les probabilités sont qu'il doit encore rester deux personnes vivantes sur quatre, que la troisième doit encore exister treize ans et demi ou quatorze ans, et conséquemment la quatrième ne doit jouir qu'après trente-huit ou quarante ans, ce qui est le double de vingt.

2° La preuve que le gouvernement a eu raison de croire que ce terme ne serait point un empêchement à ses désirs, c'est que cet emprunt a été rempli en huit jours, et qu'après ce temps ce même emprunt a donné deux et demi pour cent de bénéfice à ceux qui ont eu assez de prévoyance pour donner leurs fonds à l'état dans ce court délai, et qui ont bien voulu revendre le droit qu'ils s'étaient acquis de placer ainsi. Preuve unique dans son espèce, et que je crois sans réplique, parce que le public l'a jugée.

3° Le bénéfice des calculateurs pouvait être énorme; je n'en donnerai pour preuve qu'une seule combinaison qui n'aura pas sans doute échappé à bien des hommes. Je supposerai qu'une personne a placé quarante mille livres à ces rentes. Le plus bas intérêt étant de huit pour cent, cette somme doit donner trois mille deux cents livres, avec le droit de se nommer trois successeurs. Cela posé, il est bien permis à celui qui a donné son argent, de dire au premier homme qu'il rencontrera : combien voulez-vous me donner, et je vous nommerai pour mon premier héritier, d'une somme de trois mille deux cents livres? Ce premier droit de succession ne peut valoir moins de douze ou quinze mille livres; ainsi voilà déjà autant de rentré sur les quarante. Les deux autres héritiers qui restent à nommer peuvent bien, entre eux, dans une proportion respective à leur rang de succession, fournir une pareille somme; or, c'est donc vingt-quatre ou trente mille livres à déduire sur les quarante.

Mais, pour éviter toute contestation, supposons qu'il n'est pas possible de vendre ces trois degrés d'héritage plus de vingt mille livres; savoir : dix mille livres pour le premier, six mille livres le second, et quatre mille livres le troisième; il reste certain que le premier titulaire n'aura donné que vingt mille livres pour une rente de trois mille deux cents livres, et qu'ainsi il aura placé son argent à seize pour cent, au lieu de huit.

4° Enfin, outre les raisons que l'on a données, cet intérêt, quelque avantageux qu'il soit pour le public, ne peut cependant le satisfaire. Cette incertitude du moment où l'on doit hériter ne présente aucun avantage. Peut-être sera-ce pour demain, peut-être aussi dans trente ou quarante ans; ce doute est destructeur de toute entreprise et de tout bien. Quarante mille livres placées sur quatre têtes, dans les rentes de trente pour cent, donneraient douze mille livres de revenu, ou, ce qui est de même, trois mille livres à chacun. Les hommes ne seraient point forcés, par l'intérêt, à se désirer la mort; et l'état, payant à ces quatre têtes, est indemnisé par les autres mortalités. Enfin, ces quatre sujets existant et dépensant, c'est tout ce qu'il lui faut; son bénéfice serait certain, puisqu'il serait l'héritier du peuple.

Voilà mes réponses, et la certitude que le goût dominant du public serait satisfait, ainsi que son intérêt, par l'établissement des rentes que l'on propose. Si ces avantages, joints à ceux dont on a précédemment donné la preuve, étaient les seuls qu'il fût possible de présenter, ils suffiraient pour en exiger l'établissement; mais il en est un nombre encore plus grand que ceux que l'on a décrits.

LES MONASTÈRES.

Je sens que la religion ne doit entrer pour rien dans la discussion des intérêts de finance, et mon respectueux dévouement pour elle me retiendra toujours dans les bornes prescrites; mais je crois qu'il est permis d'examiner si l'argent que les familles consacrent à l'établissement de ceux qui se destinent à son service, ne pourrait pas être plus utilement employé pour leur bonheur et pour sa gloire.

Lorsque l'on a voulu considérer s'il était utile que la France eût un nombre aussi considérable de monastères, de religieux et de religieuses, on a cru voir qu'outre la vocation de ces âmes pieuses à l'état monastique, il était encore un autre motif pour permettre l'établissement de ces maisons.

Que deviendrait, a-t-on dit, ce nombre considérable d'enfants issus d'un sang noble, de parents respectables, si ces asiles étaient anéantis ? Où placer plus décemment que dans une maison religieuse une fille bien née, mais sans assez de fortune pour prétendre à un établissement dans le monde ? On peut, avec dix ou douze mille livres, former sa dot; s'il fallait, au contraire, penser au mariage, il faudrait cinquante ou soixante mille livres pour trouver un parti sortable ?

Ces raisons ont été et seront toujours assez fortes pour arrêter les entreprises du ministère contre ces retraites sacrées : mais ne serait-il pas possible de ne donner à la religion que les âmes qui y sont véritablement appelées, et de rendre à la patrie celles dont le sacrifice involontaire, dicté par le peu de fortune, est la seule vocation ? Ne serait-ce pas rendre un service à la religion et à l'état, en épurant ces retraites de ceux que la force y condamne (sans cependant déranger rien de ce qui existe, ni surcharger les familles) ? et ce moyen ne rendrait-il pas la religion plus respectable, en ne voyant aux pieds de ses autels que des âmes touchées de sa grandeur, et véritablement pénétrées de la nécessité de son observance ?

Si les pères, si les mères, lorsqu'ils se consultent sur l'établissement de leurs enfants, pouvaient se dire : mais il ne nous en coûtera pas plus pour faire un état à cet enfant, dans le monde, qu'il ne nous en coûterait dans une retraite qu'on lui assignerait contre son gré. Dix ou douze mille livres qu'il faudrait débourser pour tous les frais à faire, étant placées sur l'état, rapporteraient trois mille ou trois mille six cents livres; ainsi il est assuré d'une existence honnête, et nous ne serons point chargés du crime d'une vocation forcée. Il est très-possible, avec une telle rente, de trouver un établissement sortable; et si, à l'âge de majorité, la religion le force de se dévouer à son service, il aura du moins les douceurs de la vie, et ne sera point à charge à l'état ni à la maison dans laquelle il se retirera. Il ne nous tombe donc, en surcroît de charge, que la garde de cet enfant à compter du moment où il entrerait dans le cloître, jusqu'à celui qui le mettra en possession de sa rente. Ce faible tribut à payer à la nature peut-il entrer en comparaison de la peine qu'on devrait ressentir, en forçant celui à qui on a donné le jour, à prendre un parti qui lui répugne, et qui fera le malheur de sa vie? Où est l'homme qui contestera cette vérité? Quel est l'être assez barbare, si ce système était reçu, qui préférerait de condamner son enfant à un supplice aussi cruel, plutôt que de choisir ce parti?

Si l'état voulait quelque jour penser à la réforme des monastères, il n'est que ce moyen pour arriver à ce but sans aigrir les esprits, et sans qu'il soit besoin de donner d'ordre pour les dissoudre. C'est une suite nécessaire de l'intérêt public bien combiné, et dont il est très-facile de se servir, sans nuire à qui que ce soit.

LA MAGISTRATURE.

Il ne m'appartient point d'examiner s'il est plus heureux pour l'état, que les charges de la magistrature soient vénales, que d'être données aux connaissances : mais ce qu'il est possible d'assurer, c'est qu'il est dans la manière de les conférer, un moyen d'utilité pour le gouvernement, d'économie et de bénéfice pour les familles qui les possèdent, ou désirent les posséder, que l'on ne peut trouver que par l'établissement des rentes qu'on a indiquées.

Il est un nombre infini de charges, en France, dans la magistrature, auxquelles l'état ne paie qu'un revenu plus que modique, quoique la première finance en soit considérable. Le titre, la distinction ou la préséance qu'elles donnent, est l'honoraire qu'elles reçoivent; ainsi elles exigent, pour les posséder, des revenus bien autres que ceux qui leur sont annexés. Par cette double raison de prix principal et de revenus nécessaires pour en soutenir la dignité, tout homme sans fortune, né d'ailleurs pour les occuper, s'en trouve absolument exclu.

Demander à l'état d'attacher à ces charges un revenu proportionné à l'importance dont elles sont, ce n'est rien dire, parce que ce serait le surcharger de pensions auxquelles il ne lui serait pas possible de faire face. Mais exiger des particuliers qui y prétendent, qu'ils aient sur l'état en rentes à trente pour cent, un revenu égal à celui que devrait donner la somme qu'ils seraient forcés de compter pour l'acquérir, ce n'est pas leur imposer une loi dont le tarif leur serait onéreux.

Voici donc la manière de posséder ces charges sans qu'elles soient vénales, et en rendant les hommes utiles au gouvernement, par plus d'un moyen. Je ne demande pour grâce à ceux qui me liront, que de bien méditer ce que j'ai à dire, avant de me juger.

Pour que les charges de l'état ne soient point vénales, il faut les rembourser, et le moyen de le faire se trouve dans la manière de les conférer, même en faisant le bonheur de ceux qui les posséderont.

Supposons qu'une charge du prix de soixante, quatre-vingt ou cent mille livres d'achat, se trouve vacante, tout homme qui voudra y prétendre sera obligé de commencer par prouver qu'il possède sur l'état une rente égale au revenu que produirait le capital auquel elle est fixée. Ainsi pour celle de soixante mille livres, il est constant qu'un fonds de dix mille livres placé à trente pour cent, sera suffisant, puisque cette somme, à ce taux, donne trois mille livres de rentes. Celles de quatre-vingt mille livres ne vaudront donc plus que treize mille cinq cents livres, puisque cette somme, à trente pour cent, donne quatre mille cinquante livres de revenus. Celles enfin, de cent mille n'exigeront donc qu'un fonds de dix-sept mille livres, car, à trente pour cent, dix-sept mille livres produisent cinq mille cent livres de rentes. Il est simple de voir que toutes les charges, plus ou moins chères, doivent suivre la proportion de ce tarif.

Il n'est jusque-là aucune objection à me faire, car l'intérêt des particuliers est tel qu'il n'en exista jamais un de cette force. Posséder une charge honorable pour dix mille, treize mille cinq cents ou dix-sept mille livres, et jouir encore d'une rente de trois, quatre ou cinq mille livres, c'est, je pense, ce qui ne se verra jamais que par ce moyen. L'état est donc sûr de ne pas voir rejeter un tel accord par les citoyens : mais son intérêt y est-il conservé, et pourra-t-il rembourser les charges à ceux à qui elles appa ennent, *lorsqu'il en disposera en faveur des nouveau titulaires qui ne les paieront plus ?*

Avant de répondre à cette objection, me sera-t-il permis de demander s'il est possible de croire qu'il se trouvera, en France une seule famille un peu aisée qui veuille exclure ses enfants des charges, les condamner à vivre ignorés, plutôt que de placer sur leurs têtes une faible somme qui leur ouvrirait la porte des dignités et de la fortune? C'est sur quoi je prie de bien méditer.

Pour répondre à l'objection que l'on vient de faire, par un calcul simple et facile, je supposerai, avec bien du monde, que la magistrature et la robe en général, sont en France le partage de plus de cent mille familles. Si on calculait que chaque famille qui compose ce nombre dût donner dix mille livres à l'état, on trouverait un capital d'un milliard, *et qui ne serait pas une somme une fois donnée*; car à chaque naissance d'enfant dans ces familles, et que l'on destinerait à la robe (1), il est à croire que l'état recevrait une somme quelconque. Or, cette somme serait plus considérable qu'il ne faudrait; ainsi elle peut supporter des réductions.

Il ne faut donc compter que sur quatre-vingt mille familles; et au lieu de les porter à dix mille livres chaque, il faut les réduire à trois mille livres l'une dans l'a tre, ce qui donnerait *deux cent quarante million* pour ce seul corps, et par rapport au seul objet   charges. Cet argent reçu et reversé

(1) *Et qu'on destinerait à la robe :* on devrait plutôt dire, soit qu'on les destine à la robe ou non : car ne sachant pas l'état qu'ils embrasseront, toutes les familles ouvriraient cette ressource à leurs enfants : parce qu'il n'en peut résulter qu'un très-grand avantage, quand bien même ils se choisiraient un autre état.

par l'état, dans la nation, accroîtrait la circulation, et donnerait les moyens de lui reporter de nouveaux fonds. L'état ayant vingt ans avant de payer à ceux qui vivraient les arrérages de cette somme, et les mortalités étant en bénéfice pour lui, il lui serait très-possible de rembourser les charges; *opération qui ne se ferait qu'une fois*, lorsqu'il aurait à toucher, chaque année, de presque toutes les familles du royaume. Le remboursement des charges de l'état n'est donc pas plus une illusion que le paiement de ses dettes, dont, tout bien considéré, ces charges font partie? et ce bonheur serait l'ouvrage d'un bienfait public.

Un bien réel ne peut produire que des avantages; aussi en résulterait-il un qu'il est impossible de procurer aux hommes, quelques lois que l'on fasse à ce sujet. L'incertitude d'être choisi pour occuper une charge, l'envie de parvenir aux grandes, forceraient les hommes à l'étude et à l'application, après les avoir rendus utiles à l'état par la finance.

Le superbe droit de juger les hommes ne serait donc plus le prix de la vénalité! On verrait enfin rentrer cette prérogative dans le corps de la nation, sans craindre que le peuple pût, par ce moyen, entrer dans les places réservées en quelque sorte à la naissance. Le prix, quoique modique, est cependant trop fort pour lui, et assez faible *pour en faciliter l'entrée à ceux que la naissance y appelle*, et que la fortune en éloigne. D'ailleurs, le choix des membres étant déféré aux compagnies, pour être ratifié par le roi, cette crainte ne peut être qu'une chimère.

Les autres charges de l'état pourraient être assimilées à celles de la magistrature, ce qui donnerait des sommes que l'on ne peut plus calculer, diminuerait la valeur des places de plus de quatre cinquièmes, en donnant encore la faculté de les rembourser, de manière qu'avant peu de temps elles appartiendraient à l'état, ce qui devrait être.

Si on objecte que ce serait une sorte de contrainte, parce que l'état paraîtrait dire aux pères de familles: vos enfants ne peuvent être placés qu'autant que vous m'aurez remis une somme proportionnée à la place à laquelle ils prétendent, n'est-il pas juste de répondre : mais, pour avoir cette place aujourd'hui, il vous en coûterait cinq fois plus, et vous n'auriez pas une rente de trente pour cent, qui, loin d'être aggravante, est au contraire un bien pour vous et les vôtres.

Si la place que vous désireriez faire avoir à votre fils vaut cent mille écus, cinquante mille livres placées sur sa tête vous font donc une économie de deux cent cinquante mille livres. S'il arrive qu'il ne puisse l'obtenir, il est bien dédommagé, par cette rente, du chagrin qu'il reçoit de n'avoir pu l'emporter sur ses collègues.

Les charges n'étant plus vénales en seraient plus respectées par le peuple, qui serait assuré que tout homme à qui l'état confierait le droit de juger les autres, aurait une certitude d'existence assurée par lui, et non pas par sa place. Je conçois que la haute magistrature n'a pas besoin de donner cette assurance, mais aussi il lui sera moins difficile de la remplir ; et ce garant ne serait pas inutile dans ceux qui prétendent à des charges moins élevées.

S'il était possible de fixer les rangs sans blesser l'amour-propre des hommes, il ne faudrait pas encore se servir de ce moyen, parce qu'il détruirait le commerce, arrêterait les progrès des connaissances, perdrait le génie de la nation qui tend à s'élever, empiéterait sur les droits de la liberté, et l'état en serait à la fin la victime. C'est d'après cette vérité que je crois qu'il faut, pour donner au gouvernement toute la grandeur dont il est susceptible, employer les contraires, et faciliter aux hommes riches et éclairés les moyens de parvenir, *pourvu qu'ils soient utiles à l'état.*

La naissance d'un homme riche doit nécessairement procurer une somme quelconque au gouvernement, si on adopte ce système. Tout dit que cela doit être. Tous les efforts des hommes tendent à laisser des héritiers encore plus riches qu'eux. Or, quel moyen plus prompt et moins dispendieux peut-on trouver pour les satisfaire ? L'amour des honneurs, et conséquemment des charges qui les donnent, est une suite naturelle des richesses. Ainsi, si on ne peut y faire parvenir ses enfants qu'après avoir fait le bien de l'état en faisant le leur, quel est l'homme riche qui voudrait y renoncer pour son fils ?

Il suffirait des honneurs ou des richesses, d'un de ces deux moyens, pour déterminer tous les hommes à se ranger de ce parti ; mais quand tout dans la nature se réunit pour leur prouver cette utilité, que ne doit-on pas attendre des efforts qu'ils feraient pour se procurer les seuls biens où tendent tous leurs vœux !

LE COMMERCE ET LES ARTS.

L'utilité de ces rentes pour le commerce et les arts ne devrait pas être contestée, si on se rappelle les preuves que l'on a données (*pages* 110 *et suiv.*, 1re *Partie*).

Comme le commerce n'a point de bornes, ses idées d'ambition sont aussi plus grandes que dans tous les autres états. Les dangers dont il est environné conduisent souvent à leur perte ceux qui se croient près de saisir la fortune.

Les hommes les plus éclairés chercheraient en vain les moyens de tempérer par des lois cette ardeur brûlante pour le gain. S'ils y arrivaient, ce ne serait jamais qu'aux dépens de la liberté, absolument nécessaire à cet état, et ces lois feraient à la fin ce que les humeurs corrosives font sur le corps. Elles le détruisent; elles anéantiraient le commerce.

Veut-on donner de justes bornes à cet état, et l'encourager en même temps, en le rendant utile au gouvernement où il se fera, il faut lui préparer une retraite certaine, en cas d'événements malheureux.

Que par une supposition prise au hasard, un homme qui réfléchit ait cent mille écus qu'il veut faire valoir dans le commerce, sera-t-il possible de s'imaginer qu'il ne prendra pas pour lui, pour son bonheur, pour la totalité de sa fortune, les mêmes sûretés qu'on lui verra prendre pour les navires qu'il pourra confier à l'inconstance des éléments?

Une assurance lui répondra d'une partie des risques que ses vaisseaux vont courir, de même que les rentes de trente pour cent peuvent lui répondre de la totalité du bien qu'il veut donner au commerce. N'est-il donc pas juste de croire que, réfléchissant sur les dangers de l'état qu'il entreprend, il doit se dire : cinquante mille livres prises sur mon fonds m'assureront quinze mille livres de revenus, et il me restera deux cent cinquante mille livres pour tenter la fortune. Si elle est favorable, il n'est point de terme à mes espérances : si elle est contraire, j'ai une ressource. Si d'un côté le temps me détruit, de l'autre il me relève, et travaille pour moi ; ainsi il est impossible que, même dans l'infortune, je n'aie pas un jour un sort heureux.

Ce serait, proportions gardées, ce que chaque homme se dirait dans tout état, car il n'en est point qui ne soit sujet aux caprices du sort.

Si la sage prévoyance peut être le partage des hommes; si les leçons de l'exemple et leur intérêt peuvent les forcer d'y avoir recours, on peut assurer avec confiance que ce système serait la règle de leur conduite, et l'époque d'une fidélité dans le commerce que les lois ne donneront jamais, parce qu'elles ne présentent aucune ressource contre les malheurs, ou pour les prévenir.

LA MARINE.

Lorsqu'on a prouvé (*page 229, IIe Partie*) que le marin serait heureux de l'établissement de ces rentes, on croit avoir démontré qu'elles favoriseraient la navigation, parce que tout état auquel on n'est propre que pendant un certain temps de la vie, sera plus suivi lorsqu'on verra que les bénéfices qu'il peut donner sont suffisants pour mettre à l'abri de l'indigence quand on ne pourra plus le faire. Il sera encore plus régulièrement et plus sagement suivi, quand la fortune fixera aux hommes un temps pour le quitter.

LES MANUFACTURES.

Est-il besoin d'annoncer les progrès des manufactures sous une telle loi ? Qui est-ce qui ne sait pas que c'est par faute de fonds annuels que toutes ces entreprises périssent ? On commence par destiner une somme pour un nouvel établissement ; on se persuade qu'elle suffira, on se trompe. Les premières dépenses faites, on voit que cela irait trop loin, on l'abandonne. Si les fonds étaient annuels la persévérance l'emporterait sur la résistance : on se corrigerait, parce qu'on pourrait le faire ; mais dans le premier cas cela ne se peut, faute de moyens, ou parce qu'on se rebute facilement lorsqu'ils manquent. De là la ruine d'une immensité de familles et la perte de l'état, à qui d'autres nations enlèvent des découvertes qu'on va leur porter, ne trouvant pas de ressource dans sa patrie, ou tout au moins par le retard d'une jouissance qu'il aurait dû avoir beaucoup plus tôt. Voilà le mal ; mais le remède se trouve dans ces rentes qui favoriseraient les découvertes, en donnant aux citoyens les moyens de les suivre.

L'AGRICULTURE.

L'agriculture a les mêmes défauts et le même correctif. Tant que le laboureur gémira sous le poids des impôts et des corvées ; tant qu'il n'aura point l'argent nécessaire pour se procurer les engrais dont il aurait besoin chaque année, c'est en vain qu'il se tue à retourner une terre privée des principes de la végétation. Les fourrages, les animaux lui manquent ; sa terre ne peut rien produire.

Que les hommes sont injustes! On entend dire de tous côtés : j'avais loué ma terre à un fermier, le malheureux avait de la peine à m'en payer tant par an. Je l'ai reprise, et je la fais valoir; elle me rapporte le double. Arrêtez, hommes injustes et légers dans vos jugements! si ce malheureux avait eu vos fonds, votre richesse, il aurait fait comme vous, et peut-être plus. Il n'en avait pas, il n'a rien fait; voilà son crime. Mettez-vous à sa place, et vous ferez encore moins.

Qu'arriverait-il si ces rentes étaient adoptées? que les fermiers aisés qui se sont trouvés dans d'heureuses circonstances sous des maîtres paisibles et même charitables, placeraient une somme sur leurs enfants, qui les serviraient pendant les vingt ans qu'il faudrait attendre pour toucher le revenu de trente pour cent. Ils apprendraient, sous les yeux de leurs pères, l'art de cultiver, et surtout l'économie, et dans peu la campagne serait peuplée de fermiers aisés et en état de prendre des fermes, dont le paiement serait assuré par la rente qu'ils auraient sur le gouvernement; ainsi ils regarderaient la terre qu'ils feraient valoir, comme un bien qui leur appartiendrait. L'état ne troublerait plus leurs paisibles retraites par la demande des subsides et des corvées dont ils sont écrasés, et l'on verrait les terres incultes se charger de moissons et d'animaux nécessaires à l'existence de l'homme heureux qui les peuplerait.

Les terres d'une trop grande étendue, et malheureusement la France en renferme beaucoup, sont contraires à la population des hommes et des animaux : de même que les terres trop subdivisées, trop morcelées ne peuvent fournir à la subsistance de ceux qui les possèdent, et encore moins nourrir les animaux nécessaires pour les mettre en valeur. Il est en tout un point fixe pour le mieux être des choses; mais ce n'est poit ici le moment de prouver cette vérité : il se trouvera lorsqu'il sera question d'établir une balance pour les grains, ce qui sera le sujet de la troisième partie de ce Mémoire. Ce qu'il est possible de voir dès à présent, c'est que les terres seraient moins divisées, parce que l'homme peu riche qui cherche à fixer un revenu à ses enfants, trouverait un bien autre avantage à confier ses fonds à l'état, qui lui en donnerait trente pour cent, plutôt que d'acheter un champ qui ne lui convient, dans le système présent, que parce que cet acquêt le met dans l'impossibilité de dépenser follement son argent.

Tout dit encore que, dans vingt ou trente ans, lorsque la circulation serait bien établie entre l'état et le citoyen, les hommes, étant riches de la richesse publique, voudraient des habitations proportionnées à leur aisance, et formeraient conséquemment des terres d'une certaine étendue qui serait la proportion la plus heureuse pour l'agriculture.

L'INDIGENCE.

L'idée de l'indigence se présente naturellement en parlant des campagnes. C'est, si l'on peut s'exprimer ainsi, la fabrique des malheureux, lorsqu'elles en devraient être l'asile. On voit sortir de ces retraites infortunées, qui devraient être celles du bonheur, des essaims de mendiants qui viennent demander aux villes une existence qu'elles attendent elles-mêmes des travaux du cultivateur. Ce n'est ni la terre ni les bras qui manquent à la France ; c'est, de même qu'en Angleterre et partout, l'injuste répartition des biens, qui empêche l'industrie de percer, et condamne à l'avilissement, des hommes qui, par leur esprit, seraient utiles à la patrie.

De quelle ressource peut être à sa nation un être qui ne voit, dès en naissant, que la misère accompagnée d'une suite de disgrâces et d'infortunes, sans issues pour en sortir, si un hasard inespéré ne l'enlève au sort qui lui est destiné ? Si on répond que les hommes de la campagne ne raisonnent point, que leur pesante existence va parce qu'il faut aller, on est dans l'erreur. Tout s'éclaire, et les connaissances qui s'étendent insensiblement dans le silence, produiront un jour un effet d'autant plus difficile à arrêter, qu'il sera le sentiment intime de tous les malheureux, sur leur état d'indigence.

Quel changement ne verrait-on pas dans la manière de penser du peuple, s'il voyait un terme à ses maux, s'il pouvait dire : le travail de quelques années peut sortir ma famille de l'état de pauvreté où elle serait condamnée par ma négligence, ainsi travaillons pour lui procurer ce bien-être ? Mais quelles preuves reste-t-il à donner, pour faire adopter un plan qui détruirait ce fléau de l'humanité, après avoir démontré que ce serait le bonheur de l'état, et qu'il est autant de son avantage d'ouvrir de telles rentes, qu'il serait utile pour le public d'en profiter ?

POPULATION ET EXCÈS DE POPULATION.

Dire au gouvernement que sa population s'accroîtra, s'il adopte ce plan, ce ne sera pas peut-être un moyen déterminant, si son propre intérêt ne peut lui ouvrir les yeux. D'ailleurs, il ne manquera pas de répondre, car on répond à tout : mais vous posez pour principe une idée douteuse. Avant de donner un moyen d'accroître la population, il conviendrait d'examiner si elle n'est pas trop grande en France, et si ce n'est pas une des raisons qui fait que l'on y voit tant de malheureux.

Sans entrer dans l'examen de cette objection, qu'il serait facile de détruire, je la soutiens nulle. Si ce plan, en donnant les moyens d'accroître la population, était contraire à l'excès de population, l'objection serait fondée. Mais comme les hommes manquent dans tous les gouvernements de l'Europe, et s'il en était un par hasard où ils parussent être trop nombreux, c'est aussi à ce gouvernement à qui je dirais que ce plan est indispensable, et non pas seulement utile; ainsi ma réponse sera donc juste, en assurant que c'est au moins une question oiseuse.

Peut-on dire que la population peut être trop nombreuse dans un état? Si la Suisse paraît autoriser ce sentiment, par les levées de troupes qu'elle permet, c'est que les lois politiques y sont encore au berceau. Il n'y a que très-peu d'argent, les grains y manquent; donc il en faut faire sortir les hommes, afin que la part de ceux qui resteront soit plus grande. Admirable conclusion! n'est-ce pas abattre l'arbre pour en cueillir les fruits?

Donner aux hommes la faculté de payer les denrées, c'est dire aux cultivateurs : travaillez, et vous êtes sûrs de recevoir le prix de vos peines. Néanmoins les denrées et la main-d'œuvre n'en auront pas pour cela une augmentation de prix, parce que ce n'est pas le numéraire qui augmente dans l'état.

L'espace de vingt ans qu'il faut attendre avant de jouir, garde l'équilibre, en forçant les hommes au travail.

Cette loi deviendrait donc indispensable pour la nation qui se croirait trop nombreuse, puisqu'elle donnerait aux citoyens le moyen de remplacer le manque de denrées par des achats à l'étranger. La France ne peut avoir cette crainte. Sa population peut être doublée, et ses terres suffiront encore pour la nourrir, lorsqu'elles seront cultivées par des hommes aisés et en état de faire les dépenses qu'exige la bonne agriculture.

L'excès de population est donc encore une fois une de ces objections inutiles, lorsque le gouvernement peut, par ses lois politiques, donner aux citoyens les moyens d'exister; tel qu'en Hollande le commerce le donne à des hommes qui ne cultivent que peu ou point de grains. Cependant on ne s'y plaint pas d'un excès de population (1).

LES MŒURS.

Ne sera-t-on pas surpris d'entendre dire qu'un plan que l'on ne regardera que comme un système de finances, corrigeraient les mœurs du peuple, s'il était adopté? C'est cependant un vérité.

Qu'est-ce qui ne sait pas que les vices les plus contraires à la société ont leur source primitive dans le défaut de fortune? Il ne suffit pas de ne point manquer des besoins de première nécessité, pour

---

(1) La vie serait moins chère à Paris que dans les provinces de la France, malgré son grand nombre d'habitants, si les droits d'entrée ne doublaient pas la valeur des denrées. Le pain, meilleur, y est à un moindre prix. Les autres denrées suivraient cette proportion. Quelle en peut être la cause? La certitude de vendre, qui fait que les terres sont plus cultivées dans ses environs qu'elles ne le sont ailleurs.

faire croire que les hommes qui ont les moyens de se les procurer sont à l'abri des dangers auxquels l'indigence expose. Tel a les besoins physiques qui se trouve comme très à plaindre, parce qu'il se persuade qu'il n'en a point assez pour vivre dans le rang où sa naissance et son état semblent l'appeler.

De là cette vénalité de suffrages, de pensées et d'actions; vices qui ne sont pas punis par les lois, mais qui n'en sont pas moins contraires aux mœurs et à la société : voilà les grands. Les classes qui les suivent, outre ces vices, s'en permettent encore d'autres, pourvu qu'ils leur servent de moyens pour arriver à la fortune. Le peuple semble s'être réservé les crimes que les chambres de justice sont perpétuellement occupées à réprimer. Si on pénètre jusque dans les plus intimes secrets de ces hommes dévoués à la vengeance publique, on verra que leur perversité tient son origine de la pauvreté.

C'est assez, me dira-t-on; on conçoit comment il se peut faire que les mœurs du peuple soient meilleures lorsqu'il aura une existence assurée, et la preuve qu'un travail moins long qu'à présent peut lui procurer les douceurs et les agréments de la société : tout cela est possible. Mais ce qui se conçoit moins, c'est comment il se peut faire que ce plan puisse arrêter les insatiables désirs des hommes pour les immenses richesses, et conséquemment les rendre meilleurs.

Du moment qu'il sera possible de faire beaucoup de choses avec peu; que cent mille livres équivaudront à six cent mille, ou du moins à quatre cent mille (1), l'honneur, la noblesse des sentiments,

(1) Cent mille livres, à trente pour cent, font trente mille livres de rentes; et six cent mille livres, en rentes perpétuelles, à cinq pour

la vertu, remplaceront le vil intérêt, qui est maintenant la seule voix qui se fasse entendre. Lorsque les hommes pourront d'eux-mêmes se procurer les biens qu'ils sollicitent avec tant d'ardeur, ils cesseront d'importuner ceux qui les dispensent, en comparant le peu qu'il faudrait pour se les donner, avec le désagrément de les demander si souvent en vain, et d'être obligés de faire tant de choses répugnantes pour les obtenir. Mais ce qu'ils crandraient encore plus, c'est la réponse qu'on pourrait leur faire.

Quoi! vous demandez, et vous êtes en état de vous procurer les secours dont vous dites avoir besoin? Craignez d'être plus long-temps à obtenir, que les vingt ans que la loi a fixés ne seront à s'écouler. — Mais ce n'est pas pour moi que je demande; c'est pour mon fils, pour mon parent. — Mais vous pouvez par vous-même faire pour ce fils, pour ce parent, ce que vous sollicitez de l'état, qui vous a ouvert une route assez vaste pour satisfaire vos désirs.

Que n'aurait-on point à répondre aux hommes du second ordre? Les charges, les dignités vous sont ouvertes; montrez-vous digne de les posséder; l'état ne cherche que des hommes; le peu qu'il exige ne vaut pas la peine d'être sollicité, et est réservé aux talents qui seront vraiment dans l'indigence. Le peuple, sur qui les grâces s'étendent rarement, trouverait dans la loi la récompense de son travail.

Cette loi, fortifiée par le temps, ferait donc la réforme des mœurs, sans augmenter la sévérité des

---

cent, ne font que trente mille livres. Quatre cent mille livres, placées en rentes viagères, à huit pour cent, qui est la vraie proportion, car on ne trouvera pas toujours à dix, font trente-deux mille livres de revenus.

lois. Le bonheur du monde est attaché à une certaine aisance que les lois politiques n'ont point encore donnée. S'il était possible de bannir l'intérêt de la société, les hommes seraient autres qu'ils ne sont. Puisque cela n'est pas exactement admissible, tout ce qui tendra à diminuer cette force d'intérêt sera un pas vers l'amélioration des mœurs. Si, enfin, cette loi ne les peut corriger, du moins l'état en corps profitera-t-il des injustices de ceux que cette loi ne pourrait de suite satisfaire, puisqu'il serait le centre où toutes les richesses viendraient aboutir, pour se répandre sur les citoyens, et réparer les torts qu'on aurait pu leur faire.

Mais de toutes les preuves qu'il est possible de donner pour étayer cette vérité, il n'en est point de plus forte que l'exemple qui démontre qu'abstraction faite de l'intérêt (qui perd tout, et qui est la source de tous les vices contre la société), les vertus sociales seraient le partage de la majeure partie des hommes. Et certainement, si ce système ne le détruit pas entièrement, du moins en diminuera-t-il beaucoup la force.

LES EMBELLISSEMENTS.

Après avoir établi l'utilité de ce plan pour les dots, les douaires, l'établissement des enfants, les vocations forcées, la magistrature et les autres charges, le commerce et les arts, la marine, les manufactures, l'agriculture, l'indigence, la population, les colonies et les mœurs, c'est-à-dire les lois politiques les plus essentielles, il ne reste à indiquer que l'avantage dont il pourrait être à l'embellissement du royaume.

Ne suffit-il pas d'avoir démontré de quelle utilité ces rentes seraient à l'état, ce qu'elles lui vaudraient, pour faire dire que ses dettes acquittées, les embellissements deviendraient indispensables, afin de reverser chaque jour dans le public l'argent qu'il donnerait de même au gouvernement? Voilà le moment de penser aux choses d'agrément, après avoir prévu aux choses utiles. Les édifices publics, les établissements de toute espèce qu'exigent une nation et un règne éclairés, naîtraient du bonheur public, et seraient précédés des vœux des citoyens. Mais les grands chemins demanderaient surtout la préférence; car, outre leur utilité, ils déchargeraient encore les cultivateurs d'une corvée aussi injuste qu'onéreuse. Sous quelque point de vue que cette nouvelle loi soit considérée, son heureuse influence ne peut produire qu'un très-grand avantage pour le gouvernement, et de plus grands encore pour la société.

L'ESPAGNE.

Conclure, de ce qu'on n'a point encore vu un système de finances qui puisse convenir à toutes les nations, qu'il n'en peut exister, ce serait être trop précipité dans ses décisions. On vient de voir de quelle utilité serait celui-ci à l'Angleterre et à la France; les mêmes besoins, et de plus pressants, peut-être, se font sentir en Espagne; on en infère qu'il lui conviendrait. La population de cette vaste monarchie, qui ne peut guère être estimée qu'à dix millions d'habitants, avec cent cinquante millions de revenus, décide sans autre preuve l'avantage qu'elle en pourrait retirer. L'immense étendue de ses terres, qui ne peuvent cependant la nourrir, se fertiliseraient en prouvant à ce peuple fainéant, par le don de cette loi, que le moyen de bien imiter les grands est d'acquérir assez de richesses pour le faire. Mais comme les biens ne peuvent être que le prix du travail, lorsqu'ils ne sont pas le présent d'un hasard de naissance, ce serait donc réformer en eux cette indolence que le climat et l'idée fâcheuse d'un travail long et pénible leur donne.

Ce peuple généreux, chez qui les lois ont été obligées de se faire entendre pour arrêter la grandeur de leurs dons, dans le mariage (1), trouverait dans ce plan le moyen de satisfaire ses goûts, en faisant l'avantage de l'état.

Ces hommes uniques dans leurs générosités, et sous une monarchie, donnent au monde, dans la guerre présente, une preuve de désintéressement et d'amour pour la patrie, qui ne se peut trouver que chez eux. L'offre de leurs vies et de leurs biens pour la prospérité des armes de cette nation, prouve que, si ce plan y était adopté, il y aurait les effets les plus certains, puisqu'il seconderait leurs heureuses inclinations, et qu'ils trouveraient leur propre bien-être en faisant celui de l'état.

Quel dommage que ces hommes ne soient pas secondés dans leurs penchants, et que le gouvernement paraisse avoir des idées entièrement opposées à ce caractère de bienfaisance! Afin de réserver les

---

(1) M. de Montesquieu nomme ces dons, *Jactance espagnole*, uniquement portée à faire des libéralités excessives dans une action d'éclat, liv. 19, chap. XXV. Pour moi j'aime mieux croire que c'est pure générosité, mais générosité bien entendue, qui ne se montre que quand il le faut.

riches produits du Nouveau-Monde, l'Espagne a fait des lois si dures pour ces climats, qu'il est permis de dire qu'ils sont peuplés d'esclaves, et non pas de citoyens. Malgré toutes ses richesses, l'Espagne n'est point ce qu'elle devrait être. Ses mines d'or ne sont point pour elle; elle n'a que le droit de les exploiter. Ce riche métal va se perdre dans les Indes-Orientales, ou vient enrichir le différents peuples de l'Europe, en la laissant presque toujours au même point de faiblesse où ses conquêtes de l'Amérique l'ont portée.

Si, changeant de système, l'état ne voyait dans ses sujets que des hommes libres de faire un commerce arbitraire et sans gêne, en se réservant le seul droit de faire valoir l'or tiré de ses mines, à un intérêt bien supérieur à celui que la manière de l'arracher des entrailles de la terre peut donner, c'est alors que ce gouvernement serait véritablement riche.

Les habitants du Pérou et du Mexique, aussi nombreux que dans la métropole, persuadés que leur travail peut leur donner un jour les moyens de vivre dans un état d'aisance dont ils n'ont pas à présent d'idée, feraient tout ce qu'il est possible de faire pour extraire cette matière précieuse, sans que l'état eût besoin de s'en mêler, et la déposeraient entre ses mains, afin de se faire un sort que le temps ne peut leur accorder.

Ne serait-ce pas là le moyen de rompre leurs chaînes avec utilité? Si le besoin en contraignait quelques-uns à se mettre sous la dépendance des autres, ce sacrifice volontaire serait supporté sans peine, parce qu'il aurait un terme et le bonheur pour but.

S'il est un état en Europe qui doive craindre de

voir ses colonies secouer le joug de la métropole, c'est certainement l'Espagne. Tout doit lui dire que les voisins qu'elle a en Amérique, soit qu'ils soient indépendants ou non, feront un jour leur possible pour avoir d'aussi riches possessions, et dont ils tireront un plus grand avantage, parce que l'esclavage qu'ils y porteront, s'ils sont asservis, sera encore moins fort que celui qui y est maintenant adopté.

Il est donc de l'intérêt de l'Espagne de mettre tout en œuvre pour s'attacher des hommes qui n'attendent peut-être qu'un heureux moment pour se déclarer, et qui peuvent être retenus par ce seul lien.

Que l'on joigne ces raisons à celles que l'on a données en parlant de l'Angleterre et de la France, ne sera-t-il pas prouvé que l'Espagne n'aurait pas eu besoin d'aller mendier des fonds chez les autres nations, pour la construction du canal de Murcie? n'aurait-elle pas trouvé l'argent nécessaire à cet utile établissement chez elle-même, et au centuple, si elle avait proposé trente pour cent d'intérêt après vingt ans?

LE PORTUGAL.

Le Portugal, qui jouit du même ciel et du même sol que l'Espagne, a de bien plus grands défauts et les mêmes besoins. Son commerce, qui est entre les mains des facteurs que l'Angleterre tient dans ses ports, est moins le commerce de la nation que celui de ces insulaires. C'est moins la cour de Lisbonne qui paraît régler les intérêts de ce peuple, que celle de Londres.

Il n'a qu'une population de deux millions d'habitants, qui pourrait être doublée, et il est obligé d'acheter la moitié des grains qui le nourrissent. L'Angleterre lui fournit ses vêtements, et emporte tout l'or du Brésil ; enfin cet état a un revenu d'environ quarante millions, tant de son territoire d'Europe que de ses colonies, et ses dettes montent à plus de soixante.

Tel est le Portugal par rapport à son commerce et à ses finances ; mais l'indolence et l'anéantissement, qui le consument, sont les plus grands vices de ce gouvernement.

Quoiqu'il soit difficile de rétablir un état aussi près de sa ruine, comme ses plus grands maux n'ont leurs principes que dans une indigence nationale, il retrouvera sa force dans une vive circulation d'espèces qui s'établira peu à peu entre le gouvernement et les sujets.

Il est donc possible de sortir de l'indigence, et par un court travail ! Tel sera le premier cri de la nation. Le gouvernement, heureux de cette effervescence des esprits, reversant l'or qu'il aurait reçu de ses citoyens, sur ces mêmes citoyens, leur fournirait toujours de nouveaux fonds qui lui seraient rendus, et le mettraient à portée de subvenir à ses besoins.

Dix millions mis ainsi en circulation seraient égaux à quarante ou cinquante ; ils peuvent être multipliés à l'infini, et remplacer le vide qu'occasione le peu de numéraire qui existe en Portugal.

Voilà le premier pas à faire afin d'engager les citoyens à la culture des terres et au commerce, par le vrai moyen. Ce n'est pas à former des fortunes considérables parmi les hommes, que l'état doit donner ses soins ; c'est à diviser tellement les biens, que chaque être puisse en avoir une portion suffisante pour exister convenablement. Ces fortunes, faibles dans les commencements, s'accroîtront insensiblement; et l'état, aujourd'hui sans force et sans vigueur, verra augmenter sa puissance dans la même progression que la richesse de ses sujets.

Heureux accord qui ne permet pas aux citoyens d'être riches sans enrichir l'état, et qui force le gouvernement à rendre le peuple heureux, s'il veut l'être!

Le second pas à faire serait d'ôter le commerce aux Anglais; c'est-à-dire, ainsi que l'a vu un sage politique, de permettre aux autres nations l'entrée des ports du Portugal, avec les mêmes prérogatives qu'il accorde au commerce de l'Angleterre.

Il est sans doute encore d'autres moyens d'accélérer le rétablissement de ce royaume : les dire, ce serait répéter ce que des auteurs éclairés ont écrit, ainsi je les tairai; mais je ne puis m'empêcher d'observer que quelque sages lois que l'on fasse, on ne parviendra jamais au vrai but qu'en donnant aux hommes une certitude d'existence, et conséquemment le désir d'entreprendre.

Tel est donc le seul moyen de relever le Portugal prêt à s'anéantir, et de lui rendre cette grandeur d'où une folle ambition de conquêtes et de découvertes l'ont précipité, et qui maintenant, par leur situation et la richesse de leur fonds, doivent lui donner un éclat qu'il n'a jamais eu.

L'ALLEMAGNE.

Outre les vices de législation qui appartiennent à tous les gouvernements en général, il en est encore que l'on pourrait dire être de terroir. Que peut-il exister de plus contraire à la société, que les traités de quelques princes de l'Allemagne avec l'Angleterre? Je vous fournirai, disent ces souverains, un certain nombre d'hommes, à condition que vous me paierez tant par chaque tête, et tant encore pour chaque homme que vous ne me rendrez pas.

Quels marchés! comment ont-ils pu se faire? L'intérêt, qui a toujours tout fait, les a fait signer; et c'est précisément l'intérêt des princes qui devrait les rompre. Que l'on suppose les rentes proposées établies; qu'on examine ensuite de quel intérêt il serait pour les souverains, de conserver les hommes. Ne sera-t-il pas prouvé que tel homme, vendu, pourrait rapporter à son prince cent fois plus, en plaçant entre ses mains une somme quelconque? L'homme et le travail resteraient encore, outre l'argent qu'il aurait pu fournir à l'état; ainsi il est impossible d'apprécier quelle pourrait être la perte du souverain qui vendrait son sujet.

Il serait donc enfin un moyen d'apprendre aux rois de quelle utilité les hommes peuvent être.

Mais, dira-t-on, les soldats sont utiles, nécessaires; et si ce système était adopté, on n'en trouverait plus. Ah! s'il était possible que cela fût, et que le temple de la guerre restât à jamais fermé, quelles actions de grâces les hommes ne devraient-ils pas à Dieu, pour cet heureux bienfait!

Vain songe, dont la seule idée satisfait l'âme, pourquoi n'êtes-vous qu'une illusion! Des hommes destructeurs ressemblent sur ce point aux maîtres dont il sera toujours un assez grand nombre pour commander, de même qu'il y aura toujours assez de stipendiaires pour obéir.

Étrange manie des conquêtes, qui ne veut que des esclaves pour sujets, quel sort réservez-vous cependant à ceux qui vous adoptent? Si la richesse est le partage des hommes que vous soumettrez, ils s'en serviront un jour pour briser le joug qui les importunera. Si l'indigence désole les campagnes, on se récriera contre le gouvernement, et on finira par en demander la réforme. Voilà ce qui se passe sous nos yeux, et qui ne fait nulle impression.

Les colonies de l'Angleterre réclament l'indépendance, parce qu'elles sont riches de leurs propres fonds de terre, et qu'elles ne peuvent souffrir que les impôts qu'on leur demande aillent enrichir des hommes qu'elles n'ont pas désignés. L'Irlande se soulève par un motif contraire; elle est pauvre, et voit un moyen d'amasser des richesses, si elle peut parvenir à renverser les injustes lois qui la tiennent dans l'esclavage. Dans l'un et l'autre cas, c'est au nom du peuple que les grands parlent, lorsqu'il n'est qu'utile spectateur des débats dont il est le prétexte; et la conquérante métropole se voit, dans un instant, privée de cent ans de dépenses et de travaux.

Je laisse à l'histoire à développer les petites causes de ces grands événements que le temps fera connaître, et dont nous sommes trop près pour les bien apercevoir : mais j'assurerais que, si le plan que l'on vient de donner eût été adopté, ces révolutions n'existeraient pas. En effet, de quel prétexte pourrait-on se servir pour soulever le peuple, s'il jouissait de ce bonheur?

La religion ne peut pas toujours être une cause; les hommes, aujourd'hui, ne se laisseraient pas facilement prendre à ce piége; ainsi il faudrait se rejeter sur celles que la politique fournit. Les subsides et les impôts, l'indigence et la liberté, voilà les grands moyens que l'on emploie avec succès.

Mais le peuple ne dirait-il pas, si on voulait se

servir du premier moyen pour le soulever : Quels secours plus prompts veut-on nous donner ? Sera-ce dans la chaleur d'une révolte que nous devons espérer de voir diminuer nos charges, lorsque nous avons la certitude qu'elles s'anéantiront ? S'il est quelque chose de plus heureux dont on prétende nous faire jouir, pourquoi ne le pas présenter ? l'équité justifierait une demande forcée, qu'une juste subordination condamne maintenant. Le peuple raisonne sur ses intérêts, et les démagogues seraient forcés au silence.

Les mêmes raisons serviraient de réponse contre ceux qui voudraient mettre en jeu l'indigence du peuple, pour le dominer. Il faudrait en revenir à répondre à cette atterrante objection : Que nous donnerez-vous en échange de ce que nous avons ? Par quel moyen supprimerez-vous plus promptement et plus utilement la misère ? Si vous n'en avez pas, laissez-nous jouir du seul bien que nous possédons.

Le mot *liberté* séduit le peuple, parce qu'il se persuade facilement que c'est à sa personne à qui on en veut, lorsqu'on ne pense qu'à lui enlever une portion de ses biens. Cependant la partie la plus sensée de ce peuple ne prend ce mot que dans sa véritable acception ; c'est-à-dire, comme *pouvoir de faire ce que l'on voudra de sa possession et des fruits provenants de cette possession.* Voilà, je pense, la liberté que tous les hommes réclament, et que tous les gouvernements refusent par des intérêts particuliers que l'on nomme généraux.

Cette chimérique espérance, dont tous les pays qui ont secoué le joug des métropoles ne jouissent point, pourrait-elle se réaliser par l'admission de ce plan ?

Puisque les gouvernements ne gênent les hommes

dans leurs volontés que pour se procurer les fonds dont ils ont besoin, en ayant un moyen de les avoir sans impôts ni subsides, il serait absurde de penser qu'ils ne s'en serviront pas de préférence.

Ce n'est point assez dire. Pour tirer tout le parti possible de ce plan, il faut absolument que cette liberté, tant désirée et qu'on ne trouve nulle part, existe, puisqu'elle rendra les citoyens plus riches, et que plus ils le seront, plus les biens seront divisés, et plus aussi les hommes placeront à ces rentes ; ainsi l'intérêt de l'état serait donc l'opposé de ce qu'il est maintenant, il s'accorderait pour la première fois avec celui du peuple ; et le mot *liberté* ne pourrait plus lui en imposer, puisqu'il en jouirait véritablement.

S'il n'est pas possible d'espérer que les fureurs de la guerre puissent être arrêtées par ce système, du moins celles des révoltes seraient-elles anéanties, parce qu'il serait du plus grand intérêt du peuple que cet état de paix fût le partage des hommes ; état dont le corps diplomatique a moins joui que tous les autres gouvernements.

Serait-il étonnant de dire que la cause des guerres des derniers temps est la même que celle des siècles barbares. Le nord, dans ces jours de désordre, se jetait sur les pays favorisés d'un ciel plus heureux, afin de leur enlever leurs richesses, et dans l'espérance de s'emparer de ces fertiles possessions qui devenaient le partage du peuple vainqueur.

Ce ne sont plus aujourd'hui les peuples qui partagent les dépouilles du vaincu ; le conquérant, qui remporte les victoires, s'attribue à lui seul tous les bénéfices de la guerre, et ne compte ses avantages que par le nombre de provinces qu'il peut annexer à son domaine.

Mais la même cause existe toujours; l'intérêt, avec cette différence que ce n'est plus que celui des princes ou des gouvernements qui a remplacé celui des peuples.

Proposer avec M. l'abbé de Saint-Pierre, aux têtes couronnées, un sénat roi, qui jugerait leurs différends, c'est ce qui ne serait pas accepté, parce que celui qui serait condamné à ce suprême tribunal, en appellerait toujours à la force de ses armes. Mais si tous les hommes, réunis par la félicité publique, et pouvant tous la partager sous les auspices d'une heureuse paix, avaient tous, en corps, besoin de cette paix pour garant de leur bonheur, peut-être pourrait-on espérer qu'à la fin elle devrait s'établir.

Si la vérité pouvait prouver aux souverains, que leurs richesses n'existent que dans le nombre de leurs sujets, n'est-il pas à croire qu'ils seraient plus avares de leur sang, en raison du degré d'intérêt que ces princes attacheraient à la possession de l'or?

Si la naissance de chaque sujet pouvait leur faire espérer un don libre et volontaire, ils auraient donc un intérêt à conserver les êtres dont l'âge pourrait leur promettre des hommes; et risquer de les perdre serait se préparer une perte irréparable.

Les souverainetés, fixées par une propriété invariable, et les hommes étant heureux autant qu'ils pourraient l'être par les richesses, ne devrait-on pas en espérer un bien dont on n'a point encore joui? Je ne dis pas, encore une fois, que ce plan détruirait entièrement le fléau de la guerre; mais je crois que, changeant le système actuel des souverains, leur présentant un intérêt capable de satisfaire leur ambition et de pourvoir aux charges annexées à la souveraineté, les douceurs de la paix devant assurer leurs jouissances, il est à croire qu'ils ouvriraient enfin les yeux.

Si c'est une erreur, elle a tellement les apparences de la vérité, qu'il est permis de s'y méprendre.

LA PRUSSE.

Cet état considéré comme gouvernement militaire, a des droits incontestables à l'admiration publique.

La liberté d'écrire au souverain, la certitude d'une réponse, pour peu que la chose soit utile; la promptitude de la justice; le code Frédéric donné pour loi; l'économie, et enfin ce qui tient à l'administration civile, a obtenu un regard du prince.

Si toutes ses parties n'ont point eu une perfection qu'il n'est peut-être pas donné aux hommes de trouver, du moins ont-elles occupé le monarque, et prouvé l'amour de l'ordre dont il était animé.

Cet état n'aurait peut-être rien eu à demander, étant gouverné par un roi aussi éclairé, si l'intérêt n'était pas venu empoisonner la bienfaisance dont il était pénétré. L'amour des grandes choses, le désir trompeur de l'immortalité, ont fait prendre à ce souverain une route opposée à ses principes de bienfaisance.

Pour exécuter les grands desseins qu'il avait conçus, l'or était d'une nécessité absolue. Pour avoir l'or en suffisante quantité, il n'y avait pas d'autre moyen que de s'emparer de tout, parce qu'un revenu de soixante millions n'était pas suffisant pour parer aux dépenses. Aussi le commerce, les manufactures, l'altération dans les monnaies, tout à souffert ou est passé dans les mains du monarque. Un trésor permanent de plus de deux cents millions est le résultat de ces exactions, qui font de la Prusse un pays malheureux, si on le compare à ce qu'il devrait être sous un tel roi.

Si ce trésor, formé des pleurs de tant de citoyens, était remis en circulation, combien de fortunes ce seul fonds produirait-il ? Suivant le système proposé on aurait *soixante millions* à répartir chaque année, dans vingt ans, sur les seuls sujets de la Prusse, sans charger l'état, sans ôter au prince la tranquillité d'esprit dont cet amas d'or est le soutien! C'est dans l'examen de ces vérités que l'homme le plus froid sort de sa sphère.

Quand on considère le peu qu'il en coûterait pour faire le bonheur des hommes, le bien qu'on en retirerait, il paraîtra inconcevable que cela puisse être mis en délibération. La population, l'agriculture, le commerce, l'intérêt du prince, tout demande, en Prusse, ce dernier bienfait.

LA RUSSIE.

Ce vaste empire, que nous avons vu s'accroître encore des débris de la Pologne, ne paraît attendre que le moment qui lui donnera la vie, pour en faire une puissance formidable.

Un code de lois bien rédigé serait un beau présent à faire à cette nation, d'autant qu'elle est composée d'un grand nombre de peuples qui n'en ont point. Ce besoin a été senti par la sage princesse qui gouverne maintenant cet empire. On a commencé à exécuter ses ordres; mais ce code est plus difficile à faire que l'on ne pense.

Plus l'envie de rendre les hommes heureux sera le principe de ceux qui l'ont entrepris, plus les difficultés se multiplieront. L'intérêt tient à tout; or, comment faire pour l'écarter, et satisfaire en même temps tous les hommes? Comment allier les prétentions du souverain avec celles des sujets? Voilà le difficile. Les sujets veulent être libres; l'intérêt des princes est de conserver leur autorité, afin de ne pas perdre le droit de lever sur eux des subsides.

Si l'on prétend que cela ne peut être autrement, il faut aussi convenir que toutes les lois que l'on fera seront imparfaites. Que le commerce ait le code le plus sage, le plus utile, des impôts dérangeront bientôt cette belle législation. Que l'agriculture et les manufactures soient encouragées par des lois uniques, doit-on s'attendre qu'elles fleuriront, si les impôts viennent tourmenter le laboureur et l'ouvrier?

La première de toutes les lois à faire est donc d'assurer l'existence du peuple. La population, l'agriculture, le commerce et les manufactures, seront la récompense de cette certitude. Mais, pour arriver à ce but, il faut commencer par donner à l'état une égale certitude de pourvoir aux dépenses dont il est chargé. Ces deux points une fois trouvés, les autres lois vont d'elles-mêmes, parce qu'elles ne doivent plus être que l'expression de la simple équité naturelle, débarrassée des entraves de l'intérêt.

Je laisse aux hommes choisis par cette auguste souveraine pour élever ce superbe monument, et aux peuples qui en jouiront, à prononcer si le système que je leur présente peut les satisfaire; et si, par ce seul moyen, les deux objets les plus importants de la législation ne se trouveraient pas remplis.

LA POLOGNE.

L'existence de cette monarchie aristocratique devrait plus étonner que le demembrement que nous en avons vu faire par les trois puissances qui la bornent, sans que l'Europe ait voulu faire le moindre effort pour la protéger. Les souverains qui l'ont entamée finiront par la partager entièrement, si elle ne renonce pas à l'absurde esclavage dans lequel elle retient ses sujets.

Serait-il possible que les autres puissances, qui ont vu d'un œil stoïque cette tranquille répartition, aient pensé qu'il ne fallait pas secourir une nation qui était trop heureuse de passer sous d'autres lois?

Que cette idée, si elle était vraie, serait consolante pour l'humanité! Quel heureux présage pour les générations à naître, et que les connaissances de ce siècle leur prépareraient de beaux jours! L'espérance de voir paraître des temps heureux, quoiqu'on n'en doive pas jouir, donne à l'âme sensible un secret plaisir qu'elle sait sentir, et qu'on ne peut rendre.

Il est aussi, par cette même cause de sensibilité, bien pénible de voir une nation chez qui les plus heureuses lois ne peuvent être admises sans renverser toute la constitution du gouvernement. Je ne m'arrêterai point à prouver que le plan que l'on vient de lire s'allie avec toutes les lois et les coutumes bonnes ou mauvaises des divers pays, et avec l'intérêt des princes qui les gouvernent : cette vérité est trop palpable. Cependant je suis contraint d'avouer qu'il ne peut exister avec la constitution polonaise.

La morgue d'une aristocratie outrée n'admettra

jamais un plan qui rendrait la liberté aux citoyens. Lorsqu'on ne compte le degré d'élévation, de grandeur où l'on peut atteindre, que par le nombre d'esclaves que l'on peut avoir, il faudrait trop de vertu dans les grands qui se sont emparés de l'autorité, et qui en tirent tout leur éclat, pour donner au peuple les moyens de sortir de la servitude où ils le tiennent enchaîné. Cet effort est au-dessus de l'homme, surtout en Pologne.

Ce n'est pas que leur intérêt ne dût les presser d'admettre ce système ; car, qui est-ce qui doute que leurs vastes fiefs seraient mieux cultivés par des mains libres et sûres de leur existence, que par des esclaves : mais la tyrannie a-t-elle d'autre intérêt que celui du despotisme ?

Il serait donc, au moins inutile de solliciter les diettes polonaises d'admettre cette loi au nombre de celles qui composent leur constitution, puisque son premier effet serait de les renverser. Quand on pourrait supposer que cet état fût le seul qui eût adopté ce plan, il ne dirait encore autre chose au peuple, si ce n'est : travaille quelque temps sous les tyranniques lois où le ciel t'a fait naître, mais porte le fruit de tes économies sous un ciel étranger, afin que tes enfants puissent s'y retirer, et jouir de la liberté qui convient à tous les hommes.

Si une autre nation joignait cette loi aux siennes, ne serait-ce pas aussi ce qu'elle publierait hautement? Démontrer la vérité par des faits, est plus fort que de raisonner.

Il est donc possible d'espérer la suppression de l'esclavage! Il ne faut qu'une nation qui dise aux différents peuples : Je vous ouvre la route de la liberté, je vous affranchis en prenant soin de votre existence : et puisque c'est un crime aux yeux des gouvernements de se révolter même contre la tyrannie, que les états où elle règne soient punis de la seule manière dont ils doivent l'être, dont il soit juste de les punir, qu'ils n'aient plus de sujets (1).

LE DANEMARCK ET LA SUÈDE.

Ces états, situés au nord de l'Europe, nommés autrefois la fabrique du genre humain, demanderaient aujourd'hui aux autres nations des secours pour les peupler. Telle est la vicissitude des choses. Les grandes monarchies demandent à leurs souverains un moyen d'exister, et les autres veulent une manière d'être qui leur rende leur première vigueur, en les rappelant à la population.

Le Danemarck, dont le nombre des habitants n'excède pas deux millions, jouit d'un revenu que l'on peut estimer à près de vingt-cinq millions, et

---

(1) On voit ici que l'auteur était fortement affecté de l'esclavage du peuple Polonais, et c'est ce qui l'a sans doute porté, à l'époque où il écrivait, à s'exprimer si franchement en parlant de la Pologne.

Les absolutistes s'empareront peut-être des expressions de cet auteur, et chercheront à le faire passer pour un *révolutionnaire;* qu'ils veulent bien se reporter à son article sur l'Allemagne, ils se convainqueront qu'il n'aimait pas les principes de liberté des démagogues, dont la tyrannie philosophiste lui semblait aussi absurde, aussi dure, aussi sanguinaire que la tyrannie superstitieuse.

Le système de finances qu'il présente tend à enrichir les souverains, et à les affermir sur leur trône, en rendant leurs sujets plus heureux qu'ils ne le sont maintenant, et en mettant les états qui adopteront ces nouvelles rentes viagères héréditaires, à l'abri des révolutions que les dettes publiques, l'agiotage et la misère amènent nécessairement par l'énormité des impôts qu'on est forcé de prélever sur les peuples. d'autant que c'est en dernier résultat les malheureux consommateurs sans propriétés, sur lesquels ces mêmes impôts frappent presqu'entièrement. (*Note de l'éditeur*).

en doit soixante-dix. La Suède, dont le dénombrement a été fait avec la plus grande précision en 1760, lui donne deux millions trois cent quatre-vingt-trois mille cent treize sujets; elle n'a que dix-huit millions de revenus, et en doit plus de quatre-vingt.

Est-il possible qu'après ce court exposé des finances de ces monarchies, les impôts ne soient pas extrêmes? Aussi le sont-ils, et tellement, qu'il me paraît étonnant d'entendre demander quelle est la cause de la dépopulation de ces empires.

Les impôts et les subsides augmentent peu à peu, et la population décroît dans la même proportion: c'est ainsi que ces deux maux arrivent à leur dernier degré dans le même moment. Leur effet est de ne laisser dans le gouvernement que deux classes d'hommes, des grands et des esclaves. L'ordre mitoyen, le plus utile, est anéanti.

La suite certaine est une révolution qui place un roi despote où il n'y avait que l'apparence de la monarchie; ou si elle renverse le trône, c'est pour y porter les grands ou le peuple, et conséquemment tous les maux inévitables sous ces gouvernements. Et tout cela se voit sans que les autres nations fassent les moindres efforts afin d'éviter de telles crises, pour les prévenir.

On ne saurait se lasser de le dire: la première de toutes les lois est d'assurer l'existence du peuple, de supprimer les impôts, puisque cela se peut, et qu'il suffit de le vouloir pour que cela soit.

RÉPUBLIQUES.

L'ITALIE.

L'ITALIE, cette belle partie de l'Europe, qui ressemble si bien à un jardin délicieux dont le riant aspect inviterait plutôt au repos qu'au travail, ne paraît attendre qu'une douce loi d'accord avec son climat, pour procurer aux hommes cette tranquillité nécessaire au bonheur de la vie.

Si l'aisance des différents peuples que renferme cette contrée, était en proportion de la beauté du ciel qui la couvre, ils seraient heureux : mais des lois trop sévères, des besoins toujours renaissants, et un commerce sans forces, ont rendu ces nations indigentes.

Après les deux monarchies qui s'y trouvent, la Sardaigne et Naples, dont les revenus joints ensemble n'excèdent guère cinquante millions, la sage république de Venise doit fixer l'attention. Cette heureuse nation, si le peuple peut l'être sous l'aristocratie, et sans aisance, a été le premier gouvernement qui se soit aperçu qu'il fallait attacher les hommes à la patrie par des liens indissolubles.

Soit défiance ou prudence, elle empruntait des plus riches particuliers de sa république (et sans avoir besoin, puisque c'était dans ses beaux jours), afin de les enchaîner, par l'intérêt, à la prospérité publique.

Ce plan de conduite, tout informe qu'il était, puisque le peuple n'en pouvait profiter, décelait cependant les sages intentions de cet état, et a eu tout son effet, en contenant les grands qui ont l'autorité. Ces jours de défiance (si c'est à elle que Venise doit cette politique) doivent être passés. La bienfaisance est une garde plus sûre que toutes celles que la craintive méfiance pourrait établir; et les rentes que l'on propose, ne formant de toutes les classes de citoyens qu'un même corps et qu'un même esprit, le gouvernement n'aurait plus besoin de veiller sur les uns en abandonnant les autres, puisque l'intérêt particulier serait fondé sur l'intérêt général, et que le bonheur de chaque individu dépendrait de la prospérité de la république.

Je ne sais pourquoi on a choisi cet état de préférence à tous les autres, pour lui prêter l'établissement d'une banque qui, dit le bruit public, devait donner cent pour cent de l'argent prêté, après dix ans.

Si c'est la sagesse de ses opérations qui lui a fait décerner l'honneur de cet établissement, c'était aussi bien mal connaître sa prudence, que de la soupçonner assez peu calculatrice pour accorder un tel intérêt. L'inventeur de cette idée était certainement bien loin du but où il fallait atteindre; cependant on ne peut se refuser à croire qu'il avait senti la nécessité de secourir le peuple; mais il ne le faisait qu'aux dépens de l'état, et de ce moment c'était ne rien faire.

Il est certainement bien facile de donner l'avantage à l'un ou l'autre côté; mais concilier les intérêts des deux parties, et en faire résulter un intérêt énorme pour chacune d'elles, c'est autre chose; et s'il fallait absolument cela pour réussir, on peut alors assurer qu'il en était fort éloigné. Aussi cette idée ne sortit-elle pas des bornes resserrées où elle avait été conçue.

Enfin cette banque n'exista jamais, quoiqu'on en puisse dire, et n'existera point. Il est bien démontré qu'un intérêt aussi fort serait plus contraire qu'utile, quand bien même il serait possible d'allier tellement les choses, qu'on pût rendre cette banque profitable à la nation qui l'ouvrirait.

Il faut un certain temps pour apprendre aux hommes que le travail est indispensable, de même qu'il en faut aussi un à l'état pour accumuler les fonds nécessaires pour subvenir à l'indigence du citoyen. Tout cela, encore une fois, ne peut être qu'en rendant les hommes héritiers les uns des autres, mais dans une juste proportion de leur mise, et en instituant l'état pour père commun des citoyens.

Les autres gouvernements d'Italie, ayant les mêmes besoins, doivent se servir du même remède, s'ils veulent sauver le peuple de l'indigence où il est, et rendre à ce pays enchanté la splendeur dont il jouissait au quinzième siècle par le commerce, et que le Portugal lui enleva en 1497, par la découverte de la route des Indes-Orientales, en doublant le cap de Bonne-Espérance.

LA HOLLANDE.

Si les Provinces-Unies n'avaient pas eu à soutenir des guerres dispendieuses contre l'Espagne, le

Portugal, l'Angleterre ou la France, depuis leur création, tant en Europe qu'aux Indes, on serait étonné de voir leurs dettes se monter à deux milliards, qui, quoiqu'empruntés à un intérêt très-modique, ne laisse pas d'être une charge très-onéreuse pour un peuple composé de deux millions d'habitants.

Si on joint à ces arrérages, qu'il faut payer tous les ans les dépenses que cet état est forcé de faire dans la guerre continuelle qu'il est obligé de soutenir contre le plus terrible élément (la mer), on ne sera point surpris des subsides et des impôts extraordinaires dont cette nation est chargée. On ne sait qui, de l'Angleterre ou de la Hollande, l'emporte sur ce point.

Mais, dira-t-on, malgré ces impôts, ces subsides, la Hollande est riche; elle tient le sceptre du commerce; elle a rendu les autres nations ses tributaires, en leur prêtant des fonds immenses; ainsi il n'est point étonnant qu'elle paie des impôts proportionnés à ses richesses.

Cette réponse n'est qu'illusoire; elle enveloppe une erreur sous un léger tissu de vérité : le peuple est peuple partout; il a partout des besoins, et autant en Hollande qu'ailleurs.

Si le robuste matelot, si l'homme de mer qui compose la majeure partie de cette nation, est forcé, pour gagner, à se borner à une vie plus que frugale (1), j'en conclus que le général du peuple a

(1) Ce n'est pas lui qui s'y dévoue volontairement : c'est l'intérêt, c'est l'envie du gain qui le force d'accepter les conditions que lui fait l'homme riche.

Tu monteras mon navire, tu y auras telle et telle nourriture, et tant en argent : accepte ou refuse : je ne changerai rien. C'est ainsi que s'explique l'homme fortuné qui donne la loi.

des besoins : et cent mille négocians, d'une fortune décidée, regorgeant d'or, ne m'empêcheront pas de prononcer que l'état doit venir au secours du peuple indigent, surtout quand son propre intérêt le lui demande aussi impérieusement.

Mais quand il serait vrai que le Hollandais, pleinement satisfait de son commerce, ne compterait parmi ses concitoyens que des hommes aisés, je n'en dirais que plus affirmativement que ce plan lui est d'une nécessité indispensable. Le sol n'étant point, en Hollande, en proportion des tonnes d'or qui y sont, l'homme opulent est obligé d'expatrier ses richesses pour les faire valoir. Témoin le prêt *de onze cents millions* qu'ils ont fait à l'Angleterre.

Si ce fonds eût été placé dans la patrie, elle ne serait point obérée. Les citoyens véritablement riches seraient en état de secourir le citoyen indigent; et la trop sévère économie hollandaise, se relâchant de son austérité, pourrait fournir au stipendiaire maritime une plus heureuse nourriture que celle qu'il lui donne maintenant.

Si on répond que cette économie est absolument nécessaire, afin de conserver la préférence que cette nation s'est acquise sur les autres, en donnant son travail et le loyer de ses vaisseaux à un moindre prix; que le Hollandais ayant de très-grands capitaux, et ne sachant comment les faire valoir, est contraint de se borner à un bénéfice modique, qui n'est pour ainsi dire que le fruit de son économie, je dirai alors qu'il serait donc bienheureux pour lui que sa république (prenant en considération cette perte d'intérêts) lui ouvrît un commerce de trente pour cent sans risques, et en se préparant à elle-même une grandeur qu'elle n'a jamais eue, et qu'elle n'aura jamais que par ce moyen.

Si la Hollande considère un jour que son commerce n'est que précaire, que ses colonies, qui composent son bien réel, peuvent diminuer de produit, n'importe par quelle cause, ou être attaquées, ne verra-t-elle pas qu'elle doit se préparer une ressource?

Si on dit encore qu'il est inutile de prévoir les choses de si loin; qu'il est à croire que la génération présente ne verra point cet événement, etc., je répondrai que les Anglais en disaient autant il n'y a que dix ans, lorsqu'on leur faisait pressentir la possibilité d'une scission entre leurs colonies et la métropole; cependant le moment est venu, et des regrets aussi impuissants qu'inutiles ne serviront point de remède à cet événement qui les écrase.

La prudence exige d'autres soins et une autre manière de voir dans ceux qui gouvernent. Que le vulgaire pense ainsi, c'est à merveille; mais la postérité jugera l'incapacité de ceux qui auraient pu empêcher ces fâcheux désordres, ou les prévenir. Et qui peut savoir s'ils ne vivront point assez pour être témoins du cri public?

L'acte de navigation donné en Angleterre a déjà fait sentir à la Hollande que son commerce pouvait être attaqué du côté le plus sensible, en diminuant sa marine; que serait-ce, si les autres puissances se décidaient à établir la même loi dans leurs gouvernements respectifs? Peut-être est-il de l'intérêt de chaque état de prendre cette résolution, mais ce n'est pas ce dont il s'agit. Il est seulement prouvé que le commerce de la Hollande peut perdre en peu de temps toute sa force, et que l'état, pour parer à cet événement, doit préparer des ressources, afin de conserver ses richesses, et de ne pas voir la triste indigence remplacer l'opulence.

On vient de dire que le Hollandais a rendu les autres nations tributaires de sa république, en leur prêtant des fonds pour lesquels ils sont obligés de payer des arrérages considérables; c'est une vérité. Mais comme il est d'une difficulté inconcevable d'allier les intérêts du prêteur et de l'emprunteur sur tous les points, il résulte des prêts faits par la Hollande, qu'elle se trouve elle-même comme asservie par l'intérêt, dans un cas de guerre, à une des nations belligérantes. La guerre présente en est la preuve.

L'intérêt de la Hollande, bien entendu, ne lui laisse point de choix entre l'amitié de la France et celle de l'Angleterre, entre le commerce qu'elle peut faire en temps de paix comme en guerre, avec l'une ou l'autre nation; enfin, entre le pour et le contre de la cause qui est le sujet de la guerre présente (1).

---

(1) La Hollande n'a point aujourd'hui à délibérer entre l'alliance de la France et celle de l'Angleterre. Nous ne sommes plus dans ce siècle d'illusions politiques, où l'on faisait accroire aux puissances de l'Europe, que la France prétendait à une monarchie universelle. Cette vieille fable n'a plus de partisans; il est même ridicule de la renouveler. L'Angleterre, au contraire, prétend à une supériorité sur les mers; elle l'avoue et le soutient dans ses écrits : la Hollande en est, dans ce moment, la triste victime; elle ne peut se le dissimuler.

Quand au commerce, qu'elle ouvre ses registres, et elle verra que la proportion entre celui qu'elle fait avec l'Angleterre et celui qu'elle peut faire avec la France est dans le rapport d'un à cinq; qu'enfin elle perdrait la moitié de ce commerce, si la France lui fermait ses ports, ce qui ne serait certainement pas difficile.

Est-il nécessaire de dire l'avantage qu'elle retirera, si l'Amérique est indépendante, et si elle lui ouvre ses ports? Elle est trop éclairée pour qu'il soit nécessaire de le lui faire sentir. Son intérêt est donc de voir

Cependant, son incertitude à se décider, dit, ou qu'elle ne voit pas cet intérêt (ce qui ne se peut croire), ou que la crainte de perdre les capitaux qu'elle a confiés l'empêche de prendre un parti qui, en arrêtant les fureurs de la guerre, rapprocherait le moment où cette république doit ouvrir un commerce nouveau et inappréciable avec ceux qu'elle secourt clandestinement, et qu'elle devrait protéger ouvertement, ne fût-ce que par rapport à la conformité d'établissement, et pour faire voir que l'idée d'une équitable liberté qui anima leurs ancêtres, existe encore en eux, et qu'ils savent la protéger dans ceux qui ont les mêmes sentiments.

Ces vérités, toutes frappantes qu'elles sont, n'ont point encore pu déterminer la Hollande, que l'intérêt retient, et qui est elle-même comme asservie par le prêt qu'elle a fait.

Peut-être (ne réfléchissant pas), pourrait-on dire : mais il en serait de même si la Hollande, au lieu de prêter en rentes perpétuelles à l'Angleterre, eût placé ses onze cents millions en rentes à trente pour cent. C'est une erreur.

L'Angleterre sent parfaitement bien qu'il est impossible à la Hollande de doubler ce prêt; que même elle ne le devrait pas faire, quelque envie qu'elle en eût, qu'ainsi elle n'a plus rien à attendre de cette république. Mais dans les rentes à trente pour cent, *les onze cents millions* pourraient être prêtés, deux,

---

cette partie du Nouveau-Monde recouvrer sa liberté; et si le Hollandais veut se transporter au temps où ses pères se séparèrent de l'Espagne pour former une nouvelle puissance, il verra que l'Américain ne suit que son exemple (au prétexte près, qui ne change rien au fond); ainsi il ne le peut blâmer sans inculper ses ancêtres, et ne le pas secourir, c'est avouer tacitement son impuissance et ses craintes.

quatre ou dix fois, sans craindre que l'on pût porter la moindre atteinte aux arrérages de ces sommes, quelque parti que l'on prît, parce que ce serait renoncer aux secours annuels que le Hollandais pourrait fournir.

L'utilité et le bénéfice de ces rentes pour la nation qui les ouvrira, seront donc les garants de sa fidélité, et le frein le plus sûr qu'il soit possible de mettre à un gouvernement qui voudrait avoir recours à cette vengeance.

De toutes les difficultés qui naissent dans l'esprit de ceux qui prêtent aux gouvernements, la moindre n'est pas de savoir jusqu'à quel taux il est possible que chaque nation emprunte, en conservant sa solidité, car, enfin, il est un terme à tout. L'Angleterre doit quatre milliards (1); la France vient ensuite; et la Hollande en doit deux, etc. Combien chaque nation peut-elle encore emprunter avec sûreté? Voilà la question.

Des milliers de citoyens soupçonneux et craintifs refusent, par cette seule raison d'incertitude, de confier leurs fonds à l'état, *qui en reçoit conséquemment un dommage irréparable, par la perte des intérêts*, et pour lequel il est impossible de donner la solution de ce problème. Puisqu'il est insoluble, je me bornerai à dire que, dans les rentes proposées, c'est précisément l'opposé; car plus on prêtera à une nation, et plus on assurera sa solidité, puisqu'elle doit faire un bénéfice décidé sur les fonds qu'on lui confierait.

Tel serait donc l'avantage de ce système, soit pour celui qui emprunte ou pour celui qui prête,

---

(1) Elle en doit aujourd'hui plus de vingt. (*Note de l'éditeur*).

que l'un ne peut être asservi à l'autre. Leur utilité réciproque est le gage de leur mutuelle indépendance, et le sceau de la fidélité de la nation emprunteuse.

CONCLUSION.

Est-ce assez prouver une vérité, que de la démontrer utile à toutes les nations, à tous les hommes? Doit-on croire qu'à force d'accumuler preuves sur preuves on pourra persuader à ceux qui gouvernent, qu'il ne dépend que d'eux de faire le bonheur des peuples?

Si on n'avait que des raisons à combattre, des objections à détruire, la certitude de l'emporter ferait naître l'espérance : mais l'homme.... l'homme! il est partout. Ses actions, son jugement, seront toujours subordonnés à son intérêt particulier, surtout à l'amour-propre, qui étouffe tout ce qui n'est pas soi.

C'est donc à vous que j'en appelle, êtres sensés et justes, qui êtes désignés par le choix des nations pour les représenter et les faire jouir d'une liberté sage et raisonnée qu'elles réclament. Voyez, examinez si, tant que vos concitoyens gémiront sous le poids des impôts et de l'indigence, ils pourront être heureux et se dire libres.

Pesez encore dans la balance de l'équité, le bien qui en résulterait pour les hommes au-dessus du besoin, et celui qu'ils pourraient faire, si on leur en accordait la possibilité : prononcez ensuite.

FIN.

TABLE DES MATIÈRES.

RÉPUBLIQUES.

FIN DE LA TABLE DES MATIÈRES.

www.ingramcontent.com/pod-product-compliance
Ingram Content Group UK Ltd.
Pitfield, Milton Keynes, MK11 3LW, UK
UKHW021852190726
13855UKWH00001B/282